凌道扬

生平与学术思想研究

中国林学会 ◎ 编

中国林业出版社

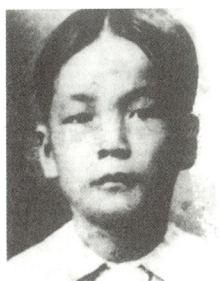
在美国檀香山做童工时的凌道扬

青年时期的凌道扬

1924 年任职中华全国道路建设协会调查部名誉干事的凌道扬

20 世纪 30 年代的凌道扬

1918 年凌道扬与第一任妻子陈英梅的结婚照

凌道扬森林演讲

1923 年凌道扬任青岛农林事务所所长

凌道扬（左）与康有为合影

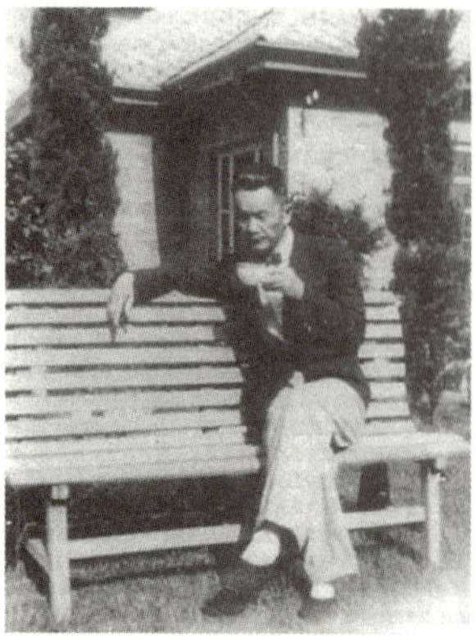

凌道扬在南京住宅门前

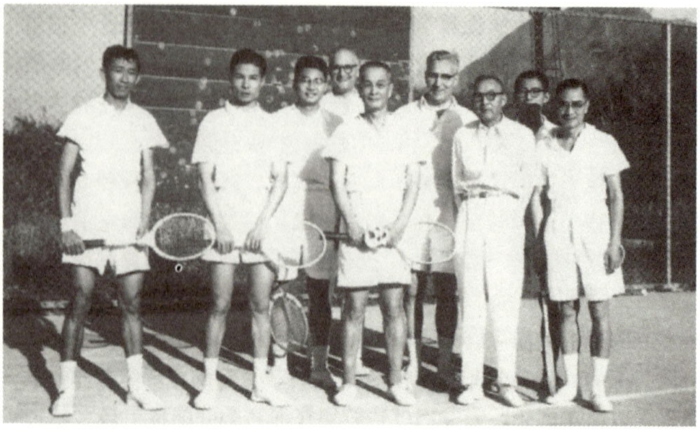

20 世纪 50 年代凌道扬（前排右三）与队友参加崇基学院的网球比赛后合影

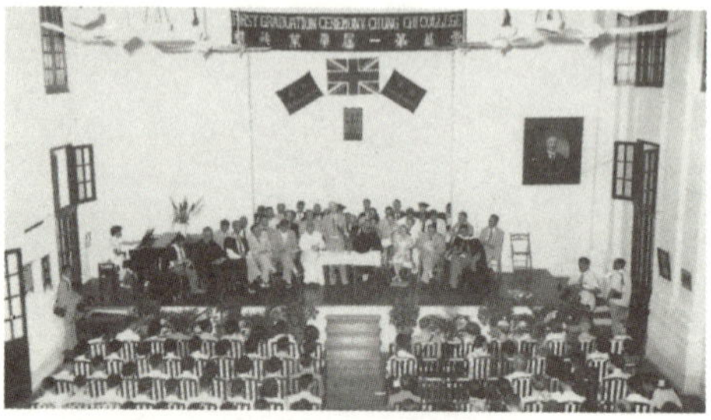

1955 年崇基学院第一届毕业生典礼

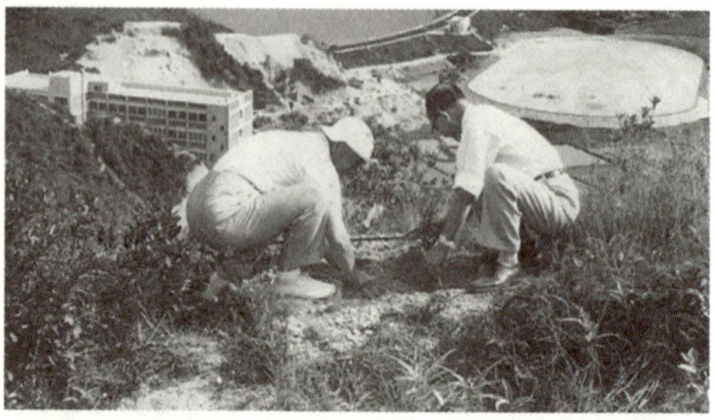

1958 年凌道扬（左）在崇基山头除草植树

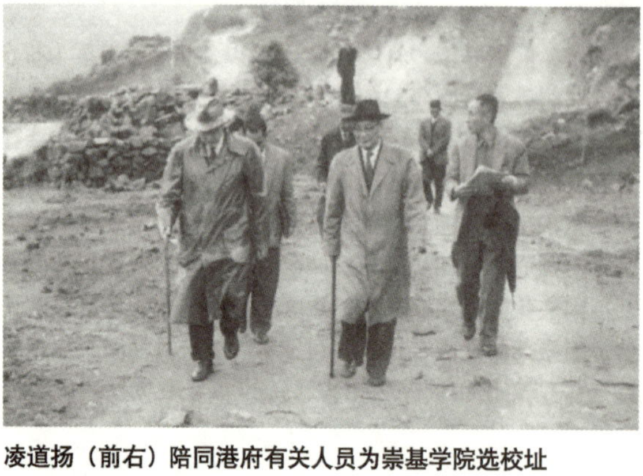

凌道扬（前右）陪同港府有关人员为崇基学院选校址

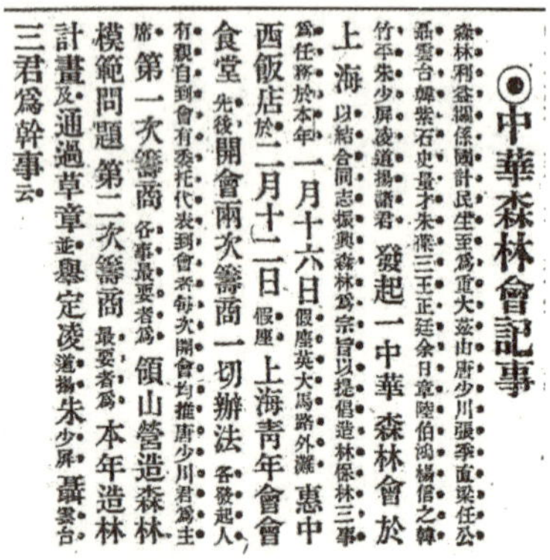

◎中華森林會記事

森林利益關係國計民生至爲重大茲由唐少川張季直梁任公聶雲台韓紫石史量才朱葆三王正廷余日章陸伯鴻楊信之韓竹平朱少屏凌道揚諸君發起一中華森林會於上海以結合同志振興森林爲宗旨以提倡造林保林三事爲任務於本年一月十六日假座英大馬路外灘惠中西飯店於二月十二日假座上海青年會會食堂先後開會兩次籌商一切辦法各發起人有親自到會有委托代表到會者每次開會均推唐少川君爲主席第一次籌商各事最要者爲領山營造森林模範問題第二次籌商最要者爲本年造林計畫及通過草章並舉定凌道揚朱少屏聶雲台三君爲幹事云

中华森林会成立记事

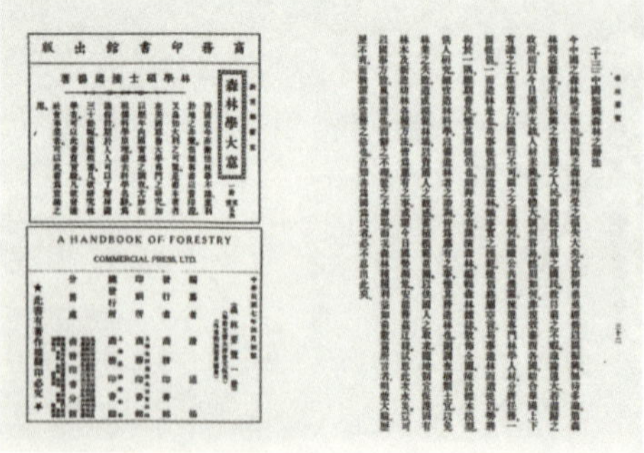

《森林要览》书影

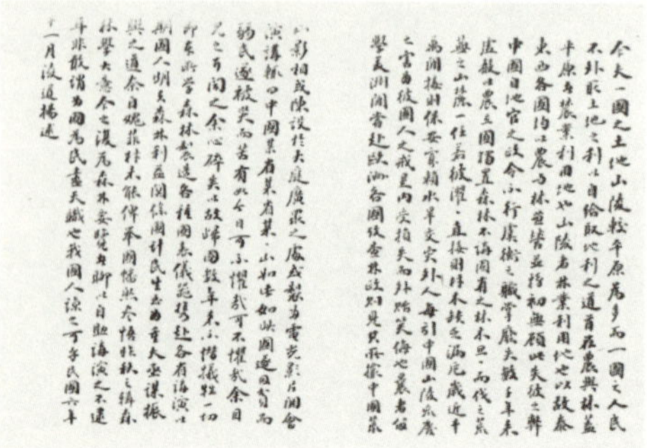

凌道扬手迹

　　凌道扬先生是我国著名的林学家、教育家、水土保持专家，是中国近代林业的开创者和奠基人之一，也是中国林学会的前身——中华森林会的创始人和第一任理事长。他为中国近代林学创建、发展及林业建设做出了杰出贡献。但由于种种原因，人们对凌道扬生平与学术思想等了解甚少。饮水思源，中国林学会能有今天的荣耀，中国林业能有今天的光辉成就，我们不能也不应该忘记凌道扬等老一辈林学家的重要贡献。

　　2018 年是凌道扬先生诞辰 130 周年，为了缅怀凌道扬先生为中国林学发展和林业建设做出的突出贡献，深入挖掘凌道扬先生的学术思想和学术成就，弘扬和继承老一辈林学家的爱国、爱林精神，大力推进现代林学和林业建设发展，在赵树丛理事长的积极倡导和推动下，中国林学会组织开展了凌道扬生平和学术思想研究。赵树丛理事长亲自带队赴深圳、青岛、南京等地开展实地调查访谈，查阅收集有关资料，并对整个研究项目及本书的编写工作提出了指导意见。经过近一年的积极努力，我们收集、整理了凌道扬先生的部分著作、文章，组织有关专家围绕凌道扬先生的生平、主要学术思想、学术成就等进行了认真研究，撰写了相关的研究文章。现将专家的有关研究成果和凌道扬的部分著作（节选）、文章编辑成册，供大家参阅。

　　由于时间关系和我们的水平有限，对凌道扬的学术思想、学术成就的研究，还不够全面、深入，有待今后进一步丰富和完善。

　　这里需要说明的是，由于我们收集到的凌道扬先生的原著和文章基本上是繁体字、竖排、无标点符号，因此在编译成符合目前出版要求的简体版时，难免存在文字或标点符号方面的错误，敬请读者谅解。

在本书的编撰过程中，得到了深圳市林业局、深圳市龙岗区布吉街道、青岛市林业局、青岛市市南区、南京林业大学、香港中文大学、中国林业出版社等单位以及参与研究、撰写文章的有关专家的大力支持，在此表示衷心的感谢！

中国林学会

2018 年 8 月 8 日

凌 道 扬
生平与学术思想研究

目录
CONTENTS

上篇

凌道扬生平及学术思想

凌道扬年谱
——纪念凌道扬先生诞辰一百三十周年

王希群

中国林业科学研究院林业科技信息研究所

　　凌道扬先生是中国著名的林学家、教育家。作为一名林学家，他在中国林业史上具有特殊地位，为中国林业事业发展做出了历史性贡献，是中国林业事业的先驱和开拓者。凌道扬先生 1888 年 12 月 18 日出生于广州府新安县布吉村一个虔诚的基督教家庭，从 1912 年在美国耶鲁大学学习林科开始，他的林业事迹贯穿于中华民国（1912—1949 年）的始终，1914 年获得硕士学位回国后即从事涉林工作，同年参与制定中国第一部《森林法》，1915 年首倡中国植树节，1916 年任金陵大学林科主任，1917 年发起并成立中华森林会，1922 年任胶澳商埠督办公署务务局局长，1940 年提出"水土保持"专用术语等，曾担任金陵大学、青岛大学、北平大学、中央大学教授，集林学家、教育家和行政官员于一身，在林学宣传、林业教育、林业管理和林业实践等多方面做出了历史性贡献，是中国林业事业的集大成者。作为一名教育家，他还是香港教育的重要践行者，从 1949年开始，他致力于香港教育，先后任香港崇基学院和联合书院院长，1957 年获麻省大学名誉法学博士学位，1963 年任香港中文大学筹备会主席。他教书育人，恩泽千秋，受到世人赞颂。1980 年他移居美国，1993 年 8 月 2 日病逝，享年 104岁。在中国林业发展史上，像凌道扬先生这样开宗立派的大家，还是很少见的。

　　2002 年 9 月，我在读博士和做博士后研究期间，王九龄教授多次给我讲，对中国林学会早期在中国林业发展史上的地位和作用需要重新认识。1986 年林学界在准备中国林学会成立 70 周年华诞庆典期间，汪振儒、张楚宝、范济洲、陈陆圻等先生鉴于凌道扬先生在中国林学发展史上的特殊地位和重要贡献，原计划对其生平事迹进行收集整理，由于受到时代背景、档案公开程度、信息资料来源等诸多因素的制约而未能完成，张楚宝先生写就《缅怀林学会两位奠基人凌道扬姚传法》一文刊登于《中国林学会成立 70 周年纪念专集（1917—1987）》。30

年之后，林学界正在准备中国林学会百年华诞之际，又有专家学者提及此事。为此本人对过去收集的中国林业史中有关凌道扬先生的资料进行了整理，并结合2008 年、2009 年刘中国《凌道扬传》和刘中国、刘鸿雁《凌道扬全集》两本书的基础，在经查阅、核对有关档案史料的基础上，参照《戴季陶先生编年传记》一书体例，完成《林学家凌道扬年谱》。

1888 年（清光绪十四年）先生 1 岁

12 月 18 日，凌道扬（Ling Daoyang, Lin Dauyang, Lin Taoyang, Lin DY）生于广州府新安县布吉村丰和墟（今深圳市龙岗区布吉街道老墟村，现存凌家祠堂）一个虔诚的基督教家庭，祖父凌启莲（1844—1917 年）、父亲凌善元（1867—1936 年）均为瑞士巴色会牧师，凌善元为凌启莲长子，凌道扬为凌善元长子。关于巴色会的历史，1815 年 9 月 20 日在德国北部一带地区，来自瑞士、德国、奥匈帝国和南斯拉夫一批敬虔的信徒，来到德、瑞、法交界的瑞士属地北部的巴色城，呈请政府核准成立此传道会，因巴色会城而起名为巴色会（巴色差会）（Basel Evangelical Missionary Society）。瑞士巴色会 1850 年（道光三十年）前后派遣宣教士来华，不但将欧陆教会的传统及神学思想带来中国，更引进欧洲的教育、医疗、文化，甚至是社会福利等制度。而刘中国、刘鸿雁编译《凌道扬全集》中《凌道扬先生简谱》称：凌道扬先生生于广东省五华县樟村，依据是为凌道扬（大约 1945 年）的自述英文稿，这可能是出生地，但凌启莲后人包括凌道扬本人均称自己为布吉凌家。

1894 年（清光绪二十年）先生 7 岁

是年，凌道扬入读教会学校。

1898 年（清光绪二十四年）先生 11 岁

是年，凌道扬来到美国檀香山传教的一个叔父家。

1900 年（清光绪二十六年）先生 13 岁

是年，美国耶鲁大学桥梁建设系毕业的凌启莲八子凌善芳（凌道扬称八叔）归国途中经檀香山，将凌道扬带回广州布吉老家。

是年秋天，凌道扬被送进美国圣公会在上海创办的圣约翰书院，开始正式接受西式教育。圣约翰书院（Saint John's College）创建于 1879 年，是由美国圣公会上海主教施约瑟（Samuel Isaac Joseph Schereschewsky）将原来的两所圣公会学校培雅书院和度恩书院合并而成，1905 年正式升格为圣约翰大学。

1908 年（清光绪三十二年）先生 19 岁

是年，凌道扬参加圣约翰大学斯坦豪斯杯第一届网球双打比赛，与潘文焕一起获冠军。

1909 年（清宣统元年）先生 22 岁

是年，凌道扬从圣约翰大学毕业获文学学士学位。经凌启莲七子凌善安

（1881—1948 年，凌道扬称七叔，1899 年回国后曾被光绪皇帝封赐，做八旗学校的英语教习）引荐，凌道扬在北京八旗学校任外语教师。

11 月，凌道扬赴美国麻省农学院（今麻省大学）学习。

1910 年（清宣统二年）先生 23 岁

是年，他陪同两位清室贵胄子弟（倭、杨）在美国麻省农学院学习，习农科。

1911 年（清宣统三年）先生 24 岁

10 月 10 日，武昌起义打响第一枪，开启了民主共和新纪元，为中国现代化隆重破题，前后的系列事件对中国的现代化进程具有重大影响。它不仅是因为辛亥革命标志着帝制的终结和共和的开始，而且辛亥革命标志着中国从传统社会进入了"三千年未有之大变局"的历史新时代。

1912 年（民国元年）先生 25 岁

1 月 1 日，南京临时政府成立，1 月 5 日举行内阁第一次会议，其组织方法依照《中华民国临时政府组织大纲》规定，1 月 23 日成立实业部，张謇任总长，由实业部下设农务司主持林政。

3 月，北洋政府成立农林部，由农林总长管理农务、水利、山林、畜牧、蚕业、水产、垦殖事务，监督所辖各官署。农林部下设总务厅、农务司、垦牧司、山林司、水产司，为四司一厅设置。山林司负责山林的监督、保护、奖励、保安林、国有林、林业团体、狩猎及其他林业事项。

7 月，凌道扬获得麻省农学院农学学士学位。旋即入读耶鲁大学林学院，习林科。凌道扬在美留学期间，见容闳 ［1828—1912 年，英文名 YungWing，广东香山县南屏村（今珠海市南屏镇）人，中国近代著名的教育家、外交家和社会活动家，第一个毕业于美国耶鲁大学的中国留学生，是中国留学生事业的先驱，被誉为"中国留学生之父"］。凌道扬先生面告：昔年在美，会于哈特福德州，见及容闳，受接待甚欢；容氏会为指明其邻居文学名家麦克·吐温之住宅，及其二人之友谊关系。

9 月 29 日，北洋政府农林部制定的《林政纲要》十一条出台。《林政纲要》规定林业方针为：凡国内山林，除已属民有者由民间自营，并责成地方官监督保护外，其余均为国有，由部直接管理，仍仰各该管地方官就近保护，严禁私伐。

1913 年（民国二年）先生 26 岁

1 月，余日章（1882—1936 年）被巴乐满安排到中华基督教青年会工作，担任青年协会"讲演部"的主任干事。之后，青年会讲演部分为教育、卫生、农林、实验四科，教育科由余日章兼任，卫生科由美国干事毕德辉（W. W. Peter）担任，农林科由凌道扬担任，实验科由美国干事饶伯森（C. H. Robertson）担任。

1914 年（民国三年）先生 27 岁

6月，在美国康奈尔大学的 9 位中国留学生发起成立科学社，主要发起人为任鸿隽、秉志、周仁、胡明复、赵元任、杨杏佛（杨铨）、过探先、章元善、金邦正 9 人，以"联络同志、研究学术，以共图中国科学之发达"为宗旨，开始筹备、编辑和发行《科学》杂志。

是年夏，凌道扬获耶鲁大学硕士学位，赴德国、瑞典考察林业和农业之后，回国任上海中华基督教青年会演讲部森林科干事，在上海、江苏、浙江和江西等地，作通俗生动的林学讲演，辅之以各种模型、图片和实物展览，广受民众欢迎。演讲之余，凌道扬还积极推动各地森林研究会等组织的建立。

是年，凌道扬任北京政府农商部技正。应黎元洪之邀，凌道扬参与《森林法》的拟定工作。

11 月 3 日，民国政府颁布《中华民国森林法》（共 6 章 32 条），为中国历史上第一部《森林法》。

1915 年（民国四年）先生 28 岁

是年初，凌道扬和裴义理一起创办金陵大学林科，裴义理任主任。因 1914 年第一次世界大战爆发，日本对德国宣战，并于 11 月击败驻青岛德军侵占青岛，北京农商部所属之森林传习所及德国人办林业学校停办，有学生转到金陵大学继续学业，便又成立林科。

《申报》1915 年 4 月 17 日载：环球中国学生会请凌道扬在科学社演讲《森林学》。穆藕初先生致介绍辞。凌"历述森林之利益，条分缕析，网举目张，并佐以各种表解，闻者益形鼓舞。"演讲后并"出影片数十张，大抵皆携自欧美各国，风味盎然，令人瞠目。"末穆藕初先生代表全体致谢辞。

是年，凌道扬和韩安、裴义理等林学家有感于国家林业不振，"重山复岭，濯濯不毛"，上书北洋政府农商部长周自齐，倡导以每年清明节为"中国植树节"。

4 月，美国麦司邱捷斯农学毕业、耶鲁大学森林科学士凌道扬《林业与民生之关系》一文在《进步》第 7 卷第 6 号 19–37 页上刊登。

5 月，Lin D Y《The Need of Forestry in China（中国森林之需要）》刊于 1915 年南京金陵大学主办《The University of Nanking Magazine（Univ. Nanking Mag.，金陵光）》第 6 卷第 9 期 392–397 页。《金陵光》创刊于 1909 年，是金陵大学早期学报，也是中国近代最早的高校学报之一。

8 月 7 日，《申报》以《以清明为植树节之原委》为题目刊登了农商部的呈文，详细介绍中国植树节的由来。

1916 年（民国五年）先生 29 岁

1 月，金陵大学农林科特别演讲员凌道扬《森林与国家之关系》一文刊于长老会《通问报》周刊38号，之后该文刊登于《东方杂志》1916年第11期19页。

2月，《美国林业》杂志266期刊登凌道扬宣讲森林效益的照片。

5月，凌道扬《森林之重要》在《农商公报》1916年第3卷第5期15-16页刊登。

10月，凌道扬首部著作《森林学大意（初级农业职业学校教科书）》中文版由商务印书馆出版。张謇在为凌道扬《森林学大意》所作序言中称道：凌君道扬，学森林而有实行之志，其所述林学大意，于世界森林状况言之甚详，且深知中国木荒之痛，其书足供有志森林者之参考。

10月，农商部将林务处裁并入农业司。凌道扬离开农商部，专任金陵大学教授。

11月，Lin Dauyang《Chapters on China and Forest（森林学大意）》由Commercial Press（Shanghai）出版。

12月16日，寰球中国学生会邀请中国科学社社员、耶鲁大学硕士凌道扬演讲《森林之利益》。

是年，金陵大学合并为农林科，裴义理任主任，凌道扬任林科主任。

1917年（民国六年）先生30岁

1月30日，由陈嵘、王舜臣、过探先、唐昌冶、陆水范等发起组织成立中华农学会，并在上海江苏教育会召开成立大会，宗旨是"研究学术，图农业之发挥；普及知识，求农事之改进"，公推张謇为名誉会长，陈嵘被选为第一任会长。

2月12日，在上海成立中华森林会。金陵大学林科主任凌道扬发起组织成立中华森林会，得到了江苏省第一农业学校林科主任陈嵘及林学界其他人士金邦正、叶雅各等的支持，宗旨是"本着集合同志，共谋中国森林学术及事业之发达"，凌道扬任理事长。

3月，凌道扬《森林之利益》一文在《环球》1917年第2卷第1期演讲专栏37-41页刊登。

3月6日，上海《申报》10版刊登《中华森林会记事》：森林利益关系国计民生，至为重大。兹由唐少川、张季直、梁任公、聂云台、韩紫石、石量才、朱葆山、王正廷、余日章、陆伯鸿、杨信之、韩竹平、朱少屏、凌道扬诸君，发起一中华森林会于上海，以结合同志、振兴森林为宗旨，以提倡造林保林三事为任务，于本年一月十六日假座英马大路外滩惠中西饭店，于二月十二日假座上海青年会食堂先后开会两次，筹商一切办法。各发起人有亲自到会，有委托代表到会者，每次开会均推唐少川君为主席。第一次筹商各事最要者为领山营造森林模范问题，第二次筹商最要者为本年造林计划及通过草章，并举定凌道扬、朱少屏、聂云台三君为干事云。

3月24日，《恽代英年谱》载：与沈仲清等到文华公书林，听凌道扬硕士演讲，颂扬"凌氏仪器演说，可与余日章氏后先辉映，此中国演说界大进步"。

4月，凌道扬赴南昌演讲。《兴华》报道：洋洋千言，颇动人心。迨演毕，咸愿集合提倡试办，凌君乃随众请许代创设江西森林研究会，以励进行而资推广。当时签名入股者计有百余人。

5月，凌道扬《论森林与教育之关系》在《约翰声》1917年第28卷4号刊登。上海圣约翰书院于清光绪十五年（1889年）创刊的《约翰声》为中国最早的三种文理综合性大学学报之一。

10月26日，凌道扬《论近日各省水灾剧烈缺乏森林实为一大原因》一文全文刊载在《大公报》上。

11月15日，凌道扬《论近日各省水灾剧烈缺乏森林实为一大原因》在《东方杂志》1917年第14期第11号183-184页刊登。

是年，凌道扬参与孙中山拟定《建国方略》一书"实业计划"部分章节写作。

1918年（民国七年）先生31岁

1月18日，凌道扬《水灾根本救治方法》刊载于《顺天时报》第5053号第3版。

1月，凌道扬《水灾根本救治方法》刊载于江苏省农学会报1918年第1期9-22页。

2月15日，凌道扬《水灾根本计划书》刊载于《农商公报》第43期。

4月，凌道扬著《森林要览》由商务印书馆出版，民国大总统黎元洪为该书题词"十年之计树木"。

12月28日，寰球中国学生会邀请金陵大学农科教员、林学硕士、中华森林会总干事凌道扬演讲《欧战与森林之关系》。

12月，Dauyang Lin 的《The Relation of forests to the Floods》（森林与水患之关系）刊登在《Far Eastern Rev》（远东评论）1918年第14期481-485页和《Far East ern Rev》1919年15期313页。

是年，凌道扬与陈英梅结婚。陈英梅是清末报业家、政治家陈言（字善言，号霭庭、蔼廷，广东新会人）之女（排行十二），1890年生于香港，1906年赴美留学，1913年毕业于美国韦尔斯利学院获体育学士学位，1914年回到上海，担任中华基督教女青年会体育干事及该会附设体育师范学校副校长，开启我国近代女子体育教育先河。著名植物学家陈焕镛为陈言十三子。

是年，金陵大学凌道扬任中国科学社社员。1916年9月，中国科学社的首个国内分社中国科学社南京支部建立，即南京社友会，并于当月24日在南京第一农业学校召开支社成立会，到会者18人。1918年在南京的科学社社员又有增加，据《科学》杂志记载该年在南京各高等学校的科学社社员共计 30 人,其中有金陵大学的钱天鹤、凌道扬。

1919 年(民国八年)先生 32 岁

7 月,凌道扬《水灾根本救治方法》一文在《中华农学会丛刊》1919 年第 3 期 1-14 页刊登。

8 月 8 日,凌道扬长子凌宏璋出生于上海。

8 月 15 日,在中华农学会第二届年会上,中华农学会第二届年会修改会章,并调整学会的组织与人事。组织设事务、学艺二部,学艺部是在整合原有研究部和编辑部基础上的新设机构,负责编辑、调查、演讲、建议、咨询等事,陈嵘当选为事务部长,凌道扬、陈嵘任中华农学会学艺部学艺专员(森林)。

8 月,凌道扬《欧战与森林之关系》在《中华农学会丛刊》1919 年第 4 集 8-12 页刊登。

9 月,高秉坊毕业于金陵大学森林科,回山东任济南模范森林局局长。

是年,Lin Dauyang《Chapters on China and Forest(森林学大意)》由《Commercial Press》再版。

是年底,凌道扬任交通部及山东省长公署顾问。

1920 年(民国九年)先生 33 岁

3 月 18 日,凌道扬任山东林务专员。大总统指令第七百五十五号:令农商次长代理部务江天铎、山东省长屈映光,呈遵章会同遴员凌道扬请准派充山东林务专员由呈悉准其派充此令。大总统印。中华民国九年三月十八日。

12 月,东南大学成立,1927 年改称国立第四中山大学,将江苏省立第一农业学校并入第四中山大学农学院,农学院移设于原农校地址,将系改为科,而森林仅为组,只有教授 1 人。李寅恭离开安庆前往南京应聘为第四中山大学农学院森林组讲师兼任组长。

是年,经凌道扬推荐,陈焕镛受聘任南京金陵大学植物学教授。

是年,凌道扬《森林与旱灾之关系》在《中华工程师会报》第 7 卷第 16 期 1-5 页刊载。由于旱灾对国内造成了极大影响,他的这篇文章受到社会极大关注,多种刊物进行了刊载。1920 年《金大农林丛刊》第 7 期,《安徽实业杂志》第 1 卷第 6 期 1-14 页、第 6 卷第 5 期 19-34 页,1921 年《江苏实业月志》第 22 期 23-38 页,《森林》第 1 卷第 1 期 5-12 页,《实业月报》第 4 期 1-6 页、第 5 期 1-3 页、第 6 期 1-8 页,《农商公报》第 8 卷第 1 期 12-17 页、第 7 期 28-33 页等均进行了刊载。

1921 年(民国十年)先生 34 岁

3 月,中华森林会在南京创办季刊《森林》杂志,由中华森林会学艺部编辑发行,1922 年中华森林会停止活动,《森林》杂志停刊。

3月，凌道扬《振兴林业为中国今日之急务》刊于《森林》第1卷第1期论说专栏1-6页。

3月，凌道扬《森林与旱灾之关系》刊于《森林》第1卷第1期专著专栏5-12页。

5月，《The Forestry Aspects of the Problem of Floods in China（中国水患问题之林业诸方面）》，在《Weekly Rev.》1921年19期103-105页刊载。

6月，凌道扬《桐油之研究》一文在《森林》1922年第1卷第2期专著专栏5-10页上刊登。

9月，凌道扬《中国今日之水灾》一文在《森林》1922年第1卷第3期论说专栏1-4页上刊登。

1922年（民国十一年）先生35岁

3月，凌道扬《种黄金树桉树之刍议》刊于《森林》1922年第2卷第1期论说专栏33-34页。

9月，凌道扬完成《论青岛之森林》一文，原计划在《森林》1922年第2卷第3期刊登，未刊出。

10月15日，早餐后胡适遇见了凌道扬夫妇和朱庭祺（时任胶济铁路管理局副局长，1917年社会活动家胡彬夏和丈夫朱庭祺参加黄炎培等人发起成立的中华职业教育社），稍谈。

12月，凌道扬被正式任命为胶澳商埠督办公署林务局局长。中国政府收回青岛主权，凌道扬出任接受林务主任委员，直接与日方进行交涉。胶澳商埠督办公署成立，设林务局和农事试验场，分掌林农两业，凌道扬被正式任命为林务局局长。凌道扬住青岛福山支路8号（现存）。

12月，凌道扬《桐油之研究》一文在《湖北省农会农报》1922年第12期46-50页刊登。

1923年（民国十二年）先生36岁

1月，凌道扬《桐油之研究》一文在《湖北省农会农报》1923年第1期63-72页继续刊登。

1月6日，1922年10月至1923年年1月美国人在上海办的英文报刊《密勒氏评论报（The Weekly Review of the Far East）》做了一次"中国当今十二位大人物（Who are the twelve greatest living Chinese）"问卷调查，1923年1月6日正式公布的12位"大人物（前12位为孙中山、冯玉祥、顾维钧、王宠惠、吴佩孚、蔡元培、王正廷、张謇、阎锡山、唐绍仪、余日章、黎元洪、胡适；次12位为颜惠庆、梁启超、陈炯明、段祺瑞、章太炎、施肇基、聂云台、李烈钧、唐绍仪、郭秉文、黄炎培、康有为）"的名单和得票在4票以上的195位被选举人的具体得票情况，凌道扬名列其中，得票6张。

3 月 1 日，胶澳商埠财政局、交涉署、农林事务所成立。青岛农事试验场和林务局合并为胶澳商埠农林事务所，直属胶澳商埠督办公署，凌道扬被任命为所长，继续从事林农的试验推广工作。办公地址在第一公园（今中山公园）内。合并后的农林事务所掌管官有林之计划、经营，民有林之监督、奖励，树苗之培育、试验，林木砍伐及整枝，农产、畜产之计划、经营，种子改良试验，农业气候观测，市内公园及行道树之管理等。设所长 1 人，初设造林、农事、树艺、管理 4 科。交涉结束后，高秉坊即留任青岛农林事务所主任技师。

3 月 31 日《申报》载：青岛督办统治之下，比较未退步者，要算农林事务所。日在整理开拓之中，所有保护林业规则及分区等均已重新更订。据闻自接收以来，日人之来伐木者拘捕有五十余人之多。近该管所长与日领事交涉以后，若辈已不敢尝试。所长为凌道扬氏，一林业专家也。足见无论何事，非有专门人才不力，况既非专家而又懒惰乎？

5 月 6 日，胶澳商埠农林事务所颁布《胶澳商埠农林事务所组织及服务规则》。

5 月，凌道扬主持制定了《水源涵养林规则》《民有林监督取缔规则》《森林警察规则》《森林保护规则》《毁坏森林罚则》《农林事务所森林禁令》《行道树保护规则》等一系列加强和保护园林绿化的规章，由胶澳商埠农林事务所颁布。

9 月，凌道扬在崂山九水庵林场创设了一所林内义务小学。校舍占地 3.15 亩，房舍 19 间，教职工 8 名。开设的课程包括社会、算术、国语、自然、形象艺术、工用艺术等 9 门，一年级实行春季始业，二、三年级秋季始业，各年级每周授课时间分别为 18 和 24 课时。

是年，凌道扬还重新规划了青岛的公园，将其划分为第一到第六公园，以及栈桥前园、天后公园、海滨公园、观海山公园等，并对公园内的职务和功能划分进行了细化。

是年，凌道扬《The Relation of Forests to Destructive Waters in the Light of Scientific Investigations（科学调查森林与水土流失之关系）》刊于《Journ. Assoc. Chinese & Am. Engin.》第 4 卷第 10 期 1–7 页。

1924 年（民国十三年）先生 37 岁

1 月，凌道扬《中国森林和水患问题》在《中国农商杂志》1924 年 11 卷第 1 期 1–4 页刊登。

1 月，胶澳农林事务所又改组为技术、事务 2 组，造林、农事、树艺、管理 4 科，业务由技术组统掌之，事务组则掌管总务事项。

6 月，由青岛美国商会会长亚当斯（T. Adames）牵头，联合中外人士向胶澳商埠当局申请成立"万国体育会"，经胶澳商埠督办公署批准正式成立青岛万国体育总会，英文名称是 INTERNATIONAL RECREATION CLUB OF TSINGTAO，万国体育总会的董事（理事）共 11 人，外籍人士中有亚当斯、滋美满、士大贵、达甫灵甫和片山亥六；中国人为凌道扬、何永生、苏冕臣、王宣忱、丁敬臣、丁雪农、张伯。

8 月，报请山东督办府备案，私立青岛大学正式成立，校董会公推高恩洪任校长，凌道扬任青岛大学教授，教授逻辑学，他的胞弟凌达扬教授外语。

10 月，凌道扬当选为中国气象学会理事。胶澳商埠观象台台长蒋丙然等人在青岛发起成立中国气象学会，10 月 10 日在胶澳商埠观象台石头楼内召开中国气象学会成立大会，学会以谋求"气象学术之进步与测候事业之发展"为宗旨，选举蒋丙然为会长，彭济群为副会长，竺可桢、常福元、凌道扬、戚本恕、高平子和宋国模 6 人为理事，陈开源为总干事。会议决定中国气象学会会址设在青岛，每年出版一期《会刊》，并通过了"中国气象学会"会章，大会公推张謇、高恩洪、高鲁为名誉会长。同时竺可桢、凌道扬又是 9 名编辑委员之一。胶澳商埠观象台 1930 年 10 月 25 日改称青岛市观象台。

12 月 15 日，凌道扬次子凌宏琛出生于青岛。

是年，胶澳商埠农林事务所出版凌道扬的《中国水灾根本救治法》和《青岛农业状况》两本著作。

是年，凌道扬、赵国兰《种森林以防水患》在《国际公报》1924 年 2 卷 37 期 7–10 页刊出。

1925 年（民国十四年）先生 38 岁

7 月，《中国气象学学刊》出版，凌道扬发表了《森林与旱灾之关系》一文。

8 月，凌道扬在青岛所著《中国农业之经济观》由商务印书馆出版。

9 月，中国气象学会在青岛召开第 2 届年会，选举蒋丙然为会长，凌道扬与竺可桢、蒋丙然、翁文灏等 12 人再次当选为编辑委员。

1926 年（民国十五年）先生 39 岁

5 月，凌道扬在青岛所著《中国农业之经济观》由商务印书馆再版。

11 月，凌道扬《桐油》一文刊载于《真光》25 卷 11 期。

是年，青岛狮子会成立，会员以外籍人士居多，中国籍会员有 10 余位，青岛港政局局长孔达、青岛农林事务所所长凌道扬、华振式大药房经理钟振东、青岛明华银行经理张绸伯等都是狮子会会员。狮子俱乐部国际协会是一个世界性的慈善服务组织，1917 年由茂文钟士（Melvin Jones）在美国创立。其活动范围包括医疗卫生、助残护老、教育等方面，尤其注重视力保护和为盲人服务。狮子会于 1926 年传入中国，青岛狮子会也于当年成立，1928 年青岛狮子会会员有 50 余人。会员按不同国籍分成 9 组，轮流主持一个月的日常会议。青岛狮子会除捐助贫民、提供医疗救济等公益活动外，为青岛盲童学校提供了多方面的资助。解放前中国仅有两个狮子会，除青岛外，另一个设在天津。相比天津狮子会，青岛狮子会更具有国际性。

1927 年（民国十六年）先生 40 岁

6 月，凌道扬《近年来中国林业教育之状况》一文刊载于《真光》26 卷 6 期。

9 月 22 日，《世界日报》第 6 版教育界刊载北平国立学校教职员一览中有凌道扬、凌善安。1927 年 10 月北京大学、北京师范大学等九校合并为国立京师大学校，1928 年 2 月聘凌善安为西洋文学系主任。《世界日报》为民国时期华北地区有影响的民营报纸，1925 年 2 月 10 日在北京创刊，创办人成舍我，1937 年 8 月停刊，1945 年 11 月 20 日复刊，1949 年 2 月 25 日停刊。

10 月，凌道扬任中国气象学会第 4 届理事会理事。中国气象学会第 4 届理事会在青岛召开，推选高恩洪、高鲁、许继祥为名誉会长，蒋丙然为会长，竺可桢、凌道扬等选为 16 名编辑委员。

1928 年（民国十七年）先生 41 岁

3 月，凌道扬《振兴满洲森林之管见》在《东北新建设》1928 年第 1 卷第 2 期 15-18 页刊登。

5 月 16 日，国立江苏大学改称国立中央大学，森林组改称森林科。农学院下辖 8 科，森林科至民国 18 年才独立成科（系），民国 19 年将科恢复为系，改 8 科为 6 系，即农艺、园艺、蚕桑、森林、农业经济和畜牧兽医学系。凌道扬到森林科任教，与张福廷相继主持科务。

5 月 18 日，由姚传法与凌道扬、陈嵘、李寅恭等发起恢复林学会，宗旨为"研究林学、建设林政、促进林业"，并推姚传法、韩安、皮作琼、康瀚、黄希周、傅焕光、陈嵘、李寅恭、陈植、林刚等 10 人为筹备委员。

6 月 8 日，国民党军队进入北平，北洋军阀政府在中国的统治最后结束。

8 月 24 日，凌道扬任中华林学会第一届理事会理事。在金陵大学农林科召开中华林学会成立大会，经姚传法、金邦正、陈嵘等林学家积极推动和筹备，姚传法任第一届理事会理事长，陈嵘、凌道扬、梁希、黄希周、陈雪尘、陈植、邵均、康瀚、吴恒如、李寅恭、姚传法任理事，会址设在南京保泰街 12 号。

8 月，凌道扬一家离开青岛到北平，凌道扬任国立北平大学农学院森林系教授兼系主任，凌达扬到东北大学文学院任英文系主任教授。

10 月，农矿部设置林政司，徐廷瑚（1890—1965 年）任司长，下设二科，姚传法被任聘科长及部设计委员会常务委员，凌道扬任农矿部技正。

12 月，凌道扬编著《建设中之林业问题》（初版，16 开，20 页），由北平大学农学院刊行。

1929 年（民国十八年）先生 42 岁

1 月，中央大学农学院院长蔡无忌（1898—1980 年，蔡元培长子）应农矿部聘请参与筹建并出任上海农产物检查所副所长（国民政府农矿部林政司司长徐廷瑚任所长），凌道扬被中央大学聘为教授并任农学院院长，并与张福延（张海秋）先后主持森林科科务，陈英梅执教于金陵女子学院。

1 月，凌道扬《Forests, Silt and Flood Problem（森林，淤泥和水患问题）》在《The China Critic（中国评论周报）》1929 年第 2 期 792-814 页刊登。

3 月，江苏省政府农矿厅聘凌道扬为江苏省第一林区林务局筹备主任。

3 月，凌道扬编《建设中国林业意见书》（16 开，18 页），由北平大学农学院刊行，在结尾处注明：北平，十七年十二月。

3 月，农矿部与建设委员会合设中央模范林区委员会，该林区委员会管辖区域为南京近郊，六合、江宁、句容三县，其下辖林场有汤山林场（含钟汤苗圃，民国二十年改为钟汤林场）、牛首山林场、龙王山林场、银凤山林场和小九华林场。

5 月，思稚在《北平大学农学院》一文载：民国十六年刘哲改为京师大学农科，去秋北伐成功后，乃改为今校北平大学农学院，院长乃该校留美生董时进氏。董氏接办以来，以母校关系，亟图发展，不遗余力各种计划，秋季当次第实施。内分五系，即：农艺系，主任为汪厥明博士；林学系，主任为凌道扬博士（注：原文如此）；农艺化学系，主任为刘拓博士；农业生物系，主任为李顺乡博士；农业经济系，主任为董时进博士兼任。原拟请唐启宇博士，唐以事忙，未即果来，教授多系农林专家：设备方面，林学系、农艺化学系、农业生物系，较为完备。尤以林学系的设备，通全国农林……收尤以林学系的设备，通全国农林大学，无与伦比。

6 月 12 日，江苏省政府委任凌道扬为江苏省第一林区林务局局长。凌道扬奉江苏省政府第三三六二号委令农矿厅第一一九委状为本局正式局长。

6 月 15 日，江苏省第一林区林务局正式成立。林务局于 1 月开始筹备，6 月 15 日正式成立，经营江苏江南十九县林业并担任区内公私森林管理保护监督暨指导等责任，凌道扬为首任局长，黄希周（1899—1981）继任局长。

7 月，国民政府设青岛特别市，韩安由安徽省教育厅厅长转任山东青岛市政府参事、翌年改任市教育局长。青岛特别市 1930 年改称青岛市。

7 月，凌道扬《中国北部造林浅说》在《河北建设公报》1928 年第 1 卷第 7 期 1-7 页刊登。

8 月，凌道扬《中国北部造林浅说（续）》在《河北建设公报》1929 年第 1 卷第 8 期 1-6 页刊登。

9 月，农矿部召开林政会议。参加会议的代表有 47 人，他们是易培基、肖瑜、陈郁、朱祖翼、葛天民、谢嗣燮、余焕东、安事农、蒋慈荪、卢东林，黄希周、郭兆舆、陈雪尘、皮作琼、康瀚、毛雕、王思荣、刘运筹、曾宪章、张百川、陈钟英、张远峰、阎智卿、毛庆祥、刘汝墦、马绍先、廖家柿、任承统、沈学礼、贺文镜、凌道扬、李寅恭、张传经、陈嵘、郭须静、陈宪、张范村、俞同奎、高秉坊、邹秉文、傅焕光、林枯光、庄崧甫、金井羊、程鸿书、林刚和姚传法。其中大部分为林业学者。会议共提出议案71件、建议案8件，通过了10项决议案，即：①关于森林政策之决议案；②关于森林法规之决议案；③关于森林行政系统之决议案；④关于林业合作之决议案；⑤关于建造森林为防止水旱灾患之决议案；⑥关于保护和教育各案之决议案；⑦关于森林调查关、试验之决议案；⑧关于国有林业经营各案之决议案；⑨关于保护、奖励、指导、监督公私林业之决议案；⑩关于其他各案之决议案。

9月，在农矿部召开的林政会议的闭会演讲中，凌道扬谈到他自己："办林政近20年，期间有两年至感愉快，一为帮助总理拟定《实业计划》中关于林政计划部分"。

9月17日，江苏省第一林区林务局凌道扬局长呈农矿厅辞呈。凌局长因担任国立中央大学农学院林课主任职，对于局务兼顾颇觉不便，屡次请辞，皆蒙慰留。今因不胜劳瘁，恐误要公，再呈辞职。

10月，《林学》创刊号出版，凌道扬《水灾根本救治方法》刊于《林学》创刊号第8页。

10月，凌道扬《中国北部造林浅说》在《东省经济月刊》1929年第5卷第4期17-23页、5期1-8页刊登。

11月2日，江苏省第一林区林务局凌道扬局长辞职照准。江苏省政府第二二三次会议对凌局长辞职照准并议决派员替代。

12月，召开中华林学会二届一次理事会，凌道扬为第二届理事会理事长，邵均、陈嵘、康瀚、陈雪尘、高秉坊、梁希、姚传法、林刚、凌道扬为理事，韩安被选为筹募基金委员会委员。

是年，安事农、凌道扬著《森林的利益》（32页），由农矿部林政司刊印。

是年，凌道扬《华北造林简说》在《农学周刊》1929年第1卷第11、12、13、14、15、16期连刊。

是年，凌氏宗祠进行第三次修葺，由凌道扬题写匾额"凌氏宗祠"。

1930年（民国十九年）先生43岁

2月1日，中华林学会理事长凌道扬致函立法院院长胡汉民，请早日公布《森林法》。

2月1日，中华林学会理事长凌道扬致函考试院院长戴传贤，请在考试委员会中添设林业组。

4月，凌道扬《芬兰林业推广之情形》刊于《森林》第 3 号调查专栏 33-36 页。

4月，凌道扬《最近一年之林业》在《时事年刊》1930 年 1 期 416-481 页刊登。

4月，凌道扬参加在杭州举办的第四届全国运动会。

6月 26 日，凌道扬参加林学会理事会会议。

7月 7 日，中央模范林区管理局根据实际需要先行组建设置自办的森林警察。

7月 20 日，凌道扬《造林与民生》刊于《中央大学农学院旬刊》1930 年第 49 期 1-3 页。

9月，凌道扬《建设全国森林意见书》在《建设》1930 年第 9 期 49-57 页刊登。

9月 20 日，凌道扬参加中华林学会理事会会议，担任会议主席。

11月 12 日，凌道扬在金陵大学参加中华林学会第十九年常年大会，担任会议主席。

12月，凌道扬《森林学大意（初级农业职业学校教科书）》第 6 版由商务印书馆出版。

1931 年（民国二十年）先生 44 岁

1月，农矿部和工商部合并成立实业部，设执行农业行政工作的农林司。凌道扬任实业部技正。

1月，中央模范林区管理局凌道扬《一年来之林业》在《中华农学会报》1931 年第 84 期（民国十九年中国农事年报上卷）9-18 页刊载。

1月，凌道扬《开发东三省森林之建议》在《农业周报》1931 第 1 期 204-207 页刊登。

1月 17 日，在南京召开中华林学会第三届理事会，凌道扬为第三届理事会理事长，姚传法、陈雪尘、梁希、康瀚、陈嵘、黄希周、高秉坊、李蓉、凌道扬为理事。

2月 16 日，参加中央农业推广委员会第 20 次会议。

3月，南京成立首都造林运动委员会，时任农矿部部长易培基兼任首都造林运动委员会主席，凌道扬代表中华林学会参加并担任常务委员，皮作琼、李寅恭、林祜光、李蓉、高秉坊、叶道渊、安事农等任委员或兼任总务、宣传、植树各部负责人，积极参加孙中山逝世纪念植树式的造林运动宣传周活动，发起紫金山造林运动。凌道扬在南京青年会讲演《中国森林在国际上之地位》。

3月，凌道扬《水灾根本救治方法》刊于《中华农学会丛刊》第 3 期 1-14 页。

3 月，凌道扬著《造林防水》（12 页）、《造林防旱》（12 页）由首都造林运动委员会刊印。

4 月，凌道扬《实业计划中的林业建设》刊载于上海市社会局编、上海市植树式筹备委员会刊印的《第四届植树式会刊》。

4 月 17 日，凌道扬参加中华林学会理事会会议，担任会议主席。

4 月 25 日，凌道杨任中央农业研究所筹备委员会委员。国民政府行政院农业部令，国民政府实业部设立中央农业研究所筹备委员会，确定中央农业研究所主管全国农业技术改进工作，穆湘明、钱天鹤、徐延瑚、高秉坊、凌道扬、邹秉文、鲁佩章、蔡无忌、葛敬中、刘运筹、谢家声、沈宗瀚、赵连芳，并美籍卜克（Buck, J. L.）、迈尔（C·H·迈尔）、洛夫（H·H·洛夫）等 16 人组成中央农业研究所筹备委员会，指定穆湘均、钱天鹤分别为正、副主任，拟设植物生产、动物生产及农业经济三科，该会选定南京孝陵卫为所址，草拟工作规程。同年 10 月行政院指令该所改称中央农业实验所（以下简称中农所），12 月筹委会奉令撤销，农业部派钱天鹤担任所长，钱天鹤累辞未就。1932 年 1 月改派潭熙鸿为所长。1933 年 6 月潭熙鹤辞职，国民政府任命实业部部长陈公博兼任所长，钱天鹤为副所长。

8 月 1 日，凌道扬为《安徽农学会报（创刊号）》（第 1 号）题词：《安徽农学会报创刊纪念》粤为皖、楚之分地。江淮浃畅，息壤黄金。古称农桑，富国强兵。时代演进，科学昌明。研精剔髓，萃我耄英。革新启古，允锡帮人。凌道扬敬题。

9 月 18 日，凌道扬参加中华林学会理事会会议，担任会议主席。

10 月，凌道扬《大学森林教育方针之商榷》刊于《林学》第 4 号研究专栏 37-47 页。

10 月，凌道扬、高秉坊《首都城内西北部风景林区》刊于《林学》第 4 号计划专栏 61-76 页。

11 月，凌道扬《西北森林建设初步计划》一文在《建设（西北专号）》1931 年第 11 期 34-35 页刊登。

11 月，凌道扬《江苏工赈计划》一文在《山东建设（月刊）》1931 年第 11 期 240 页刊登。

是年，凌道扬《造林与民生》一文《农事（月刊）》1931 年 10 - 14 页刊登。

是年，凌道扬《实业计划中的林业建设》一文见上海市社会局编《第四届植树式纪念刊》，上海市植树式筹备委员会，1931 年刊行。

1932 年（民国二十一年）先生 45 岁

7 月，凌道扬《再述水灾救治之根本方法》一文在潮梅治河分会总苗圃编

《林务》1932 年 7 月第 2 卷第 7 期刊登。

是年，国民政府实业部技正凌道扬，组织成立"江苏省宁属农业救济协会"任会长，以互助和自治的原则办理农仓，通过储押的方式调剂市场粮价，不致于谷贱伤农，并请准中央推广委员会与宁属农业救济协会合办"中央模范农业仓库"，大力推动农村经济改良试验。

1933 年（民国二十二年）先生 46 岁

4 月 20 日，国民政府特派李仪祉为黄河水利委员会委员长，王应榆为副委员长，并派沈怡、许心武、陈泮岭、李培基为委员。5 月 26 日派张含英为委员兼秘书长。6 月 28 日，国民政府制定"黄河水利委员会组织法"。规定：黄河水利委员会直隶于国民政府，掌理黄河及渭、北洛等支流一切兴利、防患、施工事务。

6 月，中央研究院派竺可桢、沈宗瀚、凌道扬 6 月 1 日至 14 日参加在加拿大维多利亚和温哥华举行的第五次泛太平洋学术会议，凌道扬当选林业组主任，致力于太平洋沿岸各国林业调查工作。

8 月 20 日，凌道扬为中国植物学会第一届植物学会会员。中国植物学会在重庆北碚中国西部科学院正式成立，其创办目的是"互通声气，联络感情，切磋学术，分工合作，以收集腋成裘之效，并普及植物学知识于社会，以收致知格物，利用厚生之效"。该学会"以谋纯粹及应用植物学之进步及其普及"为宗旨，通过发行《中国植物学杂志》《中国植物学汇报》，举办年会，开展实地调查，致力于自主开展中国的植物学研究，推动了植物学的发展与进步。附录第一届植物学会会员名单（105 位，原载《中国植物学杂志》第 1 卷第 1 期，1934，3）中记载：凌道扬，籍贯广东新会，学历硕士，专门学科森林学，现任职务中央模范林区委员会主任，通讯处南京中央模范林区委员会。

9 月 1 日，黄河水利委员会在南京正式成立，在工务处内设置林垦组，并于西安、开封设立办事处。

10 月 29 日，孔祥熙继任行政院副院长兼财政部长并仍兼中央银行总裁。

是年，凌道扬《全运会中之网球比赛》一文在《时事用报》1933 年第 9 卷第 5 期。

1934 年（民国二十三年）先生 47 岁

1 月 25 日，黄炎培至会府街曾家庵 17 号巴县女中校内平教会，晤晏阳初，同座吴文藻、熊芷、章鸿钧、邹秉文、章元善商阳初受命出国宣传问题，见述美援华捐款下社会事业部分委员为凌道扬（主席）、晏阳初（副）、章鸿钧、杨道（?）之、章鲁泉、梁仲华、瞿菊农、张啸梅、李卓敏（南开）、傅某（中大）。

3 月 19 日，凌道扬任财政部咨议。当日孔祥熙财政部长签署秘字第 168 号令：兹派该员（凌道扬）为本部咨议。

7月，高秉坊编著，凌道扬、林刚校订《造林学通论》（高级农业学校教科书）由商务印书馆出版。

8月，凌道扬《美国棉业统制办法》一文在《农业推广（季刊）》1934年第6期47-54页刊登。

8月，凌道扬《一九三三年美国林业之新设施》一文在《中华农学会报（森林专刊）》1934年第6期10-12页刊登。

8月，中国科学社刊印《中国科学社社员分股名录》48页记有凌道扬（森林）、地址在南京东洼市阴阳营11号，凌道扬属生物科学股农林组。

11月，梁希读广东中区模范林场傅思杰《广东试行兵工造林第一年之纪述》和中央模范林区管理局凌道扬《一九三三年美国林业之新设施》后完成感想《读凌傅二氏文书后》在《中华农学会报》1934年第129-130期合刊13页刊登。

同年，凌道扬《宁属区之农村复兴工作》一文在《同工》1934年第133期刊登。

1935年（民国二十四年）先生48岁

3月，凌道扬《中央模范林区工作概述》在《中国实业杂志》1935年第1卷3期501-511页刊登。

4月13日，实业部令（公字第二二四七号）：派谭熙鸿、何炳贤、凌道扬、徐挺瑚、刘荫茀、梁上栋、黄金涛、张跌欧、陈炳权、顾毓琇、刘行骥、唐健飞、翁文灏、严继光、吴承洛为本部经济年鉴编纂委员会第三回经济年鉴编纂委员，此令。

6月，凌道扬《森林学大意（初级农业职业学校教科书）》由商务印书馆出版国难后第1版。

是年，南京基督教青年会有董事16名，凌道扬为董事会会长，周季高、沈克非为副会长。

是年，凌道扬《由旱灾说到造林》一文在《中央周刊》1935年第355期216-221页刊登。

1936年（民国二十五年）先生49岁

2月，中华林学会第四届理事会举行，凌道扬为第四届理事会理事长，李寅恭、胡铎、高秉坊、陈嵘、林刚、梁希、蒋蕙苏、康瀚、凌道扬为理事。

3月5日，下午凌道扬和杭立武、沈克非、金宝善、凌冰等一起在南京国际联欢社，与颜德庆（颜德庆父亲是圣公会牧师颜永京，颜德庆任胶济铁路管理委员会委员长，常住青岛）主席听竺可桢讲"南京气候"。

3月15日，凌道扬《对于美国近年林业孟晋之感想》在《中国实业》1936年第2期3期（森林专号）2779-2782页上刊登。

3月，凌道扬撰文悼余日章博士。余日章（David Z. T. Yui, 1882-1936），湖北蒲圻人，生于武昌，20 世纪上半叶中国著名教会领袖，教育家；中国基督教青年会全国协会总干事；中国基督教协进会首任会长。

3 月，凌道扬《广东省体育之检讨》在《勤奋体育月报》1936 年第 3 期 193-246 页刊登。《勤奋体育月报》是 1933 年 10 月 10 日创刊的我国近代最为著名和最具代表性的体育期刊。

8 月 1 日，凌道扬《南京附近之农村工作》在《广播周报》1936 年第 97 期 18-21 页刊登。

9 月，凌道扬任广东省建设厅农林局代局长、局长，任职期间为 1938 年 8 月至 1939 年 4 月。

10 月，凌道扬《森林学大意（初级农业职业学校教科书）》由商务印书馆出版第 4 版。

11 月 5 日，国民政府令（二十五年十一月五日）：实业部中央模范林区管理局局长凌道扬呈请辞职，凌道扬准免本职。此令。主席林森；行政院院长蒋中正；实业部部长吴鼎昌。

11 月 28 日，凌道扬《农业仓库的重要和推行》在《广播周报》1936 年第 114 期 8-36 页刊登。

11 月，凌道扬组织制定《广东省农村合作委员会组织规程》。

11 月，凌道扬组织制定《广东省建设厅农林局组织章程》，11 月 4 日广东省政府第 7 届委员会第 22 次会议决议。

11 月，凌道扬《对于广州市行道树及公园等观感》在《市政评论》1936 年第 4 卷 11 页刊登。

是年，凌道扬组织制定《农林局二十五年度中心工作计划》。

是年，凌道扬《南京附近之农村工作》在《广播周报》1936 年第 97 期 18-21 页刊登。

是年，凌道扬《对于美国近年林业孟晋之感想》在《中央周刊》1936 年第 407 期 31-33 页刊登。

1937 年（民国二十六年）先生 50 岁

1 月 1 日，《广东农讯》创刊，凌道扬写发刊词，同期刊登凌道扬《征工强迫造林之商榷》一文。

1 月，凌道扬《我国及广东之荒地问题》在《新粤周刊》1937 年第 3 期 8-14 页刊登。

2 月，凌道扬《复兴广东农村之主要问题》在《广东省银行月刊》1937 年第 2 期 1-171 页刊登。

3 月 1 日，凌道扬《植树节之缘起与造林运动》在《广东农讯》1937 年第 1 卷第 3 期 1-2 页刊登。

3月29日国民政府实业部政务次长程天固偕中大农学院长邓植仪，农林局长凌道扬，实部技士刘文清、黄杰，水利专家李炳芬，农民分行长沈镜等一行乘广东号巨型机飞琼崖调查农产。4月5日程天固偕凌道扬等一行14人在琼崖考察完毕返港。

3月，凌道扬《宁蜀农业救济协会二十三年度工作报告》刊于江问渔、梁漱溟编中华书局1937年出版的《乡村建设实验（第三集）》第253-170页。

3月，凌道扬《江苏省中央模范农业仓库报告》刊于江问渔、梁漱溟编中华书局1937年出版的《乡村建设实验（第三集）》第171-198页。

6月1日，凌道扬《农村建设的三个重要问题——在中山大学的演讲》在《广东农讯》1937年第1卷第6期刊登。

6月，凌道扬《广东农村合作问题》在《广东经济建设月刊》1937年第6期40-158页刊登。

7月17日，凌道扬《救济粤省粮食缺乏之根本办法》在《统一评论》1937年第4卷第3期12-14页刊登。

11月20日，国民政府移迁重庆，改组农林部，下设林政司主管林业。

12月，广东省政府将调节民食委员会与农村合作委员会合并，组成广东省粮食委员会，委员会内设生产、垦殖、运销、仓储、贷款、合作、调节7处，令派凌道扬为广东省政府增加粮食生产贷款处处长。

1938年（民国二十七年）先生51岁

1月，由实业部改组而成立的经济部，主管农、工、商、矿、渔牧、林垦、劳工、合作等，部长翁文灏。

5月，黄河水利委员会迁至洛阳，旋又迁至西安。山东修防处和河北黄河河务局也迁至西安。

7月17日，凌道扬夫人陈英梅在农业试验室附近被日军投下的炸弹炸成重伤，紧急送往香港医院抢救不治身亡。

9月，凌道扬《森林学大意（初级农业职业学校教科书）》由商务印书馆出版国难后第6版。

是年，凌道扬《推行冬耕与粮食问题》在《华侨战线》一文1938年第3~4期24-25页刊登。

1939年（民国二十八年）先生52岁

7月，云南大学农学院成立，汤惠荪教授（1938—1943年）任院长，设农艺系、森林系两系，应国立云南大学校长熊庆来邀请，张福延教授（1891—1972年）任森林系主任。

1940年（民国二十九年）先生53岁

2月，黄河水利委员会聘请有关大学教授、专家成立黄河水利委员会林垦设计委员会，主任委员由黄河水利委员会委员长孔祥榕兼任，凌道扬为副主任委员，常务委员任承统兼总干事。4月，在成都成立驻蓉办事处，处理日常事务。该委员会12月由成都迁天水，至民国三十三年被撤销。

3月，任承统拟定《勘定水土保持实验区之调查计划大纲》。凌道扬、任承统、黄希州等人于当年上半年沿渭河入陇，经清水、天水、甘谷、武山、陇西、渭源，并进入临洮、皋兰……等县，遍历渭河主要支流，调查水土流失情况，初步提出了成立关中（长安）、陇东（平凉）、陇南（天水）、洮西（岷县）、兰山（榆中）、河西（永登）6个水土保持实验区的计划。

7月，国民政府在重庆成立农林部，下设林业司、中央林业实验所等机构。

8月1日，黄河水利委员会林垦设计委员会在成都驻蓉办事处召开第一次林垦设计会议，林垦设计委员会各委员、四川农业改进所所长及各技术主任、金陵大学农学院、四川大学农学院院长及各系主任均到会。代主任凌道扬主持此会，经过讨论，确定"水土保持"这一专业名词取代"防止土壤冲刷"等术语，并对西北地区水土保持工作进行了规划，提出合理划分农、牧、林区，实行农林牧及工程措施的综合治理。会议还决定成立陇南水土保持实验区，主任为任承统，并讨论通过决议，积极推动西北水土保持工作；商订出"林垦设计委员会与金陵大学合作促进我国黄河上游水土保持办法大纲"，增聘金陵大学教授黄瑞采为林垦设计委员会专员，进行水土保持考察。

10月，黄河水利委员会为办理黄河上游水利、水土保持等项工程，在兰州成立黄河水利委员会上游工程处，委员长孔祥榕兼该处主任，凌道扬为副主任，章光彩为襄办。次年6月28日改组为上游修防林垦工程处，陶履敦为处长。

11月30日，凌道扬《现时西南各番农林水利建设中水土保持事业之重要性》在1940年由中国国民经济研究所编、中国西南实业协会发行的《西南实业通讯》第2卷第5期刊登。

是年，凌道扬续娶崔亚兰。崔亚兰为湖北武昌人，金陵女子大学教育学士，金陵女子大学体育系教授，主要教授体育教学法、体操、韵律活动、垒球等课程。

1941年（民国三十年）先生54岁

1月，在重庆召开中华林学会第五届理事会，姚传法为第五届理事会理事长，梁希、凌道扬、李顺卿、朱惠方、姚传法为常务理事，傅焕光、康瀚、白荫元、郑万钧、程复新、程跻云、李德毅、林祐光、李寅恭、唐耀、皮作琼、张楚宝为理事。

1月，中华林学会在重庆成立水土保持研究委员会，凌道扬、姚传法、傅焕光、任承统、黄瑞采、葛晓东、叶培忠、万晋和徐善根9人为委员。

2月，凌道扬《粮食增产中肥料问题之重要性》在《中农月刊》1941年第2

期 20—27 页刊登。

3 月，林垦设计委员会办公机构由成都迁到甘肃天水。

4 月 10 日，《新华日报》报道：7 日中华全国体育协进会在渝南开中学召开第一次常务董事会，聘请凌道扬为运动裁判委员会专门委员、中华全国体育协进会重庆市运动裁判会委员。

7 月，在凌道扬等的推荐下，农林部与黄河水利委员会签订"西北林垦水利合作实施计划"，其中提到：为防止土壤冲刷"由农林部委托黄委会陇南水土保持实验区兼办，实验区主任由农林部林业司陶玉田科长带原薪兼任，经费由农林部保安林建设经费中支付，以推动实地工作"。

12 月 25 日，香港沦陷。

1942 年（民国三十一年）先生 55 岁

2 月，任承统应聘到黄河水利委员会林垦设计委员会任常委兼总干事，主要负责黄河中下游林业垦殖与水土保持的设计工作。

是年春，凌佩馨和凌宏琛逃离香港沦陷区，辗转奔赴重庆。凌佩馨同年考入内迁成都华西坝的金陵女子文理学院。

是年，凌道扬代表行政院安排罗德民博士（D. W. C. Lowdermilk）第二次访华日程，此行为协助制订国家水土保护及上游水灾调控方案。1942—1943 年，应国民政府农林部和黄河水利委员会凌道扬的邀请，罗德民第二次来华，主持西北水土保持考察团，历时 7 个多月，行程 1 万余公里，考察了中国西北水土流失严重的陕西、甘肃、青海等省部分地区。沿途对有关水土流失现象、水土保持群众经验、土地利用及其对水土流失的影响等方面，都做了调查和记载，并拍摄了照片。

是年，任承统与凌道扬完成《水土保持纲要》。1940—1942 年，任承统还在黄河中上游的陕西、甘肃、青海等地做了大量调查研究工作，积累了丰富资料，总结了广大群众的经验。他与凌道扬撰写的《水土保持纲要》，提出了推动水土保持工作的意见：①黄河水利委员会林垦设计委员会负责勘查设计工作；②黄河上游修防林垦工程处负责执行计划；③各水土保持实验区负责实施计划。

1943 年（民国三十二年）先生 56 岁

4 月，凌道扬和任承统于 1943 年 4 月在《林学》第 9 号 22—29 页联名发表《西北水土保持事业之设计与实施》，推动了以森林防止冲刷、保持农田、涵养水源和改进水利等工作。

7 月，凌道扬与陈立夫等联名发起募捐"华群纪念基金"以感谢魏特林，现上海市档案馆存《凌道扬关于发起募集华群纪念基金交由金陵女子文理学院奉办社会服务事致大业贸易公司总经理李桐村函》。明妮·魏特琳（中文名华群，Wilhelmina "Minnie" Vautrin），美国基督会在华女传教士，1886 年 9 月 27 日生于美国伊利诺斯州西科尔小镇，1912年毕业于伊利诺斯大学，同年受美国基督会差会（United Christian Missionary Society）派遣来中国，担任安徽庐州府（合肥）基督会三育女中校长。1916年金陵女子大学在南京成立时担任教育系主任，1919—1922年校长德本康夫人（Matilda Thurston）回美国募捐期间担任代理校长，后担任金陵女子文理学院教务主任。1937年日军占领南京，大部分教职员撤往四川成都，借华西协和大学的校园继续开办，她则留在南京照管校园。在南京大屠杀期间，她积极营救中国难民，利用金陵女子文理学院保护了上万名中国妇孺难民。1940年4月因病返回美国，1941年5月14日在美国寓所去世。著有《魏特琳日记》，该书是一部反映侵华日军南京大屠杀真相的第一手原始资料。

11月9日，由联合国44个成员国的代表在华盛顿集会，签订了联合国善后救济公约，随之成立了联合国善后救济总署，主理联合国战后一切善后救济事务，总部设在纽约。

1944年（民国三十三年）先生57岁

10月20日，凌道扬、徐维廉编《视察西北救济工作报告及建议》在上海由美国援华救济联合会出版。

1945年（民国三十四年）先生58岁

1月1日，行政院善后救济总署成立，总署是国民政府为接洽联合国善后救济总署在中国的善后救济工作而设立的一个临时机构，1947年12月31日撤销，在其存在的3年时间里，共接收联合国善后救济总署物资236万吨，价值逾5亿美元，并开办了多项紧急救济与战争善后事业（1945—1947年行政院善后救济总署述论）。

6月，中国水土保持协会成立大会在重庆枣子岚垭召开，凌道扬、李德毅、李顺卿、乔启明、任承统、陈鸣佑等11人当选为理事，凌道扬被推选为理事长。协会的主要任务是策动水土保持运动，受各机关之委托研究，并协助解决水土。

10月9日，凌道扬由重庆到广州，筹设行政院善后救济总署广东分署。

10月16日，行政院善后救济总署广东分署正式成立，经国民政府行政院院长孙科、秘书长王宠惠力荐，凌道扬任广东省政府顾问、行政院善后救济总署广东分署署长。

11月14日，凌道扬奉准辞职，任行政院善后救济总署总署顾问兼黄河泛滥区农林水利委员会主任委员，负责办理黄泛区善后复兴事宜。

是年冬，恢复成立中华全国体育协进会广东分会，许民辉被推举为总干事，黄中孚为副总干事。欧阳驹、凌道扬、郭颂棠、王以敦、梁质君、吴华英等组成理事会，凌道扬任理事长。

1946年（民国三十五年）先生59岁

4月23日，《善后救济总署广东分署周报》创刊。同期刊载凌道扬《发刊词》及《本署成立之经过及任务》。

8月，凌道扬被聘为联合国粮食农业委员会林业委员。

10月16日，凌道扬在岭南大学举办的善后救济总署广东分署成立周年大会上致祝酒词。

10月25日，1946年系韩山文、黎力基受遣赴华传教一百周年，中华崇真会总牧何树德在广东龙川老隆崇真会部发起纪念活动。时任联合国善后救济总署广东分署署长的凌道扬复函："牧师道席：大函敬悉，黎韩两牧，硕德迈伦，曩昔来华布道，引人弃暗投明，改邪归正，厥功甚伟。欣稔百年大典，纪念征文，以资表扬，高义薄云，至深敬佩！谨撰诔词，随函送上，即希察照。拙笔不足以状名贤于万一，祇值抒个人感念而已。专此布复，并候道祺。"凌道扬所撰《黎韩两牧诔词》如下："黎韩两牧，基督之光。宅心博爱，远涉重洋。发扬真理，启迪周详。四历穷乡，振瞆为良。引人归正，遐迩颂扬。拯救万众，德泽孔长。缅怀懿范，弥殷景仰。贤哲早逝，握腕其怅。后起同道，接武表彰。英灵郁慰，百世皆昌。"

11月14日，凌道扬任行政院善后救济总署顾问、黄河泛滥区农林水利委员会主任委员。

是年，黄菩荃编、凌道扬校《广东肥料改进计划》（4页）由行政院善后救济总署广东分署编译室刊印（广州）。

1947年（民国三十六年）先生60岁

是年，凌道扬担任联合国粮食救济总署广东分署署长期间的工作，虽然受到了广州市临时参议会某些议员的弹劾，却深受香雅各布布和设在华盛顿的联合国善后总署的高度肯定。

是年春，联合国粮食和农业总署盛邀凌道扬到美国访问考察并任职。凌道扬欣然接受了这份邀请，拟偕同妻子和两个子女赴华盛顿任职。

1948年（民国三十七年）先生61岁

8月，凌道扬《森林学大意（初级农业职业学校教科书）》由商务印书馆出版第8版。

是年，凌道扬由联合国粮食农业总署退休，定居香港，时年满60岁。

是年底，凌道扬去香港，定居香港粉岭。

1949年（民国三十八年）先生62岁

是年夏，崇谦堂通过扩建圣堂计划。基督教香港崇真会粉岭崇谦堂为巴色差会1926年创建，后因信徒增多，凌善元牧师长子凌道扬先生从当年夏开始四出奔走，得到香港圣公会何明华会督协助，获香港赛马会拨赠5000元作为补助扩建圣堂之用，1951年10月15日由凌道扬先生动土，徐黄英桃女士奠基宣告兴工，12月23日正午12时举行献堂典礼。

1955 年先生 68 岁

2 月 1 日，凌道扬出任崇基学院第二任院长。1954 年 8 月 22 日李应林在任内于香港病逝，1955 年 2 月 1 日凌道扬经何明华会督及校董事会一致推荐，出任崇基学院第二任院长，他在就职演说中希望学院"负起保存发扬中国文化的责任，且沟通外国文化，使中西文化交流，对整个世界的文化有新的贡献。"

2 月 4 日，凌道扬在崇基学院就职典礼上做演讲，题目是《我们，崇基的使命》。

9 月，孟氏委员会（后更名为孟氏教育基金会）组建，由基督教青年会干事长布克礼代理主席职务。

12 月 18 日，凌道扬应香港教师讲习班进修会在香港赤城柱圣上提反小学做演讲，题目是《学校行政的几个重要原则》。

1956 年先生 69 岁

6 月，联合书院（United College）成立，由平正、华侨、广侨、文化及光夏五所书院组成，联合书院邀得蒋法贤担任书院首任校长，同时兼任首任校董会主席。

12 月 23 日，《崇基校刊》第 9 期中刊载凌道扬《崇基学院一九五六年开学典礼训词》。

1957 年先生 70 岁

2 月，联合书院、崇基学院及新亚书院组成"香港中文专上学校协会"，并由蒋法贤校长任协会主席，领导三院争取应有的学术地位及资助，积极推动成立一所"中文大学"。

6 月，麻省大学授予凌道扬名誉法学博士学位，麻省大学波尔·马塞校长在致辞中说："作为教育家、学者、科学家，他学贯中西，通过自己的生活和工作批驳了'东方和西方永不相会'的观念"，凌道扬发表题为《我之中国文化观》演讲。

7 月 10 日，《崇基校刊》第 11 期中刊载凌道扬《我之中国文化观》。

12 月，凌道扬为香港总督葛亮红爵士秩满归国，献诗为别，做四言四章，刊于《崇基校刊》1958 年 2 月第 14 期。

是年，凌道扬任崇谦堂长老，至 1973 年。

1958 年先生 71 岁

5 月 1 日，《崇基校刊》第 15 期中刊载凌道扬《凌院长开学典礼训词（一）》。

7 月 9 日，《崇基校刊》第 16 期中刊载凌道扬《凌院长开学典礼训词（二）》《崇基第四届毕业典礼院长演词》。

8 月，香港政府原则上支持在香港创办一所中文大学。

10 月 8 日,《崇基校刊》第 17 期中刊载凌道扬《现代高等教育的趋势——一九五八年度学年开学典礼训词》。

1959 年先生 72 岁

5 月,崇基校门牌楼落成,凌道扬为崇基学院撰写楹联:"崇高惟博爱,本天地立心,无间东西,沟通学术;基础在育才,当海山胜境,有怀胞兴,陶铸人群。"

6 月,蒋法贤联同高诗雅正式对外宣布崇基、新亚和联合三家院校成为政府资助的专上学院,而香港也将成立一家由崇基、新亚和联合组成的联邦制大学,筹备大学成立的工作立即展开,港英政府成立香港中文大学筹备会,凌道扬任筹备会主席,积极参与筹备创建香港中文大学。

7 月 10 日,《崇基校刊》第 20 期中刊载凌道扬《崇基第五届毕业典礼院长演词》。

1960 年先生 73 岁

1 月,凌道扬崇基学院院长任期届满,从崇基学院院长位置上荣休。

2 月,凌道扬受聘出任香港联合书院院长,直至 1963 年,期间他致力于学校各项工作的同时,以筹备委员会主席的身份推动香港中文大学的创建工作。

5 月 31 日,《崇基校刊》第 22 期中刊载凌道扬《临别赠言》。

是年,凌道扬代任宝安同乡会会长一职。

1963 年先生 76 岁

1 月,凌道扬联合学院院长任期届满。

10 月 17 日,香港中文大学正式成立。香港中文大学是在崇基学院、新亚书院和联合书院的基础上创立的,校名由钱穆亲定,是年,中文大学临时校董会成立,成员包括大学校长和三院院长,9 月,通过中文大学条例和规章制度,10 月 17 日中文大学正式成立,香港总督柏立基兼任监督,李卓敏为首任校长。凌道扬辞去联合书院院长职务,但继续葆有香港中文大学崇基学院和联合书院校董的荣誉称号。

1965 年先生 78 岁

是年,中国文化协会(Chinese Culture Association)在香港成立,属中国大陆灾胞救济总会。

是年,《香港年鉴(十八回)》收入凌道扬简历。

1970 年先生 83 岁

1 月 1 日,1970 年中国文化协会与香港孟氏教育基金会合办香港中山图书馆,凌道扬以董事兼首任馆长;馆长下设主任,为唐彭美莲。1978 年凌先生辞馆长,董事会决议以唐彭美莲主任补充。图书馆藏书近 120000 册,是香港最大型的私人图书馆之一,馆址原来位于九龙界限街 172-174 号。2000 年中山图书馆迁至中国文化协会窝打老道会址，集成为一所研究型的汉文图书馆，并且提供自修室，供予各界人士借阅及使用。

1980 年先生 92 岁

是年，凌道扬先生移居美国加利福尼亚。

1981 年先生 93 岁

2 月 8 日，回国省亲，凌道扬、崔亚兰夫妇在南京师范大学 100 号迎宾楼参加金陵女子大学南京校友会。

1986 年先生 99 岁

是年，《香港年鉴（第三十九回）》记载凌道扬传略。

1987 年先生 100 岁

11 月，《中国林学会成立 70 周年纪念专集（1917—1987）》刊登《缅怀林学会两位奠基人凌道扬姚传法》和《凌道扬生平》，这是新中国成立后大陆首次见到对凌道扬的报道。12 月 25 日，中国林学会成立 70 周年纪念大会在北京举行。国务委员方毅、中国科协名誉主席周培源、林业部部长高德占、中国科协副主席裴维蕃等出席大会，大会共同回顾了中国林学会的历史，肯定了中国林学会对我国林业事业的发展所起的积极作用。

1993 年先生 105 岁

8 月 2 日，凌道扬先生病逝于美国加利福尼亚州，享年 105 岁。凌道扬一生著述甚丰，涉及林业、农业、水利、教育等，共出版专著 10 部（《森林学大意》（1916 年）、《森林要览》（1918 年）、《中国水灾根本救治法》（1924 年）、《青岛农业状况》（1924 年）、《中国农业之经济观》（1925 年）、《建设中之林业问题》（1928 年）、《建设全国林业建议书》（1929 年）、《华北造林浅说》（1929 年）和《森林的利益》（1929 年）、《视察西北救济工作报告及建议》（1944 年），发表论文报告 70 余篇。

1997 年

是年，凌道扬、崔亚兰夫妇合葬于美国加利福尼亚州旧金山湾区拉斐特奥克蒙特公墓《OAKMONT MEMORIAL PARK》，墓碑上镌刻着"凌公道扬博士DAO-YANG LIN（1888-1993）"和"凌母崔亚兰太夫人 YA-LAN TSUI LIN（1907-1997"，中间是一个"十字架"，下面是大写"LIN"。

1998 年

8 月，董兆祥等编《西北开发史料选辑 1930-1947》一书 148-154 页收录李积薪、凌道扬著《西北"农林计划"（摘录）》，对西北的土壤、气候等做了一个全面的、详细的介绍。

2000 年

10 月 27 日，"凌道扬园"开幕典礼。在凌佩馨的提议下，凌家兄弟姐妹捐款在香港中文大学崇基学院修建一座"凌道扬园",该园由凌道扬的孙子凌显文设计,纪念碑前面种有 6 棵阴香树,代表着他的 3 子 3 女。10 月 27 日,香港中文大学崇基学院在崇基礼拜堂附近举行"凌道扬园"开幕典礼,凌宏璋博士代表家人和崇基学院校董会主席熊翰章、院长李沛良、校友会主席许汉忠以及学生会主席陈苑悠一道主持了开幕式,并发表了简短的致辞。

2005 年

8 月,在中国农业大学百年华诞之际,由中国农业大学百年校庆丛书编委会编、许增华主编《百年人物 1905—2005》(中国农业大学百年校庆丛书)一书出版。书中收录的人物是学校各历史时期主要领导者、知名教授和校友(包括留学生),还有一部分是烈士,在第 353 页刊载了凌道扬。

2007 年

7 月 12 日,中国林学会成立 90 周年纪念大会在人民大会堂隆重举行,国务院副总理回良玉出席纪念大会,中国林学会理事长江泽慧致开幕词,她在开幕词中两次讲到凌道扬先生。一是"中国林学会在 90 年的历史进程中,历经风雨,几经起伏,经历了三个重要时期。第一个时期是 1917 年成立的中华森林会。一批我国近代林学的开拓者凌道扬、陈嵘等人,本着"集合同志,共谋中国森林学术及事业之发达"的宗旨,在南京发起成立了我国第一个林业学术团体中华森林会。创办学术期刊《森林》,普及林业科学知识,开启了我国近代林学和林业社团发展的新纪元";一是"中国林学会从艰苦创建到快速发展的 90 年,是我国近代林业从开创到完善,并向现代林业发展的 90 年,是几代林业科技工作者不断追求科学真理、锐意科技创新的 90 年,是学会事业和学会会员不断经受考验、不断发展壮大的 90 年。值此机会,我们向那些为林学会的创建,为林业科教事业发展作出历史性贡献的凌道扬、姚传法、梁希、陈嵘、郑万钧等已故的老一辈林业科学家,表示深切的怀念……"这两段提到了两个关键词,一是"我国近代林学的开拓者",一是"历史性贡献。"

2008 年

8 月,深圳市特区文化研究中心刘中国等致力于凌道扬研究,其中刘中国著《凌道扬传——中国近代林业科学先驱》由公元出版有限公司出版。

12 月,陈寅主编《先导:影响中国近现代化的岭南著名人物》第 631-640 页记载《凌道扬:中国近代林业科学先驱》。

2009 年

10 月,刘中国、刘鸿雁编译《凌道扬全集》由公元出版有限公司出版。

2012 年

1 月,周川主编《中国近现代高等教育人物辞典》538-539 页刊载了凌道扬传记。

2014 年

10 月 31 日，香港中文大学崇基学院在牟路思怡图书馆二楼举办《培芳植翠道悠扬——崇基校园植树回顾展》（31102014-3092015），纪念中国近代林学先驱凌道扬。

2017 年

7 月，"2017 第 19 届国际植物学大会"在深圳召开，深圳布吉街道在凌道扬故居举办"中国林业科学先驱——凌道扬图片展"。

致谢：本年谱相关资料收集曾于 2005 年前后得到北京林业大学汪振儒教授、王九龄教授指点，有关凌道扬先生在国内的资料收集还得到中国林学会秦向华先生、深圳市城管局刘海军先生和国家林业和草原局林产工业设计院郭保香女士的帮助，美国的史料得到美国约翰霍普金斯大学（The Johns Hopkins University）褚世敢博士、美国北方州立大学（Northern State University）王安琪硕士和海内外关注凌道扬先生以及布吉凌氏友人的帮助，深圳市特区文化研究中心刘中国等先生收集的凌道扬先生资料对年谱的编写作用甚大，在此对来自各方面的帮助一并致谢。年谱资料部分还来自于国家图书馆、中国第二历史档案馆、广东省档案馆、中山图书馆、陕西省档案馆、上海市档案馆、青岛市档案馆、中国林业科学研究院图书馆、中国林学会、香港中文大学崇基学院等。

凌道扬与青青之岛

赵树丛

最近，由于上海合作组织峰会将在青岛召开，青岛资讯占据了各类媒体特别是网络社交媒体，视频、音频、照片、美图秀、银幕截图等应有尽有。青岛的灯光、楼宇、海浪、沙滩、马路，夜间的、白昼的，都大显其秀。当人们静下心来，细细品读青岛这个百年风光、国际化海滨城市时，最耐咀嚼的、最有味道的还是康有为先生晚年对青岛的评价"青山绿树，碧海蓝天，中国第一"和人们津津乐道的"红瓦绿树，碧海蓝天"。

青岛的碧海蓝天，是大自然的造化神秀，红瓦则是德国人占据胶州湾这个小渔村时舶来的建筑色彩，唯有彰显青岛之青的绿树是百年来青岛人亲手植造出来的。青岛人爱绿护绿和对绿的依恋是出了名的，就连他们在介绍青岛时都有一个萌萌的说法"青青青岛"。其实要讲到青岛今天的绿，有一个人是永远不能忘记的，他就是凌道扬。

凌道扬是近代中国林业的奠基人，是中国林学会的首创者，出生于广东深圳布吉的一个基督教家庭。1914年，他毕业于耶鲁大学研究生院，获得林学硕士学位，是中国获得该校硕士学位的第一人。1914年回国，他走上了森林报国之路。他提出"振兴林业为当今中国之急务"，写下了中国第一篇论水土保持的论文《森林与旱灾之关系》。1915年，他第一个提出设立植树节的议案，并由北洋政府批准于次年实施。1916年，他写了一本《森林学大意》。1917年，他创建了第一个中国林业科技社团中华森林会并担任理事长。1919年，他参与孙中山先生《建国方略》的制订，在其中写出了第一个描述中国百年复兴的林业发展蓝图。1920年，他创办了中国第一本森林杂志《森林》。

在五四运动的强烈冲击下，中国政府1922年收回青岛主权。凌道扬作为一名接收大员来到了青岛，担任接收林务主任委员，那时青岛是"山童野赤，四望濯濯"。接收期间，他通宵达旦地工作，摸清了林业的家底，和日本人斗智斗勇，还创造性地建立了一个40多人的林警队的准武装组织，天天抓破坏青岛树木的日本浪人，武装护林。这在全国也是首创。他是胶澳政府的第一任林务局长，后来在他的建议下，林务局和农林试验场合并，建立了青岛农林事务所。这是一个集农林行政管理规划、科研、技术推广和农林教育于一体的组织。凌道扬自任所长，他自此提出了青岛六大公园规划，规划组织了62条马路行道树种植，还有青岛的山区造林和市区园林绿化规划。他还亲自组织改造第一公园，即现在的青岛中山公园。中山公园的小西湖景观就是他设计和建设的。他制定了《造林奖励规划》《水源涵养林规划》《森林警察规划》《森林保护规划》《民有林监督取缔规划》《森林罚则》《行道树保护规则》，还创造性地免费向市民发放树苗，鼓励市民见缝插绿，仅1923年他就发放了13.7万多株苗木。他规定造林者可以向农林事务所"请求无偿给予苗栽种籽"，甚至"请求派遣技术员为计划造林或指导作业"。他还注意植树造林从娃娃抓起，植树育人一起发力，在崂山建立了一所农林试验小学校，凌道扬经常亲自授课。这样，就在凌道扬主管青岛林务期间，青岛林业的行政管理、资源调查规划、苗木育种、技术推广普及、林业知识教育、奖励扶持改革等都建立起来了。凌道扬在青岛近十年时间，正如他在《自传》中所说，"青岛时期是我生命中的黄金时代"，十年树木，青岛的树越来越多，青岛越来越青了。

凌道扬是青岛绿树的有功之臣，至今人们都在怀念他。今年春天，我到青岛考察，青岛市市南区华玉松书记、青岛中山公园园长苗积广，说起凌道扬对青岛绿化的贡献，都滔滔不绝，敬赞有加。苗积广园长引导我参观了他设计扩建的第一公园（中山公园）小西湖，华玉松书记特别引导我去看了福山路凌道扬先生的旧居，在他旧居附近有一棵胸围近3米的老槐树，虽然主干横卧，遍体鳞伤，十分沧桑，但枝叶茂盛，生机依然，好像还在向我们诉说凌道扬先生和百年来青岛人民的植树历史。

今年12月18日，是凌道扬先生诞辰130周年。中国林业人怀念他，深圳布吉人怀念他，热爱绿色、享受绿色、以青为荣的青岛人都在怀念他。

布吉凌氏家族英才辈出的文化密码

凌国强

深圳市龙岗区布吉街道

摘　要： 在近现代的历史长河中，布吉凌氏家族先后涌现出政、学、商、军、医各界几十位精英，光前裕后。追根溯源，凌氏家族的生命底色是由客家文化所构筑。自启莲公始，客家人坚韧之气，崇文重教之风，薪火相传。凌氏庭训七律及其家训，世代相传，修身养性的精神特质，奠定凌氏家族的优良家风。族人遵承先贤懿训，又信奉基督救世福音，中西合璧，成就了一个深圳客家人兴旺的家族。抓住客家文化、家风家训和西方教育这三点，凌氏家族人才济济的文化密码，可谓不难破译。

关键词： 凌氏家族；凌道扬；崇文重教；凌氏家训；西方教育

　　古有权倾朝野的陇西李氏，官位显赫的赵郡李氏，人才辈出的弘农杨氏和门第显赫的琅琊王氏等十大名门望族，今有大师辈出的无锡钱氏，人文世家修水陈家，家学渊博的唐河冯家。布吉凌氏，是被历史所遮蔽的大族，梳理家族人物及其事迹脉络，其显赫成就日渐清晰，令人叹服。自启莲这代起，凌氏族人信奉基督教而受到良好教育，家族迅速崛起，人丁兴旺，人才辈出。启莲公生有八子三女（其三子在三岁时夭折），七个儿子皆有所长。长子凌善元曾开办香港"崇谦学校"；六子凌善永是中国最早一批掌握西方经济管理知识的会计师；七子凌善安是当时教育界的"学阀"，曾任国子监英文老师，教过光绪皇帝；八子凌善芳毕业于耶鲁，任广九铁路工程师，可惜英年早逝，28岁病逝；其次子凌善昌、四子凌善昭、五子凌善荣成为商界名人。第三代27个兄弟姐妹中，有19人先后留学欧美，归国后均在政府、高校、医院及科研机构任要职，对政、学、商、军各界上层很有影响。如著名林学家、林业教育家凌道扬；新中国首位妇产科专家凌筱瑛；被中央军委授予上校军衔的医生凌惠扬；"中央造币厂厂长"凌宪扬；水利水电界知名人物凌宏焜等。

一、崇文重教：客家文化传统

今深圳、香港原属一县，称为新安县。据嘉庆年间《新安县志》记载，客家人"或由江西、福建，或由本省惠、潮、嘉等处，陆续来新承垦军田，并置农业。"嘉庆二十三年，村庄增至 865 个，净增 366 个，其中客籍村庄为 345 个。据布吉凌氏族谱所载，布吉凌氏出自河涧郡，是凌氏始祖"康叔"的后人。始迁祖日林公是二十六世祖，于康熙初年（1662 年）前后，自嘉应州大拓（现梅州平远县石正村）迁居龙岗布吉老墟。其下有五子二女，长子育才、次子育斌分别定居在布吉一村及布吉老圩，五子育千公则移居李朗。凌启莲之长子，凌善元也曾撰写凌氏家族的源流，"考我凌氏宗族，其世远年湮之，若祖若宗，兹不具述，惟吉公之居江西，祥公之迁梅县，日林公之移居宝安布吉，则可溯而述者。日林公生育斌公，育斌公生云彩公，云彩公生超瑞公，超瑞公生振高公，振高公生启莲公。"凌启莲是日林公二子育斌公的第六代，生有八子，有孙子、孙女 28 人。

凌氏家族最初由嘉应州迁居至滨海地区新安县，作为典型的客家人家族，虽迁居他乡，但其客家文化烙印不会轻易抹去。崇文重教是客家人文化传统的重要组成部分之一，也是客家文化精神的特质之处。"深圳客家地区宗族兴学之风极盛，往往一座围堡就有一间私塾"，推崇文化，是谓崇文。凌氏宗祠位于深圳布吉一村，始建于康熙年间，乾隆年间重修，堂号凌云堂。且看堂联之书，上联是：追伯益高风播芳当年列五相。下联是：溯文通彩笔生蓄今日望重来。伯益是协助大禹治水的功臣，启即位后，地位仅次于启，德高望重。上联希冀世代族辈追随伯益高风，列五相，尊崇"学而优则仕之"，下联对于潜心向学的崇仰充斥于字里行间。祠堂作为一个家族的象征，是宣扬崇文意识的无声教科书，具有不可忽视的文化传播作用。

除了使用堂联规劝族人需崇尚文化，潜心学问，凌氏日林世系字辈的排列亦是紧紧围绕崇文这一价值观。字辈是中国传承千年的重要取名形式，也是中国古代一种特别的"礼"制，它一直延续到现代。凌氏家族的字辈歌为"日育云超振，启善扬宏文；懋德昭攸远，其贤永世钦；道法传敏敬，宪典有常经"。字辈是一个家族的印记，除了能增强家族认同感之外，更能增加文化认同感。凌氏字辈所使用的字眼，足以想见其先辈对于文化推崇备至，勉励族人应重视教育。诚如凌家后代所言，"字辈中每个字都具有美好的意思和祈愿，希望后代的生活能够匹配他们的嘉名。"将字辈镶嵌于名字之中，进一步弘扬了崇文重教的文化意识，增强了凌氏家族的文化认同感。

时值中国内忧外患，凌启莲接触到西方文化之后，深感西方先进的科技对于社会发展的重要，陆续将子辈送入教会学校接受教育，又留学英美，学习科学文化知识，报效祖国。子承父志，代代相传。崇文重教不单为家族发展，其家国情怀值得称颂。凌启莲的 19 个孙子先后留学英美，成为各行各业的精英，可谓书香传家，继承了崇文的优良传统。

重教是对于传播文化知识的教师的尊重，凌氏家族投身教育行业的人为数众多。凌氏家族拥有各界巨擘，这些精英始终不忘先辈遗留的重教传统，将教育视为人生重要的事业。凌善安 1888 年赴国外留学，1899 年归国后曾任国子监英文教习，曾教过光绪皇帝；二三十年代先后担任过中国北京大学、燕京大学、国立北平大学、国立北平师范大学教授，当时教育界戏称为"学阀"。中国货币印刷奠基人，沪江大学末任校长凌宪扬，心系教育，在国内战争爆发后，为维系沪江大学的办学奔走呼号。凌惠扬以培养年青一代外科医学人才为己任，从事医学教育和医疗工作 50 年。凌道扬，是著名林学家、农学家、教育家、水土保持专家，中国近代林业事业的奠基人之一，中国林学会的创始人之一；他曾担任南京金陵大学、国立北平大学、中央大学等高校教授；1948 年，定居香港；1955 年，担任崇基学院第二任院长，是香港中文大学的缔造者之一。凌达扬，1915—1920 年留学美国，先后在耶鲁大学和哈佛大学研究欧洲史及文学；1920 年回国后，先后在清华大学、东北大学和山东大学等高校任教。著名爱国教育家凌贤扬 1920 年在剑桥大学毕业后进入维斯克神学院学习，1921 年归国，历任大学教授、中学校长，从事教育工作 30 年，对青年学子循循善诱；在其担任北京崇德中学校长期间，为国家培养众多人才，其中有诺贝尔物理奖得主杨振宁、"两弹"元勋邓稼先、著名建筑学家梁思成等人。凌宏璋是半导体电路和集成电路专家，被誉为 IC 之父，在美国享有 61 项专利；他曾执教美国马里兰大学，退休时获得荣誉教授之称；德天下英才而教育之，是其个人文化意识的体现，亦是家国情怀的昭彰。

重教，也是对于教育事业的尊重，凌氏家族的办学传统由来已久，最早可追溯至民国时期。1913 年，凌善元在香港粉岭开办"谷诒书室"，以客家话教学。1924 年，他又在香港新界建"崇谦学校"，该校由于香港出生率下降，直至 2007 年 8 月底才停办。凌善安是民国期间教育家，创办了布吉学校，也是北京六十三中学前身广东学堂和育华中学的创始人之一。百合集团董事长凌国强，先后投资开办了春蕾第一幼儿园、春蕾第二幼儿园、春蕾小学、屡创民办教育奇迹的深圳百合外国语学校等多所学校，在深圳教育事业上堪称楷模，其教育事业功绩为人称颂。

凌氏族人接受良好的教育，成才后又投身到教育事业之中，足以见其深知教育之重要性。崇文重教已然化为凌氏族人一种心灵空间，成为他们攀登个人更高境界的理想信念。

二、修身养性：家训的精神特质

家训，是家族或家庭教诲子孙立身处世、持家治业的言语，是有整齐门内，提撕子孙之效。家训作为一个家庭或宗族重要的精力内核，是一切家庭成员都需遵从的行为原则和品德规范。家训养成家风，作为一种润物细无声的品德力量，家风无时无刻不在净化着每一个家庭成员的心灵。

《布吉凌氏族谱（二编）》中，明确记载凌氏庭训七律共 10 首。祖训饱含中国传统文化，注重修身养性。

（一）戒犯伦

家庭职份最难完，且把天伦仔细看。
堂上椿萱欣并茂，阶前杞梓幸毋残。
不思鹡子鸮音闵，何忍分行雁影寒。
爱敬真情人各有，只须常得此心安。

孝悌为中国伦理之首，告诫族人应守伦理，父慈子孝。中华民族自古重礼教伦常，敬天爱人，问心无愧，方能心安。

（二）戒淫行

尽教花柳逞温柔，片刻欢娱百世羞。
鸿案那知夫妇乐，燕巢且为子孙谋。
莫将孽海轻探指，只恐冤家暗聚头。
寄语诸君回首急，得风流处失风流。

劝诫族人不可施淫行，否则容易惹风流孽债，造成损失；夫妇结为家庭，应认真操持、专一经营、养儿育女、做好榜样，方才利于家族长久传承、健康发展。

（三）戒赌博

为何当今作赌徒，几人赢更几人输。
囹圄杂坐身先贱，勉强贪求貌亦癯。
金尽依然成白手，囊空何处觅青蚨。
分明设下迷魂局，反谓从中有径途。

淫行是品格败坏之径，赌博属于庸俗趣味，易致贪婪成性。沉迷赌博，贪图小利，容易丧志。戒淫行和戒赌博，都是为了立志。

（四）戒食洋烟（鸦片）

> 正是干戈满目秋，安然枕席竟无忧。
> 常年入梦悬灯照，万事忘怀付水流。
> 虫蚀肺肝常刺骨，鱼贪口腹竟吞钩。
> 后车好把前车鉴，覆辙从来不易收。

鸦片祸人害己，使人迷失丧志、损害健康，忘怀家国责任，告诫族人借历史之鉴，不可吸食洋烟，否则难以翻身。

（五）戒争讼

> 谁将仇衅结重重，父母官前逞剑锋。
> 不念虎狼饥正急，可怜鹬蚌斗终凶。
> 行当狭径难回步，睡起清宵试抚胸。
> 事得已时姑亦已，存心自恨少包容。

教育族人心胸宽广，多予包容、少存怨恨，遵循和谐之道，否则自缚，让自己的路变得狭隘难行，郁结难舒。

（六）戒欺骗

> 春台游遍乐熙熙，浑噩休风忆昔时。
> 何意豺狼当道卧，任教鬼蜮有天知。
> 利从眼过长探手，计上心来暗皱眉。
> 盍为子孙留后步，忍栽荆棘满东篱。

一个自欺欺人的人是无法真正做到慎独、无法正心诚意修身。

（七）戒奢华

> 世风只见斗奢华，妆点居然富贵家。
> 不到快心终有歉，才教放手即难遮。
> 田园宗祖留千顷，书为儿孙积五车。
> 会得此中真意在，布衣韦带乐无涯。

社会风气崇尚财富、追求物质享受，而凌氏祖宗留传给后代的田园、书籍，希望子孙戒奢以俭，传承家族精神，即使是朴素的生活，也能找到人生快乐的真谛。

（八）戒侮圣言

简册昭如炳日星，谁云糟粕竟无灵。
先民已死凭颠倒，异论横生总杳冥。
底事瞒心随汝说，只缘开口快人听。
妄言大足千神怒，何奈痴顽点不醒。

先贤总结出的道理和教诲，是对历史的观察、自身的经历总结所得，对后人具有重要指导意义，应心存敬畏并认真思考，否则是对历史和先贤的不尊重。

（九）戒许人过

事过精神日黯然，庸流失足信堪怜。
我将忠厚留余地，人以包容戴二天。
扪舌不妨圭偶玷，当头犹待月重圆。
只须婉语微开导，尔自思维免厥愆。

人谁无过，对于别人无意犯下的过失，不必锱铢必较、狠抓不放，应秉承忠厚之心，予以包容，不妨加以婉转开导，给他人机会。

（十）戒废业

人世惟勤业自昌，偷闲坐误少年场。
临风爱拂清尘土，整日空提乞食囊。
不匮垂箴曾记楚，其休致戒盍思唐。
唤醒多少怀安辈，莫负乾坤岁月长。

业精于勤而荒于嬉，少年不应懈怠懒惰、贪图安逸，以至温饱不保，应立志建业、勤勉刻苦、提升自我，为漫漫人生创造价值。

除了这十条在族谱中记载的家训之外，凌启莲也曾在七十大寿时自撰寿联，勉励子孙后代，光耀门楣。"触目儿孙皆长，尔小子休忘骏业。从此志图远大，同德同心，最好维系风化，扶植纲常，成为一个民国伟人做一个乡闾善士，他日家声丕振，会观兰桂赛春芳。"如何达到成功，有所成就？启莲认为勤奋是有所作为的最为关键的精神，"人世惟勤业自昌，偷闲坐误少年场"是他给出的良方。

家住深圳布吉一村的老人们至今仍能回忆起凌家人诵读家训的场面。据凌启莲的曾孙凌宏孝回忆，"当年背不下来书是要被用文明杖敲头的。我爷爷那辈起，就被要求从小背诵家训，背不过就在额头上敲板子。"严格灌输家规家训，培养了凌氏族人克勤克俭、乐善好礼的良好家风。族中人人遵守家训，加之先贤光耀勉励，无形中增强了家族认同感。

致力于搜集凌氏家族历史的凌宏孝向记者介绍，目前凌氏家族每家每户都有一本《凌氏族谱》，后人一直将家训立为做人处事的准则，代代传承。无论世事如何变迁，这些金玉良言，始终鞭策着凌氏族人在成人成事方面兢兢业业。从1996年以来，凌国强先后投资开办了春蕾第一幼儿园、春蕾第二幼儿园、春蕾小学、屡创民办教育奇迹的深圳百合外国语学校等多所学校，构建了布吉著名的国际化教育基地，为龙岗提供了6000多个学位。"家训的教化留给我们的是一种传承和指引，传承要从教育抓起。"凌国强经商颇为成功，不忘教育大计，崇文重教发展成为凌氏家族越来越强烈的家族烙印，足以可见家训对于凌氏族人信念的深厚影响。"服务家乡，造福桑梓，回报社会"，这种对于家国情怀的怀想与追求，也是近百年来凌氏家族一脉相承。研究龙岗客家文化的文化学者孙骞认为凌氏家族"一直传承中华民族的传统美德，其家训家规的功能远远超出对本家族的教育作用，已成为社会教育的一种独特形式，为社会提供了家庭教育范本和楷模。"凌氏族人各种言说、行为存在着深深的教育成分，自觉不自觉地运用到个体行为，以寻求更大的社会效益。以修身养性为精神特质的凌氏家族在时代变迁中屡放光彩，着实令人赞叹佩服。

三、博爱济世：西方文化浸润

1842年，清政府因鸦片战争战败，被迫与英国签订《南京条约》，新安县属地香港被英国强行割占。新安县背腹内陆，毗连大海，独特的地理位置使其成为近代以来西方文化最早进入的地区。1846年12月，总部设在瑞士巴塞尔市的巴色传道会应郭士立之邀，派遣刚从巴色会神学院肄业的韩山文、黎力基牧师来华传教。次年3月19日，韩山文等四人乘船抵达香港传道，习华语。当年的瑞士基督教巴色差会，派员来到内陆省份传教办学时，受到当地民众的抵制和当地政府的驱逐，客家地区却不然，采取积极接受的态度。1855年，经深圳客家人的协助，巴色差会派遣牧师得以顺利进入新安县布吉圩李朗村，揭开在此传教办学的序幕。在此之前的1848年，巴色差会在深圳沙头角办起第一间客语小学，率先向客家人输入西式教育模式，比1905年清朝宣布取消科举改办西式教育提早了半个世纪。深圳客家人以宽大的胸襟容纳西方文化，使深圳现代学校如雨后春笋。其中，1891年巴色差会在龙华浪口开办的"虔贞女校"，成为新安及香港远近闻名的学校。瑞士巴色差会档案馆有上千张当年传教士留下的照片，形象地展示了客家人百年来接纳西方文明并与之交流融合的历程，被誉为是对客家文化研究"新的学术增长点"。

凌家即是一个基督教家庭，"布吉首先接道者，为凌振高，原在深圳商店佣工，闻道觉悟，遂信奉，且决意弃商而学道。1852年，引黎、韩二牧到原乡布吉代租屋三间，作宣道所，兼办义学，用江大宾为传道员，兼作圣经教习，张广明、陈金华为汉文教员。是年，韩牧施洗与凌振高、（凌）振维、（凌）振泰、（凌）启莲、江承波等，是为布吉之初实。"凌振高作为新安县布吉村第一批土生土长的基督徒，在布吉传道所和义学开办后，凌振高的儿子凌启莲就读于布吉传道义学，后转入李朗神学院肄业。凌振高的孙子凌善元、凌善昌、凌善昭、凌善永等日后均毕业于李朗神学院，其中凌启莲、凌善元父子成了终生献身教会的著名传道人。凌善元把自己奉献给了基督教事业，一生筹款修建了数座基督教堂，光绪九年（1883 年）在紫金古竹建成"福音堂"（教堂）。1879 年建虎头山教堂，1902 年建布吉教堂，1910 年建香港新界粉岭崇谦堂。

由于信奉基督教，自启莲这代起，仰赖于基督徒身份，凌氏家族得以受到良好的教育。进入教会学校，乃至留学美国，都极其占据优势。凌家人对西方文化接触较早，对与封建思想相对立之"自由平等博爱""宽恕和怜悯"，崇尚精神世界和理性思维等现代思想，一代代言传身教，耳濡目染，子孙们受到潜移默化的影响，成年后在各个领域都有不同的成就，杰出人才不胜枚举，有学者尊称这一家族为"蓝血凌家"。凌善元曾在《天道振兴中国论》提出"基督救国论"，这成就日后林业先驱凌道扬立志农业兴国的精神指引。凌氏家族有数十人留学欧美，毕业后选择归国发展事业。在情感取向上值得肯定，在文化之间的差异、紧张乃至矛盾中，这些精英选择了回国，以己之学报效国家，各行各业的水平因他们的贡献而提升，这是一个家族的荣光，也是一个国家的光荣。鲁迅曾言，"教育植根于爱"，凌氏家族众多精英选择成为教育者，也与基督教所尊崇的博爱精神不无关系。

在中国传统文化的熏陶下，凌氏家族有修身齐家报国之志。同时，接受西方文化教育，养成开阔的眼界，习得先进的科学知识技能，得以靠所学所长济世。传统与现代，东方与西方，在正相关的方向上有机地契合在一起，中外文化的交融，塑造了凌氏家族独特的文化品格。

四、结语

布吉凌氏家族之所以能够在动荡的近代，激变的现代，涌现出各界精英，成为一个欣欣向荣的大族，有赖于凌氏家族深厚的家学，良好的家风，极强的家国情怀，中西文化成分的铸冶。正是这些文化积淀，成就了凌氏家族的兴旺。

凌道扬振兴林业思想述要

樊宝敏

中国林业科学研究院林业科技信息研究所

凌道扬（1888—1993 年）先生，是我国著名的林学家、农学家和教育家，中国近代林业的奠基人，中国林学会的创始人，香港中文大学的筹建者。2018 年是凌道扬先生诞辰 130 周年，回顾、研究和继承他的林业思想对于今天的林业建设不无现实意义。凌道扬先生林业思想极为宏富，体现在他撰写的大量关于林业的论著以及其他论述中。综观其一生，1912—1937 年是他对林业问题思考最多、著述最丰的时期，尤以 1916 年和 1918 年出版的《森林学大意》和《森林要览》两本著作，论述最为系统，其认知的科学高度，不仅在当时达到时代高峰，即使在今日看来仍不落后。现从森林利益、中国林业振兴、林业教育、森林建设四个方面，作简要论述。

一、认为森林利益至广且大

凌道扬先生基于美国留学和考察欧洲的见闻，回国后在著作中多次论述森林利益，认为森林关系国计民生、利益巨大。他（1916a）说："第以森林问题，泰东西各国，学校列为专科，政府目为重政，国人视为要图，国计民生，关系甚大，学说理论，自属纷繁。"又说："森林利益，既大且远"。他（1916c）曾多次作"森林之利益"的演讲。他（1918）声明称："归国数年来，不惜牺牲一切，即本所学森林，制造各种图表仪器，携赴各省讲演，以期国人明夫森林利益关系国计民生，至为重大，亟谋振兴之道。奈自愧菲材，未能俾举国幡然尽悟。""各国之所以注重森林，余之所以呫呫而不舍者，诚以森林利益，至广且大也。森林利益，大别之则为两端：曰直接利益，曰间接利益。"

首先，森林具有直接利益。他（1916a）解释说："直接利益者，即从森林之出产，以及售卖出产所得之代价，足以贯注其造林之目的是也。故以直接之利益论，可谓之生利森林。""生利森林者，为取地利之必要，供吾人日用所需也。"（1918）主要包含森林之材木，各种林产，森林与人民生计之关系三方面。

森林材木，"为森林之大宗出品，亦即人生日用必需之具"（1916a）。"居则房屋棹椅，出则舟车桥梁，在在须之。"（1918）"工业上各种之制造，虽非尽木然需木料则居多数，无待琐言。"矿物上各种之开采，亦必须木甚多，方能采取、镕炼和转运。美国1913年，伐木达三万八千兆方尺，共约值银二千兆元。

各种林产，"如松油、桐油、樟脑、软木、树脂、纸张、硝皮质等，均皆产自森林，大在为所必需之品。"（1916b）美国1909年用造纸之木达6800余万元；造硝皮质之木皮100余万吨，约值4400余万元（1916a）。

森林与人民生计之关系，"森林在事实上，其最要者厥有两端，第一能容纳雄厚之资本，第二能容纳多数人之工作。"（1916a）"美国全局实业资本，关于林政一途，约占五分之一，综计4500兆元。此项巨金，国人依之为生计者，计数百万人。德国森林，占全国四分之一，……盖德国全国，每百人中以森林为生计者，计有十二人。"（1916b）"若是者当知欧美各国以森林为莫大之要务。假使中国亦能知所先务，国家之殷富、民生之充裕奚待烛照数计乎？"认为（1930d）森林对于民生的重要性主要有开发利源，利用荒山旷土，消纳失业人民，防止水灾等方面。

其次，森林具有间接利益。"间接利益者，即谓森林所在之地，居民受种种之乐利，水旱灾难所以减免是也。故以间接利益论，亦得谓之保安森林。"（1916a）又解释道："间接利益者，减免地方灾难，所以保护农业，即所以保护人民之公安也。"（1918）"西谚有之曰，森林者，能变贫瘠荒凉之地而为锦绣灿烂人烟繁盛之区。骤然闻之，固不能必人之信。然而试观全球各国，森林之兴废，往往与国家之盛衰、人民之休戚，有非常之关系。"美索不达米亚、巴勒斯坦、小亚细亚、埃及、希腊等国，"均系世界文明之鼻祖，今者地图变色，禾黍增伤，推原其故，岂非缺乏森林之故欤？"他引德国著名林学家上格（Schenck）的话说："凡一国森林之荒废，即一国衰微之表示也。""森林与国家之关系，其所以有如此之重大者，殆因利益之大耳。"

森林的间接利益，具体说主要包含森林与温度、湿度、蒸汽、雨水、川流、地土、流砂磂土、水灾、风灾、水源、卫生、风景等之间的关系（1916a）。概括地说，森林有益于"调和寒暑、增加湿气、时降霖雨、节制河流、障固泥土、减免水灾、栖息禽兽、添多养气、增益美景，尤为立国保安之首要。森林之于土地，既如荫篷，又如被絮，以故夏较凉而冬较暖。其枝干根叶生长呼吸，吐出多数水分，则空气中之湿气所以增加。空气中既多湿气，遂易凝结成雨下降……其积存林间及林地者，朝夕涓滴下注，河流则干旱不涸，霖雨不溢。虽地势之高低、森林之疏密、雨量之多寡、树木之种类，各有不同，未可概论。总之森林之与川流，能保无涸绝之虞，少泛溢之害，则为不易之理矣……苟有森林，其蟠根蔓须，及由森林构成之地被物，既能内外坚固泥土之结合力，又以枝叶交互纷披于其上，残枝败叶遍布于其下，作地面之重重掩护。无论若何狂风暴雨，地面均不受直接之打击。此森林之所以障固泥土也。以节制河流、障固泥土之故，水势无骤增之事，河身无填塞之虞，河流自少泛滥之患……至于栖息禽兽，供人之肉食，添多养气，有益卫生，增益美景，构成锦绣山河，亦为理之至显……若夫国无森林，则将何如？"

森林的间接利益，与国家关系巨大。"森林繁盛之区，较之森林缺乏之地，空气新鲜，是森林之有益卫生。森林繁盛之区，较森林缺乏之地，能使雨水常多，寒暑调和，是森林可以增加雨量，转移气候，且能使河流不息，无泛滥涸竭之虞。至于保存山岭泥土，不致冲去以阻塞河流，而减少水灾。尤为纾内乱、丰民食、保民卫乡之要策。此外增益地方美景，构成锦山绣河，当亦必不可缓。"

森林还具有有益卫生、增益美景的作用。林间空气较为清适，是因为森林固能调和气候，销纳二氧化碳，呼出氧气。愈接近林区之地则氧气愈多。"至于森林有免除疾病之能力，医学家方聚讼纷纭而未定。"还论述森林游憩、精神文化功能："顾优美之风景，必赖森林之点缀……泰西各国，每植树以供人民之游息者，用意至深且切，非仅资游赏云耳。盖欲使人民精神焕发，志气高尚，涤烦荡垢，用以生爱国卫乡之观念。""美国凡属游戏渔猎之地，均有国有之森林，供人之赏玩，俾得庇荫。即城市中之公园，亦无不有森林以增益美景。"

针对民国初期严重的水旱灾情，森林与水灾、旱灾的关系是凌道扬最为关注的问题。就水灾，他专门写了 4 篇文章详加论述。第一篇是《论近日各省水灾之剧烈缺乏森林实为一大原因》（1917a）。他认为："近日粤直湘鲁豫鄂等省，暴雨为灾……夫山崩土陷，堤决川泛，虽属一时之暴雨所致、淫霖为患，而缺乏森林实为最大之一原因也。"对此，他从"森林有保护泥土之能力""森林有节制河流之能力""森林减免水灾之确验"三方面加以论述。最后呼吁同胞，以此次水灾"为促进我国急办森林之当头棒喝"，能"急起厉行"。第二篇是《水灾根本计划书》（1918b）。第三篇是《中国今日之水灾》（1921b）。第四篇是《水灾根本救治方法》（1929a）。关于旱灾，他也至少写了两篇文章，《森林与旱灾之关系》（1925）和《由旱灾说到造林》（1935a）。凌道扬先生关于森林可防止水旱灾害的观点，受到孙中山先生的重视。不仅 1919 年参与了孙中山《建国方略》一书《实业计划》部分章节写作，而且为孙中山 1924 年的《三民主义》演讲提供了森林方面的相关材料（刘中国，2008）。

二、主张振兴林业为中国急务

通过中外对比，凌道扬深刻认识到中国林业与欧美国家林业存在巨大差距。由于国内森林资源极度的匮乏，致使灾害频仍、国弱民贫。为此他痛心疾首，反思原因，寻找对症之策。他（1915）说："举世文明各国，莫不注重林业。以林业关于一国之生计实大也。我国人尚不知培植森林之法，以故国中童山赤土，一望无际……如吾人欲一雪斯耻，并解除将来生计上之困难，则惟有合群力以振兴林业为当务之急耳。""森林为吾国亟须振兴者，其效甚显。"承认（1930e）自己"素来主张森林救国"。

对中国重农轻林历史传统做深刻批判。他批评说（1916a）："中国只知农业为要务，不知森林与农业同为立国之要素。同是取利于地，其区别不过出产与种植之法不同。……独惜森林利益，既大且远，又非若逐什一之利，一朝夕立收其效者之可比。吾国上下拘拘于目前浅近之利，遂并此远者大者而忽之耳。""吾国自古号称以农立国，而于森林不讲，任其荒废，为各国所讥笑。"他（1918）又说："取地利之道，首在农与林。盖平原者，农业利用地也；山陵者，林业利用地也。以故泰东西各国均以农与林兼营并务，初无顾此失彼之弊。中国自地官之政令不行，虞衡之职掌废失数千年来，虚声以农立国，独置森林不讲。固有之林木，旦旦而伐之；荒芜之山麓，一任若彼濯濯。直接则林木缺乏，漏卮岁近千万；间接则保安寡赖，水旱交灾。外人每引中国山陵荒废之害为彼国人之戒。是内受损失，而外贻笑侮也。……国遂因贫而弱，民遂被灾而苦。有如今日，可不惧哉！余目见之，耳闻之，余心碎矣。"

农林事业同为国家首要问题。他（1916a）认为："农林二事，其所以同为一国之首要者，因森林所利用之土地系山丘，而农业所利用之地土多半系平原。一国之土地既非尽属平原，农业又不能利用山丘，岂可坐令其荒废耶。赵太祖云寸土寸金。西哲云因地取利不可旷其寸土。是森林一事未可须臾缓也明矣。考中国森林之地较多于农业之地，不止倍蓰。况无森林节制川河，增加雨水，扦止泥土，防避风灾，则农业未必操丰收之成算。余之所以言森林者，其前提在于免地土之荒废，利用农业所不能利用之地，并保护农业是也。"

对中国因缺乏森林而导致的重大利益损失做认真彻底清算。他（1918）痛陈："今中国之森林缺乏极矣，因缺乏森林所受之损失大矣。"一是直接利益的损失。"中国因缺乏森林，损失林之附产，如各种油、樟脑、造纸品、硝皮质等，与夫林业上之人民生活，固难尽计。即材木一端言，固有之收入既尽失，又复岁岁购木，多至八百七十五万……此近时材木缺乏已如此，将来商埠之建筑、人民居室之改良，以及采矿撑木、铁道枕木、工业原料，尤不知何所取材也。若仍购自外国，又必因缺款而借债，借彼之债以易彼之木，是所借者直为木料，所偿者则为金银。人则两得，我则两失。日复一日，其何以堪？"（1918）二是间接利益的损失。他（1918）引美国韦斯康新大学洛史氏观点："黄河界乎南北各省，国人视为祸水。每遇霪雨，两岸居民生命财产不保，此明明无森林节制河流、障固泥土，致使泛滥。国人惯惯不察，祸患实无穷极。"接着说："本年直豫鲁晋各省，被此奇灾……实以森林缺乏为最大之一原因……要知苟有森林，容积雨量、缓滞其流，山何能暴发此水，天何故必为是灾？今者惩前毖后，出赈灾之余力以谋造林，方为来日防暴发、防不测之道。若谓水灾由霾雨而致，吾敢断言之曰：'有森林则必无重灾'……急起直追，林政日修，水灾日减，国家地方并受其福矣！"

振兴林业为中国今日急务。凌道扬（1916b）认为，振兴林业，政府必须加大对林政的投入。林政对于一个国家非常重要，对增加财政收入、提供工业原料、利用土地、改善生计、获得间接利益等方面有重要关系，振兴林政是中国的当务之急。他说："吾国为东亚膏腴大陆，环球各国，啧啧称誉。独是荒山之多，触目皆是。此固有心人所难忍于言也。"中国的林政人员、经费都远不如德、俄、日、美等国。"德国土地面积，不过吾中国二十分之一，而其国之办林政人员计九千余人。俄国则三万六千余人。日本亦二千八百余人。中国近年始委用林政人员七十余人。土地如此广袤，而林政如此不讲，是明明弃利于地而不知惜矣。吾国筹办林政之经费，计共银币十八万元，较之前此则为绝无而仅有，似可少慰。然而对照欧西各国，德意志关乎林政经费计银币四十六兆元；美利坚约十兆元；印度亦九兆元。回顾吾国，诚大有望尘莫及之势。"所以，他主张振兴我国林政必须扩增林政人员、增加林政经费、加强林政管理、发展林业教育。凌道扬（1916b）认为，中国林政"振兴既在今日，乌可须臾缓耶。"振兴林政，可以扩大就业，解决国民的生计问题。"吾国生之者寡，食之者众。民穷财尽，危象日臻。使林政振兴，生计必呈活泼之象。"对轻视林业的观点进行反驳："或谓今日国势濒危，安能务兹迂缓？试思此次水灾，岂可以国事方殷，风雨飘摇，而辞之不理、置之不办耶？而况森林种种利益如前数篇所言者，明效大验、历历不爽。而犹谓非当务之急也，吾知善为国为民者，必不忍出此矣"（1918）。他（1921a）呼吁："振兴林业为中国今日急务。"论述说，振兴林业可以压缩木材进口、减少资金外流；植树造林有利于充分发挥荒山荒地作用，获得可观收益；植树造林是根治水旱灾害、减少损失所必需；发展林业，为铁路、轮船、飞艇、电线等设施建设提供木材，有利于交通和国防。

三、坚持林业通俗教育与学校教育并举

凌道扬先生（1916a）关于森林实施方法的第一条建议即为"注重教育"。一生从事教育的实践也足证他对教育之重视。他主张："教育为万事之母，欲使国人注重森林，必先使之知森林之利益，与夫造林之通识。但教育又必分为通俗教育、学校教育两种。"为使国人了解森林知识，他编写的《森林学大意》深入浅出，特别指明"凡科学上之名词，一概不用，因寻常辞句，便于普通人之了解。"凌道扬（1917b）认识到森林科学、森林利益、森林就业三方面的价值，

于是将提倡森林作为自己的职志和责任，呼吁教育界不要忽视了森林事业。他（1927）还说："惟欲谋林业之振兴，首重林业人材之培养，人材不足，则振兴之道末由。""故提倡林业教育，培养人才，实为当今之要务。"

通俗教育方面，他尤其注重森林讲演和发行报刊。①森林讲演。"讲演为直接输灌知识，鼓动人心之利器。中外各国政府与社会，凡一事业之设施，莫不假讲演为起点。惟讲演而用各种仪器图表模型，一面阐其理论，一面证以事实，使听者之耳目，双方同时接受。既易了解，又能经久不忘。余于此事，屡验而效焉（1916a）"。凌道扬回国后在中华基督教青年会全国协会演讲部森林科就任，曾到苏、浙、皖、闽等省做森林演讲。1916 年 9 月，凌道扬写道："年余以来，到处讲演，不外本所学以献诸国人，期尽天职于万一。……顾国人之持森林之问题以质疑者，日环吾侧，犹聆吾言而怵然动心者也。若夫未聆吾言者，脑府贮有森林二字，殆寥寥不可多得。……其诸，有投袂而起者乎，则中国之幸也"（1916a）。叶培忠教授在中学时期即是受到凌道扬森林讲演的感召走上从林的道路。②森林杂志及新闻。"杂志及新闻，为通俗教育之中坚。中国森林荒废之原因，国民通常披阅之书籍报章，几绝无森林二字，以故不知森林为何物。况一国事业之兴废，全在上流社会之向背。上流社会之心理，又必赖文字为转移。近者南京金陵大学，刊布森林学说，邮寄各省报章转载，颇受社会欢迎。此种办法尤为费廉效广，甚愿有识者三致意焉（1916a）"。凌道扬曾创办《森林》季刊、《青岛时报》《林学》杂志等，积极宣传森林知识。

学校教育方面，主张设立森林专门学校，并从小学生抓起。他（1916a）说："泰西各国教育，皆注重森林学科。除设森林专门学校外，并于普通学校附带教授。中国今后主持教育者，宜设森林专校，并于各等学校之课程，增补森林学一门，使学子能知森林与国家之富强，人民之生计，地方之安宁，社会之经济，日用之取给，如何重大。且教授地理时，必须详解森林与地理若何关系？土质何以瘦？河流何以泛滥，何以隄防？……俾之一一明悉而后可。于是既有专门之人才主办，复有全体国民协赞，则此事当可以日臻发达。"凌道扬（1929b）任北平大学农学院教授期间，提出《对于设立林业专门学校之意见》，指出欲振兴林业，必先培养林业人才，注重林业教育，将大多仅于农业学校中附设科目的林业教育，单独抽出专立学校，"以养成专科人才而为推广林业之预备"。凌道扬（1930a）上书考试院院长戴传贤，请在考选委员会中添设林学组，主张从农学中分立出来。

凌道扬（1927）研究近年中国林业教育状况，认为中国森林教育亟需注意加强实习工作、科学研究及调查、校外教育工作。他（1931a）认为，有必要在小学教科书中加入有关林业的知识，使人们从幼小时起即养成爱林、造林的习惯。大学森林系的教学必须考虑各地的具体情况。由于中国各地气候、土壤和森林情况不同，各地森林学校的教学内容应各有侧重。森林学校的课程内容必须适用，要注重实验，使学生学到实际本领。

四、强调人民与政府共建森林

凌道扬（1916a）认为："余于振兴森林实施之方法，分为注重教育、因势利导、政府提倡三种。其法最为简易。甚愿我国人民与政府切勿置之脑后，则森林之发达，当可拭目而俟，中国前途庶乎有豸。"前面对其林业教育思想已做分析，下面着重论述其他方面的森林建设思想。

强调因势利导。凌道扬先生虽然学习美国先进的林业思想，但也深受我国传统文化熏陶。在他的林业思想中仍然主张对传统文化的传承与改造。他（1916a）说："吾国为数千年之文明古国，流风遗俗多寓古先圣哲之善政得意于其间。兹就关于森林旧有及现在之风俗言之，甚愿国人留意，于森林前途，不无裨益。①美俗须推行。闽省延平之间，凡人生子，必择山一方种植树木，待二十岁后婚娶之时，即伐此树为聘礼及婚礼用费，意至深，法至善，以故该地山林俊秀，人口繁盛，诚宜推而行之，以及全国，庶乎森林振兴，不劳而获。②迷信。中国堪舆之学，由来已久。秦火未焚，蔓延全国。虽属谬妄，可资利导，故茔墓之地，栽种树木，固葱郁而壮观。在后裔显达者，竟视为发祥之地。即贫困者，亦因孝道所关，以坟山为禁山，山中树木为神圣不可侵犯之物，祭义云树木以时伐焉，断一树不以其时，非孝也，以故中国森林遗迹，尚可于坟山获睹一二焉。③窃惟今后中国土葬之法，骤难变易，风水之说，又不可破，何如引申其义而利用之，造成社会上一种舆论，而曰植树保护先人之茔墓者，孝也。植树愈多，地脉之保护愈佳。先人之茔墓得可安全无恙着，大孝也……④佳节须保守。民国四年七月三十一日政府通令各省定清明日为植树节，示森林为国家之要图，此亦因势利导之美意，未可以人而废言。今后全国各界，届期郑重举行，永远弗绝，则为益殊大。"

主张政府提倡。凌道扬（1916a）认为："中国森林之缺乏，源于林政之废弛，固已无可讳言。今欲振兴森林，端赖政府之提倡。但中国今日，百废待举，政府固未可以全力注此。惟余今所云，固为事小而易践，资轻而易行，可以不劳而获者。①矿产铁道之旁须植树。政府除特别规定县知事之考成，注重森林一门外，无论国有民有之矿场铁道，呈请立案注册之时，必先规定矿场之旁须植树若干方里，铁道左右，须植树若干丈，各因地势而定。俾十五年后，矿场之撑木，铁道之枕木，须更换添补之时，可以就地取用。既免购运等费，又能需用灵便。②凡属机关均须植树。无论官立私立营业与夫公益各种机关，凡属接近山麓者，其组织之初，宜一律规定，植树若干方里。或为地方之保安，或为机关巩固基础而谋永远之经济，或自行预备将来之材料。在在均有莫大之裨益。③森林警察。

各县宜设森林警察。中国各省山麓虽欲植树，每因火灾之不虞，与私伐之难防不得不坐令荒废。故急宜各按县分之大小，添设森林警察，专司保护之责，逐日巡视。但此项警察必须先由各省授以相当教育，再行派赴各县，庶能尽职务而无过失。"

凌道扬（1930c）建议设置中央林务机关，提倡森林事业；各省设置分管机关；中央林务总机关宜设造林科、保护科、指导科和伐木科。同时强调必须制定森林法规，"今欲建设森林，首宜制定森林法规，俾共遵守。"并建议规定森林税则。认为（1930b）《森林法》为林业行政之基本标的，关系至为重要，并请立法院早日公布。

中国振兴森林须人民与政府齐心协力，提倡与造林并举。凌道扬（1918）说："森林利益虽多，若以振兴之责尽归之人民，则我既贫且弱之国民，救目前之不暇，遑论远大。若尽归之政府，则以今日国库支绌，人材未兴，兹事体大，谈何容易。然则如何？非规效泰西各国，结合举国上下有识之士，群策群力，以图进行不可。图之之道维何？组织公共机关，选专门林业人材，分膺任务，一面提倡、一面造林是也。苟事提倡而遗造林，无事实之模范，提倡终属空言。苟事造林而遗提倡，势将拘于一隅，难期普及。惟其务提倡也，则奔走各省，讲演森林；编辑森林杂志，散布全国；陈设标本模型，供人研究；细致造林科学，以造林者之咨询，皆为应有之事。惟其务造林也，则调查树类土宜，以免林业之失败；造成模范林场，以资国人之观感；蓄植模范苗圃，以供国人之取求；随地制宜保护固有林木及新造幼林各种方法，皆为应有之事。"他（1936）经过20多年的林业工作之后，充分认识到财政经费支持对于林业发展的重要性，认为："政府与民众合作，经费与计划并施，苟能达此目的，又何患林业不获振兴哉。""我国林业第一问题，不患无发展办法，而患无实用经费，经费充足，则其他困难问题，解决泰半矣。"

重视人工造林。他（1916a）说："造林约分两种：天然造林、人工造林。兹篇仅言人工造林。"又说："至于森林利息，天然造成之森林，固不若人工造成之森林生长之速，获利之多。盖因人造之林次序及保养，均得其宜。"他重视发展经济树种，如引种黄金树、桉树（1922a），提倡发展桐油事业（1922b）。他（1929）编写《中国北部造林浅说》，向社会普及造林和树种知识。建议（1930c）先实行调查森林并拟定造林计划，厉行造林奖惩章程，造林必须继续进行。他（1931c）考察西北林业后，拟定了西北森林建设初步计划，其中强调（1931b）厉行森林保护政策和奖励民有林业。凌道扬（1937）认识到宜林地约占到全国总面积的40%，现在仅有22%的宜林地为森林所利用，其余78%的宜林地尚属荒废，"国人若能利用此种荒山荒地，经营垦殖事业，国家的财富，自然可以藉此增加。"中国人口分布极不均匀，多集中于东南少数区域。"我国西北有很多地方，数千年前是号称肥田沃野的，现在竟成为一片荒原，原因是常患旱灾……所以现在只缺乏水利，水利一兴，便又可以化荒瘠为沃野了。"他（1943）认为西北水土保持问题，非唯抗（战）建（国）时期经济建设之核心，亦为整个西北社会问题、民族问题解决之唯一途径。欲图水土保持事业之成功，首须林垦、水利工程二者之并举而合作。强调注意 80% 的公有土地，本自力更生、公有公营公享原则，发展各种公益事业。

五、结语

凌道扬学贯中西，他的林业思想形成深受中西文化的共同影响。他出生在一个虔诚的基督教家庭，留学美国，又长期在中华基督教青年会任职，深受西方文化"博爱"思想的影响。同时，他作为一名近代的学者，又受到中国传统文化的滋养。凌道扬（1957）在《我之中国文化观》中说："中国文化以孔子学说为主流，而孔子之学以仁为本，故中国文化亦可以说是以仁为中心。""中国文化确有独特的优点。发扬中国文化，对世界和平确有绝大的贡献。"他赞成孟子"仁民爱物"、张载"民胞物与"思想。1959 年，他为崇基学院撰写楹联："崇高惟博爱，本天地立心，无间东西，沟通学术；基础在育才，当海山胜境，有怀胞兴，陶铸人群。"充分体现了他胸怀天地海山、博爱包容育人的崇高思想。

凌道扬林业思想成为他所处时代的高峰，不仅得到孙中山、黎元洪、张謇等人的高度重视，而且对近代林业教育和科技事业产生了深远影响。如果说要在中国历史上推选一位"林圣"级人物的话，我愿把这枚桂冠敬献给凌道扬先生。在生态文明建设的新形势下，还需要对凌道扬林业思想做进一步的研究，使之为国家的林业振兴发挥更大的作用。

凌道扬的振兴林业林学思想

| 王希群

中国林业科学研究院林业科技信息研究所

　　凌道扬先生是中国著名的林学家、教育家，在中国林业史上具有特殊地位，为中国林业事业发展做出了历史性贡献，是中国林业事业的先驱和开拓者。1921年3月，凌道扬先生响应孙中山先生"振兴中华"的口号，提出"振兴林业为中国今日之急务"，为一代又一代务林人提出了奋斗的目标。他振兴林业的林学思想主要体现在："集合同志，共谋中国森林学术及事业之发达"，言简意赅，意义深远。这18个字是1917年（民国六年）2月12日在上海成立中华森林会时，凌道扬和同仁们为中华森林会拟订的中华森林会宗旨，作为第一任理事长的凌道扬为之奋斗30多年，矢志不渝，自强不息。凌道扬先生振兴林业的林学思想有三个方面的涵义：一是组织起中国之林业队伍，二是研究中国之森林学术问题，三是振兴中国之林业事业。在他的一生中，不论从事什么工作，都将振兴林业的思想融入到工作中，甚至在创办香港高等中文教育也是如此。学林、务林、思林，只有这样的人才会产生林学思想，因此林学思想应该是林学家的专利产品。在19世纪末20世纪初，程鸿书、凌道扬、姚传法、韩安、李寅恭、陈嵘、梁希等一批先哲们走出国门，能够了解和学习林学或森林学，这就是一个了不起的事情，他们学成回到祖国后，或开展林业教育，或参加建立林业机构，或参加林务工作，或参与森林法的制定，或创立林场开展植树造林，或建立森林会等等，这一切行动均为林业呐喊，身体力行，不遗余力，寸积铢累，为中国林业事业创立和发展做出了历史性贡献，载誉史册。

一、集合同志

　　凌道扬具有强烈的家国情怀，虽然他从小学、中学、大学到研究生阶段所受的都是西方教育，但他身上仍然有着强烈的中国知识分子的情结。凌道扬先后于清宣统元年（1909年）和民国元年（1912年）在美国麻省农学院（今麻省大学）农科和耶鲁大学林学院林科学习，而这两所学校的农林教育一直是美国最好的，民国三年（1914 年）凌道扬获硕士学位赴德国、瑞典、瑞士考察林业和农业之后，他不但具有了扎实的农林专业功底，而且具有了农林专业的国际视野，这个基础为他振兴林业的林学思想的形成和凝聚起到了重要作用。凌道扬回国后，首先，参与到国家建设的顶层设计中，对孙中山、黎元洪、张謇、胡汉民、戴传贤、唐绍仪、穆藕初、金邦正等民国要人产生了极大的影响；其次，他会同陈嵘、李寅恭、张延福、高秉坊等，建立开展林科教育，组织中华森林会（中华林学会），为林业建设奠定知识和人才基础；再次，他还和韩安、姚传法、李寅恭、陈嵘等同仁一起，开展林业实践，引领林业发展，把他振兴林业的林学思想落实在国家建设和发展的进程中。

（一）参与拟定《森林法》

民国元年（1912 年）9 月 29 日，民国北洋政府农林部制定《林政纲要》11条出台，《纲要》规定林业方针为：凡国内山林，除已属民有者由民间自营，并责成地方官监督保护外，其余均为国有，由部直接管理，仍仰各该管地方官就近保护，严禁私伐。之后，民国北洋政府在清朝法律的基础上，进行了法制建设，使法律初步符合共和国体和现代法治原则，其中将制定颁布《森林法》列为首批立法之中，民国三年（1914 年）1 月 3 日民国政府颁布《中华民国森林法》（共 6 章 32 条），为中国历史上第一部《森林法》，成为我国以法治林的重要标志。

《森林法》第一章总则中规定：

第一条　国有公有及私有森林之经营原则，除法令另有规定外依本法行之。

第二条　却无业主之森林，及依法律应归国有者，均编为国有林。

第三条　国有林除有农商部直接管理外，得委托地方官署管理。

第四条　国有林有下列情事之一者，应由农商部直接管理。

（1）关系江河水源者。

（2）面积跨越两省以上者。

（3）关系国际交涉者。

第五条　公有或私有森林，农商部认为与经营国有森林有重大关系者，得以相当价值收归国有。

从这个总则中可以看出，《森林法》立法围绕"森林要国家来经营"的立法理念，并且直接规定了国家管理森林的范围。此时凌道扬任北京政府农商部技正，应中华民国副总统兼鄂督黎元洪之邀，凌道扬参与了《森林法》的拟定工作，起到重要作用，并因此深受器重。民国七年（1918 年）4 月，凌道扬著《森林要览》由商务印书馆出版，黎元洪为该书题词"十年之计树木"。民国十年（1921年）3月，中华森林会在南京创办季刊《森林》杂志，由中华森林会学艺部编辑发行，刊名《森林》也由黎元洪题署。

（二）协助编写《建国大纲》《三民主义》农林部分

孙中山先生一生都非常重视植树造林，是中国近代史上最早意识到生态发展的重要性和积极倡导植树造林的第一人。民国五年（1916年）9月，中国民主革命伟大先行者孙中山到海宁盐官观看钱江大潮，回上海后写下名言"世界潮流，浩浩荡荡，顺之则昌，逆之则亡"，这个世界潮流就是人类社会由专制主义制度向民主政治迈进的必然趋势，中国林业的产生和发展就是伴随着世界林业发展的潮流产生和发展。在19世纪末和20世纪初，不论森林和林业作为一个机构、一个部门、一门学科、一个学校都是一种新生事物。

民国十三年（1924年）4月12日，孙中山先生手书《中华民国国民政府建国大纲》，简称为《建国大纲》，全文仅二十五条，这是中华民国成立后孙中山针对国家建设所提出的规划方案。其中第十一条为：土地之岁收，地价之增益，公地之生产，山林川泽之息，矿产水力之利，皆为地方政府之所有；而用以经营地方人民之事业，及育幼、养老、济贫、救灾、医病与夫种种公共之需。

民国十三年（1924年）初，孙中山倡导的"三民主义"中专门讲林业建设，从森林与民生、建造森林、开发森林、森林行政、山林测量和森林与建设六个方面进行了详细的阐述。在《建国方略》中，孙中山先生提出了在中国北部和中部进行大规模植树造林的设想，规划了中国林业发展的蓝图。

民国十八年（1929年）10月出版《林学》，其封里印了《总理遗训》并摘取孙中山的三段话：

"我们研究到防止水灾与旱灾的根本方法，都是要造全国大规模的森林"；

"我们讲到种植全国森林问题，归到结果，还是要靠国家来经营，要国家来经营，这个问题才容易成功"；

"山林川泽之息，矿产水利之利，皆为地方政府所有，而用以经营地方人民之事业"。

这表明了当时林业发展的基本观点，即森林可以防止水旱灾害；提倡国家经营林业；森林由政府组织经营管理，让森林为人民谋福利。

民国十八年（1929年）9月，农矿部召开的林政会议的闭会演讲中，凌道扬谈到他自己："办林政近20年，期间有两年至感愉快，一为帮助总理拟定《实业计划》中关于林政计划部分。"

（三）倡议设立"植树节"

为了保护林业资源，美化环境，保持生态平衡，世界上很多国家都根据本国

实际情况设立了植树节、植树周活动。美国的植树节最早，清朝同治十一年
（1872 年）4 月 10 日，由内布拉斯加州一新闻记者发起美国第一个植树节。借鉴
美国的做法，推进中国的植树造林事业，民国四年（1915 年），凌道扬和韩安、
裴义理等有感于国家林业不振，"重山复岭，濯濯不毛"，上书北洋政府农商部
长周自齐，倡导以每年清明节为"中国植树节"，北洋政府农商部呈《拟定清明
为植树节请以申令宣示全国俾资遵守文》，7 月 31 日获大总统袁世凯批准，由国
务卿徐世昌向全国宣示，于民国五年（1916 年）清明开始实行。

北伐胜利后，为纪念孙中山逝世 3 周年，民国十七年（1928 年）4 月 7 日由
国民党政府通令全国："嗣旧历清明植树节应改为总理逝世纪念植树式"，将日
期改为每年 3 月 12 日，时期依然推行不辍。民国十八年（1929 年）2 月 9 日农
矿部又以部令公布《总理逝世纪念植树式各省植树暂行条例》16 条。而国民政
府行政院农矿部长易培基遵照孙中山先生遗训，积极提倡造林，于民国十九年
（1930 年）2 月呈准行政院及国民政府，自 3 月 9～15 日一周间为"造林运动宣
传周"，于 12 日孙中山先生逝世纪念日举行植树式。北方地区以 3 月初旬，寒气
未消，还不适于栽树之故，特规定植树式仍于 3 月 12 日举行外，造林宣传运动
周延之清明节行之。并由该部公布《各省各特别市各县造林运动宣传周办大纲》
7 条，以便全国照办。

凌道扬倡议设立"植树节"就在于引起政府和民众对林业的重视，推进全
国植树造林事业，作为振兴林业的一项行动。

（四）发起创建中华森林会

民国六年（1917 年）1 月 30 日，由陈嵘、王舜臣、过探先、唐昌冶、陆水
范等发起组织成立中华农学会，并在上海江苏教育会召开成立大会，宗旨是"研
究学术，图农业之发挥；普及知识，求农事之改进"，公推张謇为名誉会长，陈
嵘被选为第一任会长。时任金陵大学林科主任凌道扬等人，深知"中国木荒"
之痛，深感"林业之兴废，关系国家之兴废"，深明"振兴林业为中国今日之急
务"，得到了江苏省第一农业学校林科主任陈嵘及林学界其他人士金邦正、叶雅
各等的支持，于民国六年（1917 年）2 月 12 日在上海成立中华森林会，宗旨是
"本着集合同志，共谋中国森林学术及事业之发达"。自此，肩负着发展我国林
业科学历史使命的首个社会团体诞生，将林业从农业中独立出来，并为谋求林业
发展而设置的独立团体，表明了中国传统林学向近代林学开始过渡。

民国六年（1917 年）3 月 6 日，上海《申报》10 版刊登《中华森林会记
事》：森林利益关系国计民生，至为重大。兹由唐少川、张季直、梁任公、聂云
台、韩紫石、石量才、朱葆山、王正廷、余日章、陆伯鸿、杨信之、韩竹平、朱
少屏、凌道扬诸君，发起一中华森林会于上海，以集合同志、振兴森林为宗旨。

这些人当时的背景：

唐少川：清末民初著名政治活动家、外交家、清政府总理总办、山东大学第一任校长，中华民国首任内阁总理，国民党政府官员。曾任北洋大学（现天津大学）校长。1917年参加广州护法军政府，任财政总长。

张季直：张謇，字季直，中国近代著名的实业家、教育家，主张"实业救国"，他一生创办了20多个企业，370多所学校，为我国近代民族工业的兴起，为教育事业的发展做出了宝贵贡献，被称为"状元实业家"。

梁任公：梁启超，号任公，清朝光绪年间举人，中国近代思想家、政治家、教育家、史学家、文学家。1917年7月，段祺瑞掌握北洋政府大权。梁启超拥段有功，出任财政总长兼盐务总署督办。

聂云台：晚清名臣曾国藩外孙，中国机械纺织制造先驱者，1917年与黄炎培发起成立中华职业教育社。

韩紫石：晚清重臣，北洋军阀时期，他与南通的张謇，位高望重，同被誉为苏北的两大名贤。历任江苏省民政长、安徽巡按使、江苏省省长。

石量才：著名报人。民国元年（1912年）任《申报》总经理。

朱葆山：上海实业家，民国五年（1916年）任永安水火保险公司上海局华董等。

王正廷：民国时期的外交官，长期在南方政府中任职，推行革命外交。他热心体育事业，并致力奥林匹克运动在中国的开展，是近代中国著名的体育领导人之一，因其对中国体育事业的贡献，被誉为"中国奥运之父"。

余日章：重要的基督教领袖，中国最早"红十字会"组织的创立者。

陆伯鸿：中国知名实业家、慈善家、天主教人士，并且是法租界首位华人公董之一。

杨信之：上海丝业会馆董事，并先后为上海意商延昌恒洋行、意商义丰银行、荷商安达银行买办。

韩竹平：韩安，字竹坪，民国五年（1916年）任农商部林务处会办。

朱少屏：民国五年（1916年）任环球学会总干事。

凌道扬：民国五年（1916年）任金陵大学林科主任、教授。

从报道的这些人士，足见凌道扬在建立中华森林会初期花费的心思和具有独到的眼光。

由于时局动荡，军阀混战，1922年因战乱中华森林会的活动亦被迫终止。北伐胜利后，在民国十七年（1928年）5月，林学界在南京集会筹备恢复林学会的组织，推姚传法、韩安、陈嵘等10人为筹备委员，起草中华林学会会章。同年8月，在金陵大学举行中华林学会成立大会，姚传法当选为中华林学会首届理事会理事长，从1929年开始中华林学会第2至4届理事会推选凌道扬为理事长。

抗日战争爆发后，会员流亡星散，会务再次陷于停顿。姚传法随立法院迁到重庆北碚后，于民国三十年（1941 年）1 月出面邀集在渝的林学会部分理事和会员，共商恢复林学会组织活动。推选 17 人组成第 5 届理事会，互推姚传法、梁希、凌道扬、李顺卿、朱惠方为常务理事，姚传法任理事长，另选举陈嵘、韩安等 9 人为监事，形成了一个大团结的战时林学团体。中国林学会也是一个规模较大、持续时间较长的全国性学术团体。

（五）推动开展黄河水保事业

民国十七年（1928 年）1 月，国民政府成立了建设委员会，确定了"开发西北、建设西北"为其要务之一，并相继派出西北科学考察团、西北实业考察团等到大西北进行实际考察。民国十九年（1930 年），国民政府又制定了《开发西北计划》，对西北的开发进行了整体规划，指明了具体的开发措施。民国二十年（1931 年）3 月，为显示开发西北的决心，又成立了全国经济委员会筹备处，为开发西北做了铺垫。同年 5 月，国民会议第七次大会通过了《开发西北办理工赈，以谋建设而救灾案》等，正式确立了以工代赈的开发计划。到民国二十三年（1934 年）4 月，蒋介石派考试院院长戴季陶到西北视察交通、水利、农业和教育，为开发、建设西北作准备。6 月，全国经济委员会通过了《西北建设实施计划及进行程序》，对西北的水利、公路、畜牧、农村建设等各个方面都做了一番筹划。国民政府开发西北的计划由此逐步深入。在此前此后的 20 年内，对西北建设付出了一定努力，其中把林垦纳入到西北建设实施计划。民国二十一年（1932 年）9 月和民国三十四年（1945 年）2 月，国民政府二度颁布修订的《森林法》，中央政府和西北各省政府还制定了许多具体的林业政策。到民国三十二年（1943 年）3 月，国民政府农林部公布了《强制造林办法》，要求全国各地普遍造林、保林。

黄河是中华民族的母亲河，但是由于森林植被多年来遭到破坏，水土流失严重，使得黄河变成了"中国的悲哀"。民国二十二年（1933 年）9 月 1 日黄河水利委员会成立，下设林垦组。1940 年 2 月，黄河水利委员会聘请有关大学教授、专家成立黄河水利委员会林垦设计委员会，主任委员由黄河水利委员会委员长孔祥榕兼任，凌道扬为副主任委员，常务委员任承统兼总干事，主持黄河上游水土保持实验和西北建设工作。1940 年 8 月 1 日，黄河水利委员会林垦设计委员会在成都驻蓉办事处召开第一次林垦设计会议，林垦设计委员会各委员、四川农业改进所所长及各技术主任、金陵大学农学院、四川大学农学院院长及各系主任均到会，代主任凌道扬主持此会，经过讨论，确定"水土保持"这一专业名词取代"防止土壤冲刷"等术语，成为由中国人提出的专用名词。凌道扬还与任承统完成《水土保持纲要》，并对西北地区水土保持工作进行了规划，提出合理划分农、牧、林区，实行农林牧及工程措施的综合治理，提出了推动水土保持工作的意见：（1）黄河水利委员会林垦设计委员会负责勘查设计工作；（2）黄河上游修防林垦工程处负责执行计划；（3）各水土保持实验区负责实施计划。

民国三十年（1941年）1月，中华林学会在重庆成立水土保持研究委员会，凌道扬、姚传法、傅焕光、任承统、黄瑞采、葛晓东、叶培忠、万晋和徐善根9人为委员。民国三十四年（1945年）6月，中国水土保持协会成立大会在重庆枣子岚垭召开，凌道扬、李德毅、李顺卿、乔启明、任承统、陈鸣佑等11人当选为理事，凌道扬被推选为理事长，协会的主要任务是策动水土保持运动，受各机关之委托研究，并协助解决水土，10月9日，凌道扬由重庆到广州筹设行政院善后救济总署广东分署。凌道扬从事水土保持工作5年多。凌道扬先生把策动水土保持运动作为保护母亲河、振兴林业的一个具体行动。

二、共谋中国森林学术之发达

凌道扬抱着振兴中国林业的思想和热忱，长期致力于国家林业建设的研究，尤其是重视森林的效益。

（一）宣传森林知识

民国三年（1914年）夏，凌道扬获耶鲁大学硕士学位，赴德国、瑞典考察林业和农业之后，凌道扬抱着振兴林业的思想与热忱回到祖国，任上海中华基督教青年会演讲部森林科干事，致力于森林科学的研究和宣传普及工作。他认为森林与农业同为立国之要素，森林不仅供给木材和林副产品，又可节制川河，增加雨水，防止泥沙，保证农业之丰收。并积极而广泛地进行林业演讲宣传，他曾赴江苏、安徽、江西、浙江、福建等省宣讲林业。他的演讲配合展出照片、图表和实物模型，生动形象而有说服力，广受民众欢迎。演讲之余，凌道扬还积极推动各地森林研究会等组织的建立。民国五年（1916年）2月，《美国林业》杂志266期刊登凌道扬宣讲森林效益的照片。民国六年（1917年）他在题为《论近日各省水灾剧烈缺乏森林实为一大原因》演讲中说："予自回国数年以来，本所学森林，赴各省讲演。每论及间接利益，如减免水灾一项，常作最浅之比喻，以期国人理解。如手中斜持木板一块，以喻大雨行时，随注随倾，不稍留滞；继取毛巾一段，置于板上，以喻山有森林，任如前法淋水，则仅涓涓徐下矣。"

民国四年（1915年）4月17日《申报》载：环球中国学生会请凌道扬在科学社演讲《森林学》。穆藕初先生致介绍辞。凌"历述森林之利益，条分缕析，网举目张，并佐以各种表解，闻者益形鼓舞。"演讲后并"出影片数十张，大抵皆携自欧美各国，风味盎然，令人瞠目。"末穆藕初先生代表全体致谢辞。《恽代英年谱》载民国六年（1917年）3月24日：与沈仲清等到文华公书林，听凌道扬硕士演讲，颂扬"凌氏仪器演说，可与余日章氏后先辉映，此中国演说界大进步"。

民国七年（1918 年）4 月，凌道扬在由商务印书馆出版《森林要览》缘起中写道："以故归国数年来，不惜牺牲一切，即本所学森林，制造各种图表仪器，携赴各省演讲，以期国人明白森林利益，关系国计民生至为重大，亟待振兴之道"。民国十九年（1930 年）3 月，农矿部任职的姚传法、陈养材，金陵大学教授陈嵘、中央大学教授凌道扬、李寅恭轮流到省会镇江演讲造林运动的意义、发展中国林业的计划及实施办法。

民国二十年（1932 年）3 月 12 日，民国政府在南京成立首都造林运动委员会，时任农矿部部长易培基兼任首都造林运动委员会主席，凌道扬代表中华林学会参加并担任常务委员，皮作琼、李寅恭、林祜光、李蓉、高秉坊、叶道渊、安事农等任委员或兼任总务、宣传、植树各部负责人，积极参加孙中山逝世纪念植树式的造林运动宣传周活动，发起紫金山造林运动。凌道扬在南京青年会讲演《中国森林在国际上之地位》，期间散发他和陈嵘等 10 位林学家编写的小册子《造林防水》《造林防旱》共 19 种各 5000 册。

（二）编写森林著作

民国五年（1916 年）10 月，凌道扬首部著作《森林学大意（初级农业职业学校教科书）》中文版由商务印书馆出版。张謇在为该书所作序言中称道："凌君道扬，学森林而有实行之志，其所述林学大意，于世界森林状况言之甚详，且深知中国木荒之痛，其书足供有志森林者之参考。孟子曰：'七年之病，求三年之艾。'是书其求艾之径也夫？"此书到 1930 年已再版 6 次，1936 年又两度再版，可见其影响之广。从他的文章和著作都可以看到，他一直在探究中国林业如何发展、怎样发展。

民国十一年（1922 年）凌道扬出任青岛农林事务所所长，管理青岛农林事务。中国自古以农业立国，但是近代以来，一边是列强裂疆，战乱频繁，灾祸相寻；一边是人口骤增，田亩锐减，民不聊生。农业非但不能长足发展，而且远远落后于欧美发达国家。有鉴于此，民国十四年（1925 年）8 月，他在商务印书馆出版的《中国农业之经济观》一书序文中感叹："噫！吾国自黄农而降以农立国者垂五千年，而四万万人口中农又居三万万，舍此重且大者而不闻问，欲国之强，何可得耶？"为此，他提出了实施移民垦荒政策增加农田面积，消纳剩余人口，创设农事试验场，引导农民应用科学方法耕种，举办农产品博览会，组织农民赴国内外考察市场需求，以及普及农村教育，培养造就千百万懂得农业科技的人才等一系列农业改良计划，并在青岛加以实施推广。

凌道扬一生著述甚丰，涉及林业、农业、水利、教育等，共出版专著 10 部（《森林学大意》（1916 年）、《森林要览》（1918 年）、《中国水灾根本救治法》

（1924 年）、《青岛农业状况》（1924 年）、《中国农业之经济观》（1925 年）、《建
设中之林业问题》（1928 年）、《建设全国林业建议书》（1929 年）、《华北造林
浅说》（1929 年）、《森林的利益》（1929 年）） 和《视察西北救济工作报告及
建议》（1944 年），发表论文报告 70 余篇。

（三）创办林学期刊

20 世纪 20 年代以后，中国林学发展进入了一个新的历史阶段，传统林学基
本上被近代林学所替代，西方先进的林学理论则被全面地介绍到中国，推动了中
国林学的进步。中华森林会初期没有自己的刊物，会员所撰写的林业著述只能在
中华农学会创办的《中华农学会丛刊》上发表，后两个学会共同编辑《中华农
学会丛刊》，并自民国九年（1920 年）3 月起，将刊名改为《中华农林会报》，
至同年 9 月，已出到第 10 集，每集上都刊有林业方面的文章。此时，中华森林
会成立已近 4 年，会员人数逐渐增多，出版单独的林学刊物被提上日程。

民国十年（1921 年）3 月中华森林会创刊《森林》，当时北京政府大总统黎
元洪为封面刊名题写"森林"二字。《森林》杂志的问世，计划介绍西方的林学
理论以及林学名著，刊发研究论文文章，标志着林学界有了自己的学术园地。但
由于时局动荡，军阀混战，学会经费无着，刊物仅出到 1922 年 9 月即无法继续
出版，学会活动亦被迫终止，但该杂志为后世留下了若干宝贵的林业资料和世人
对森林的态度。如 1922 年，我国发生严重水灾，《森林》第 1 卷第 3 号刊登凌道
扬的《中国今日之水灾》一文，在正文前特地加上插页，用红字刊印了一则
"警告"，警示中国水旱灾害严重的原因在于"无森林"，该期的图画版上刊印着
的"水灾之惨状"两幅照片，系由美国总统罗斯福演说时用来说明中国水旱灾
害多，是没有森林的结果，是美国林学会赠送的。金邦正将演讲翻译出来，译文
与凌道扬的《森林与旱灾之关系》同时刊载在《森林》创刊号上。说明了中华
森林会为宣传林业知识、促进林业发展的奔走呼号，其杂志的图文并茂、中外对
比，对中国人确有振聋发聩的启发作用。自 1929 年起凌道扬又多次连续被选任
理事长之职，并主持了《林学》杂志的出版工作。

（四）兴办林学教育

20 世纪 20 年代，是中国近代林科高等教育发展时期，全国各地建立起了一
批林科专业，从而使中国的林学教育有了质的飞跃。各大学林学专业在传播近代
林学思想和培养中国近代林学研究人才上，发挥了重要的作用。作为一代杰出的
教育家，1924 年凌道扬从美国学成回国后，十分重视林业教育对于振兴林业的
重要作用，认为振兴林业必须培养林业专业人才，主张施行林业教育要从儿童抓
起。他先后执教于金陵大学、青岛大学、国立北平大学农学院等国内多所高等院

校，为国家培养了一大批林业科学人才。在凌道扬的论著中，以林业发展、林业教育、造林绿化、森林利益占主要部分。

民国五年（1916 年）10 月，凌道扬首部著作《森林学大意》中第七编"森林实施方法之建议"认为首先要注重教育。他认为教育为万事之母，欲使国人注重森林，必先使之知森林之利益，与夫造林之通识，但教育又必分为通俗教育、学校教育两种。其中通俗教育包括森林讲演、森林杂志及新闻。

民国六年（1917 年）5 月，凌道扬《论森林与教育之关系》主要讲到森林科学、森林利益、森林职业的关系。文章最后说："合科学、利益、职业三者而观之，余以提倡森林为职志，故对于教育界，亦甚愿其勿置森林事业于不顾也"。"十年树木，百年树人"，凌道扬在青岛不到 7 年，1923 年 9 月，凌道扬在崂山九水庵林场创设了一所林内义务小学。

民国十六年（1927 年）6 月，凌道扬《近年来中国林业教育之状况》中讲道："然此种希望，能否实现，惟盼中国政治，早就轨道，中央政府得建设一巩固之林务总机关，组织国有林，施行全国林政计划，然后专门林学之人才，方有容纳之途，使得应用其学术，作有利之生产，而森林教育基础，方可以由稳固而进图发展。"

民国十九年（1930 年）2 月 1 日，作为中华林学会理事长凌道扬致函考试院院长戴传贤，请在考试委员会中添设林业组。1930 年 9 月，他代表中华林学会呼请国民政府教育部在小学教科书中加入森林知识的内容，使人们从孩提时期就树立爱护森林的思想，并且可通过宣传演讲时直接灌输林业知识。他建议设立森林学校，培养更多的林业人才，满足林业建设的需要。他在《建设中国林业意见书》中谈到欧美森林之盛，大都归功于学校教育。德国于 19 世纪就设立森林专门学校，法、美、英、印等国莫不设立专门学校—培养造林人才。凌道扬在 1929 年 9 月农矿部林政会议上与高秉方、康翰联合提出"拟划青岛林区为国有模范林区，并在该区内设立森林专门学校"的提案被大会审查通过。民国二十年（1931 年）10 月，凌道扬《大学森林教育方针之商榷》主张根据中国地大物博，各地土壤气候的不同特点，提出林业教育要因地制宜，对于中国森林学校的设立宜分南部、北部、中部，庶无南柑北枳之弊。林科的教育科目要简明扼要，不骛高深之学理，特别强调理论要与实践结合起来。他拟定的课程分为林政、造林、经营和利用 4 门，其中林政要设林业政策学、林业史、森林法等课程。

（五）编制发展规划

目前可以看到的凌道扬编写的不仅有国家层次的林业建设规划如《建设中国林业意见书》，而且有地方如青岛林业发展的规划。

凌道扬对中国林业建设有系统的研究和深层次的考虑，这个成果系统反映在

1929 年 3 月由北平大学农学院刊行的《建设中国林业意见书》上。客观地说这是一个从顶层设计上对中国林业建设和发展上通盘考虑的一个方案，也是目前看到的振兴中国林业的最早的一个方案。凌道扬的《建设中之林业问题》（初版，16 开，20 页）和《建设中国林业意见书》（16 开，18 页）于民国十七年（1928 年）12 月和民国十八年（1929 年）3 月由北平大学农学院刊行，《建设中国林业意见书》在结尾处注明："北平，十七年十二月"。

从民国十一年（1922 年）到民国十四年（1925 年），凌道扬重新规划了青岛的公园体系，将其划分为第一到第六公园，以及栈桥前园、天后公园、官舍公园、海滨公园、观海山公园等，并对公园内的职务和功能划分进行了细化。比如将第一公园（今中山公园）分为 6 个区域，开辟了小西湖等，使得市民有了更好的休闲旅游去处。

（六）制定林业规章

从民国十一年（1922 年）12 月凌道扬被正式任命为胶澳商埠督办公署林务局局长，到民国十七年（1928 年）8 月凌道扬离开青岛到北平任国立北平大学农学院森林系教授兼系主任，凌道扬在青岛工作 5 年零 8 个月，凌道扬本人在《自传》中说："青岛时期是我生命中的黄金时代。为什么青岛时期是他生命中的黄金时代，主要原因之一就是他把振兴林业思想落实到了青岛林业建设实践中，取得了很好的成效。

第一次世界大战结束后，民国九年（1921 年）11 月出席华盛顿会议的中国北洋政府代表提出"十大原则"，包括取消外国在中国境内的一切特别权和优越权、日本把原德国在山东的租借地归还中国等，民国十年（1922 年）2 月 4 日中日双方代表在会外签订了《解决山东悬案条约》，中国收回了胶澳（青岛的旧称）的主权，12 月 10 日根据《条约》中所规定的"将胶澳租界地全部开辟为商埠"条款，胶澳商埠督办公署成立，黎元洪任命山东省省长熊炳琦兼任胶澳商埠督办公署督办，会同鲁案善后督办王正廷办理接收胶澳事务，胶澳商埠督办公署归北洋政府直辖。中国政府收回青岛主权，凌道扬出任接受林务主任委员，直接与日方胶澳商埠督办公署林务局局长进行交涉。胶澳商埠督办公署成立，设林务局和农事试验场，分掌林农两业，凌道扬被正式任命为林务局局长。上任伊始，凌道扬就全面规划了青岛的林业管理和发展之路，据青岛市教育科学研究所所长翟广顺考证，民国十一年（1923 年）3 月 1 日，胶澳商埠财政局、交涉署、农林事务所成立。青岛农事试验场和林务局合并为胶澳商埠农林事务所，直属胶澳商埠督办公署，凌道扬被任命为所长，继续从事林农的试验推广工作。合并后的农林事务所掌管官有林之计划、经营，民有林之监督、奖励，树苗之培育、试验，林木砍伐及整枝，农产、畜产之计划、经营，种子改良试验，农业气候观测，市内公园及行道树之管理等。设所长 1 人，初设造林、农事、树艺、管理 4 科。5 月，凌道扬主持制定了《胶澳商埠农林事务所组织及服务规则》《水源涵养林规则》《民有林监督取缔规则》《森林警察规则》《森林保护规则》《毁坏森林罚则》《农林事务所森林禁令》《行道树保护规则》等一系列规章，由胶澳商埠农林事务所颁布并实施。另外，他还提出要求恢复李村苗圃，栽种苗木，每年植树节前无偿分给乡民种植；积极推广奖励办法，凡在胶澳商埠区域内的个人或团体造林，均无偿提供树苗、技术指导，扩大了路边行道树种植；建立森林警察等，为造林绿化提供了重要的基础。

（七）践行林业事业

凌道扬把建立林场作为推动造林事业，振兴林业的主要行动，取得了良好的效果。

民国十八年（1929 年）3 月，江苏省政府农矿厅聘凌道扬为江苏省第一林区林务局筹备主任。不久农矿部与建设委员会合设中央模范林区委员会，该林区委员会管辖区域为南京近郊，六合、江宁、句容 3 县，其下辖林场有汤山林场（含钟汤苗圃，民国二十年改为钟汤林场）、牛首山林场、龙王山林场、银凤山林场和小九华林场。

民国十九年（1930 年）7 月，国民政府工商部和农矿部，成立实业部，林政司扩充为林垦署，主管全国林政事宜，其下设有直属的林业机构。中央模范林区委员会改为中央模范林区管理局，由实业部直辖，驻地汤水镇，凌道扬任局长。7 月 7 日中央模范林区管理局根据实际需要先行组建设置自办的森林警察，这是中国最早设立的森林警察。在凌道扬等林学家的推动下，国民政府把孙中山陵墓所在地南京紫金山划为中央模范林区。凌道扬担任中央模范林区管理局局长期间每年造林二三万株，并且另备大批苗木免费供应志愿植树的农民，并派人指导植树方法，把昔年的荒山野岭变成了中外闻名的风景区。

根据翟广顺考证，民国十三年（1924 年）胶澳商埠农林事务所编印的《青岛第一公园概况》，凌道扬在青岛规划的第一公园，即现在的中山公园：在保留原德、日治园林景观的基础上，将第一公园分为 6 个不同的区域。第一区是公园的入口，借助太平山山溪形成的湖泽命名为"小西湖"，湖中设中国风格的亭榭，曲桥相通，四周垂柳。第二区是湖上游的溪谷，由赤松、刺槐混合而成。第三区由樱花大道和游乐场构成，将日占时期的熊笼、禽笼进行了维修，奠定了后期动物园的雏形。第四和第五区分别为果园、玉兰等木本植物区域。第六区则为瀑布密林。实际上，"按经营公园之方法，设计整理而所谓第一公园者，至此始具有一定之规模云"。有论者称：这 6 个区域在功能上差别较明显，较好地满足了不同游客的旨趣。除了六大公园，凌道扬还在栈桥两侧、汇泉湾北侧、太平角等地扩建树木，修建休憩设施，形成了除六大公园以外的海滨公园、栈桥前园、市府前园、观海山公园、观象山公园等。另外还组织出版《青岛农林》。另外，凌道扬还注重于路口三角绿地的建设，让青岛成为同纬度线地区植物品种最丰富的城市。

气象学和植物学是林学重要的组成部分，凌道扬还是中国气象学会的发起人之一和中国植物学会第一届植物学会会员。中国气象学会于民国十三年（1924年）10月10日在山东青岛胶澳商埠观象台成立，这是民国时期由中国气象工作者发起成立的一个全国性气象组织，以"谋气象学术之进步与测候事业之发展"为宗旨。1925年起发行《中国气象学会会刊》，1935年改名为《气象杂志》。民国二十二年（1933年）8月20日，中国植物学会在重庆北碚中国西部科学院正式成立，其创办目的是"互通声气，联络感情，切磋学术，分工合作，以收集腋成裘之效，并普及植物学知识于社会，以收致知格物，利用厚生之效"。该学会"以谋纯粹及应用植物学之进步及其普及"为宗旨，通过发行《中国植物学杂志》《中国植物学会报》，举办年会，开展实地调查，致力于自主开展中国的植物学研究，推动了植物学的发展与进步。凌道扬为中国植物学会第一届植物学会会员。

三、共谋中国森林事业之发达

凌道扬提出共谋中国森林事业之发达，森林是国家的事业，要靠国家来经营，才能振兴林业。

（一）森林是国家的事业

凌道扬提出森林是国家的事业，森林要靠国家来经营。

凌道扬回国后，民国三年（1914年）任北京政府农商部技正，应中华民国副总统兼鄂督黎元洪之邀，凌道扬参与了《森林法》的拟定工作，起到重要作用，并因此深受器重。从《森林法》总则中可以看出，立法围绕森林要国家来经营的立法理念，并且直接规定了国家管理森林的范围。

凌道扬通过对中国的林业状况了解，深感森林在国家建设中的作用，并提出振兴林业为中国今日之急务。民国五年（1916年）1月，作为金陵大学农林科特别演讲员的凌道扬在《森林与国家之关系》中讲到："吾国为亚东膏腴大陆，环球各国啧啧称誉，独是荒山之多，触目皆见，此固有心人所难忍于言也"。民国五年（1916年）9月，凌道扬在《森林学大意》自述回国时的情形是："中国自地官守禁之政令不讲而后已有之林木，旦旦而伐之，荒芜之山麓，一任若彼濯濯耳，故所谓森林，遂未之见，所谓造林，尤未之闻。时至今日，直接则实业之母材缺乏，间接则地方之保安寡赖，膏腴大陆，沦为贫瘠之邦，有心人何忍漠然置之？"

民国五年（1916年）10月，凌道扬首部著作《森林学大意》中文版由商务印书馆出版，在其第一编通论中写到：农林二事，其所以同为一国之首要者，因森林所利用之山地系山丘，而农业所利用之地多半系平原，一国之土地，既非尽属平原，农业又不能利用山丘，岂可坐令其荒废也？赵太祖云"寸土寸金"，西哲云"因地取利，不可旷其寸土"，是森林一事未可须臾缓也明矣。考中国森林之地，较多于农业之地，不止倍蓰，无如吾国自古号称以农立国，而于森林不讲，任其荒废，为各国所讥笑。况无森林节制川河，增加雨水，扦止泥土，防避风灾，则农业未必操丰收之成算。余之所以言森林者，其前提在于免土地之荒废，利用农业所不能利用之地，并保护农业是也。他还在第二编中系统论述了森林之利益，尤其是在间接利益中论述了森林与温度、森林与湿度、森林与蒸汽、森林与雨水、森林与川流、森林与泥土、森林与流砂溜土、森林与水灾、森林与风灾、森林与水源、森林与卫生、森林与风景的关系，这样系统论述森林间接效益者，此前国内没有文献报道。在第七编"森林实施方法之建议"他认为振兴森林要政府提倡。中国森林之缺乏，原于林政之废弛，固已无可讳言，端赖政府之提倡，但中国今日，百废待举，政府固未可以全力注此，惟余今所云，固为事小而易践，资轻而易行，可以不劳而获者。

他在《森林要览》第九章"美国林务处之组织"中专门介绍美国林务："各国林政之完美，固难一一尽述，兹仅将美国林务之组织表，揭诸国人，其能三致意乎？美国中央政府之林务处，置督办一人，督办以下，设有庶务科、造林科、林产科、土地科、畜牧科；其在外省，设有林局，置局长一人；其在各乡，谓有林区，置区长一人，共计 5 科 7 局 61 林区，每科每局每区之下，各种事务，又复分别办理，其区长直隶于局长，局长直隶于督办，纲举目张，井井有序，吾人不可奉为金鉴也？依此表规定，其中职司林政人员，为 3953 人，均由林科毕业，且皆有办事之热忱之毅力，以故其林政日趋日善，森林日趋日盛，殊可羡矣"。在第十三章"中国振兴森林之办法"中讲到适地适树，建立林场苗圃，推进造林事业："惟其务造林也，则调查树类土宜，以免林业之失败，造成模范林场，以资国人之观感，蓄植模范苗圃，以供国人之取求，随地制宜，保护固有林木及新造幼林各种方法，皆为应有之事"。

(二) 森林是国家之根本

凌道扬认为森林是国家之根本，是实业建设之首要。凌道扬对中国林业建设有系统的研究和深层次的考虑，就是《建设中国林业意见书》（简称《意见书》），这是一个中国林业的建设方案，也是目前看到的振兴中国林业的最早的一个方案。《意见书》分为 5 章：绪言、森林对于民生之重要、振兴森林之办法、建设林业应注意之几点、结论。

"振兴森林之办法"只讲到一件事，就是建立林业机构及体系。他认为：

"振兴森林，为今日党国建设上之一刻不可缓问题，已如上述。然振兴之道，亦有先后本末之不同，非可慢然行之。窃以为我国林业之不兴，由于林政之不讲；林政之所以不讲，又由于林务机关之废弛"。

"时至今日，不欲振兴林业则已，苟其欲之，非由中央设一范围广大之林务机关，则主持林政者不特无其专人，且林政之规划亦难有条不紊"。

"我国贫弱，于今为烈，欲谋建设，自应急起直追，速设范围广大之中央林务机关，以提倡森林事业，迨此种总机关成立后，再令各省次第增设分机关，裨其普及，庶几森林事业逐渐发达矣。至于中央林务总机关如何组织，如何进行，先进国家，皆随其历史而异，我国当然不能取法一国，应取精且善者而实行之，庶可事半功倍"。

其中提出中央林务总机关宜设造林科、保护科、教导科和伐木科四科。

"建设林业应注意之几点"讲到五点：一是必须重视森林法规；二是必须厘定森林税则；三是森林调查暨森林计划必先入手；四是必须厉行实际提倡；五是造林必须继续进行。

在"造林必须继续进行"一节中，凌道扬提出：今日世界各国人民，对于造林往往不甚踊跃，其故为何？特以森林实业为一最费时日之事业。今德、法、美、日诸国森林之所以若是畅茂，其惨淡经营盖非一日，因其循序渐进，无殆无荒，所以能积今日之效果。民国十八年（1929年），凌道扬在完成《华北造林简说》第一章绪论中讲到：惟造林一事，乃专门学问，其理论方面，有赖乎学者之研究，至于训导民众之资料，则以显而易见之重要事实为贵，务使通俗易晓，庶有成效可期。书中对树种选择和育苗造林方法论述细致。

（三）森林兴则国家兴

凌道扬主张森林救国，森林兴则国家兴。

1895年1月24日孙中山先生在《兴中会章程》中提出"振兴中华"的口号，激励着全体中华儿女为中华民族的伟大复兴而奋斗。凌道扬所处的时代，大多数留学青年怀抱科学救国、教育救国、实业救国的信念，民国三年（1914年）凌道扬也是抱着森林救国、振兴林业的理想回国，徐图自强，致力于森林科学的研究和宣传普及工作，走上振兴林业之路的。民国十年（1921年）3月，中华森林会在南京创办季刊《森林》杂志，响应孙中山先生"振兴中华"的口号，凌道扬在《森林》第1卷第1期撰文《振兴林业为中国今日之急务》，提出"振兴林业"，"振兴林业"成为"振兴中华"重要组成部分，为中国林业发展提出了方向，这是他林学思想的明确表示和提出，当时产生了较大影响。民国十一年（1922年）上海英文报刊《密勒氏评论报》做了一次"中国当今十二位大人物"问卷调查，其结果是孙中山等12人榜上有名，在195位被选举人中，凌道扬得票6张。1932年5月凌道扬代表中国赴加拿大参加泛太平洋科学协会第五届会议，当选林业组主任，致力于太平洋沿岸各国林业调查工作。关于"森林救国"这一表述，见于民国十八年（1929 年）3 月《建设中国林业意见书》的绪言：鄙人从事林业有年，素来主张森林救国，爱就研究及经验所得，略陈管见，以供建设新中国者之参考。

民国四年（1915 年）12 月 16 日演讲《森林之利益》讲到："森林有极大之利益，以中国之森林，比较东西各国，相去不啻天壤，遗弃固有之利益，不知凡几，殊堪兴叹！按农林二事，为一国之首要，农业所利用者，大半属于平原，森林所利用者，山丘居多，农业既不能利用山丘，然不能令其荒废，凡一国之中，有平原与山丘，而不知种植，岂得谓之完全之国耶？"他进一步在讲到森林间接利益："所谓森林间接利益着，与国家有极大之关系，盖森林能变贫瘠荒凉之地，为锦绣灿烂人烟繁盛之区，试观环球各国，森林之兴废，往往与国家之兴盛，人民之休戚，有非常之关系。"民国九年（1920 年）凌道扬《森林与旱灾之关系》在《中华工程师会报》第 7 卷第 16 期刊载。由于旱灾对国内造成了极大影响，他的这篇文章受到社会极大关注，有多种刊物进行了刊载。他在《森林与旱灾之关系》中讲："森林范围，占地最广，用人最多，不仅为根本救灾之要术，实亦容纳灾民最多之事业。北省荒山既如是之多，实不患无造林之区，设利用之以作十年之计，则将来之水旱，可以减少，惨苦之灾民，可不复重见，而林产收入，利益无穷，尤足以裕国计而利民生，顺天应人，兴利除害，其此之谓叹欤！"民国十八年（1929 年）10 月《水灾根本救治方法》中讲："造成森林，减免水灾是也"，同时讲到："森林在科学上减免水灾之功能如此，各国以森林减免水灾之历史如此，森林利益关系国计民生之重大又如此，我国人果欲根本解除水灾，固以造林为唯一方法，即使无灾，亦当急起直追，作大规模之造林，恢复地利，富国裕民耳"。民国二十四年（1935 年）凌道扬的《由旱灾说到造林》论述了森林与旱灾的密切关系，认为森林可以增加雨量、涵养水源、调和气候，强调森林调节气候的作用。

民国三十七年（1948 年）底离开大陆赴港后，凌道扬任香港教育委员会委员，参与创建崇基学院并于 1955 年至 1960 年出任该校第二任院长，提出了"无间东西、沟通学术""有怀胞与、陶铸人群"的大学理念。1957 年 6 月，麻省大学校董会授予凌道扬荣誉法学博士学位，表彰他"作为教育家、学者、科学家，他学贯中西，通过自己的生活和工作批驳了'东方和西方永不相会'的观念"，"作为爱国者、政治家和人道主义者，为母校带来了孜孜以求的巨大声誉"。1959 年 5 月，崇基校门牌楼落成，凌道扬为崇基学院撰写楹联："崇高惟博爱，本天地立心，无间东西，沟通学术；基础在育才，当海山胜境，有怀胞与、陶铸人群"。他还参与筹备创建香港中文大学，并于 1960 年以 72 岁的高龄出任联合书院院长，为日后崇基学院与新亚书院、联合书院组成香港中文大学奠定了基石。

2007 年 7 月 12 日，中国林学会成立 90 周年纪念大会在人民大会堂隆重举行，国务院副总理回良玉出席纪念大会，中国林学会理事长江泽慧致开幕词，她在开幕词中两次讲到凌道扬先生。一是"中国林学会在 90 年的历史进程中，历经风雨，几经起伏，经历了三个重要时期。第一个时期是 1917 年成立的中华森林会。一批我国近代林学的开拓者凌道扬、陈嵘等人，本着'集合同志，共谋中国森林学术及事业之发达'的宗旨，在南京发起成立了我国第一个林业学术团体中华森林会。创办学术期刊《森林》，普及林业科学知识，开启了我国近代林学和林业社团发展的新纪元"；一是"中国林学会从艰苦创建到快速发展的 90 年，是我国近代林业从开创到完善，并向现代林业发展的 90 年，是几代林业科技工作者不断追求科学真理、锐意科技创新的 90 年，是学会事业和学会会员不断经受考验、不断发展壮大的 90 年。值此机会，我们向那些为林学会的创建，为林业科教事业发展作出历史性贡献的凌道扬、姚传法、梁希、陈嵘、郑万钧等已故的老一辈林业科学家，表示深切的怀念……"这两段提到了两个关键词，一是"我国近代林学的开拓者"，一是"历史性贡献"。

四、小结

1895 年 1 月 24 日孙中山先生在《兴中会章程》中提出"振兴中华"的口号，激励着全体中华儿女为中华民族的伟大复兴而奋斗。响应孙中山先生"振兴中华"的号召，1921 年 3 月凌道扬先生提出"振兴林业"，为一代又一代务林人提出奋斗的目标。2013 年 1 月 28 日，中国共产党第十八届中央政治局就坚定不移走和平发展道路进行第三次集体学习，习近平指出：世界潮流，浩浩荡荡，顺之则昌，逆之则亡。世界繁荣稳定是中国的机遇，中国发展也是世界的机遇。在 20 世纪初，凌道扬、韩安、姚传法、李寅恭、陈嵘、梁希等顺应世界林业发展的潮流，推进了中国林业事业的发展，集合同志，共谋中国森林学术及事业之发达，徐图自强，对振兴中国林业做出了不可磨灭的贡献。21 世纪的今天，中国的发展是历史上任何时候都不可比拟的，我们仍要集合同志，在中国共产党的正确领导下，沿着凌道扬、韩安等先哲们的足迹，种树务林，顺木之天以致其性，时刻保持艰苦奋斗的创业精神和实事求是的科学精神，践行绿水青山就是金山银山，共谋中国森林学术及事业之发达，振兴林业，做出无愧于时代的骄人业绩。

后记：凌道扬先生在中国林业发展史上是开宗立派的人物，虽有学者提出"振兴林政""教育兴林""森林救国论""森林效益论"等作为他的林学思想，但均有失偏颇。我们系统研究凌道扬先生，了解他所处的时代背景，研读他的论文著作，深感他顺应世界林业发展的潮流，响应孙中山先生"振兴中华"的口号，集合同志，共谋中国森林学术及事业之发达，彰显了他"振兴林业"的林学思想和为中国林业事业奋斗的决心。

凌道扬林业教育思想评析

杨绍陇　周永萍

南京林业大学

　　凌道扬系我国著名的林学家、林业教育家，中国近代林业的杰出开拓者，早年于美国耶鲁大学林科硕士毕业后，胸怀"森林救国"之志归国投身于振兴中国林业事业的伟大实践，先后担任上海基督教青年会演讲协会森林讲演员、南京金陵大学林科教授、青岛大学教授、北京农专教授、国立中央大学森林系教授和政府部门林务官员，后任香港崇基学院院长等职，从事林业教育和林政管理三十余年，为中国近代林业的振兴和林业教育的发展做了许多开创性工作，建立了不朽功绩。主要体现在：由他与裴义理、韩安共同倡议设立的中国植树节得以实行；发起创立中华森林会（后改为中国林学会）不断发扬光大；创办了中国近代第一份林学学术期刊《森林》；带头进行森林讲演，潜心致力于林业宣传和林业教育事业；发表了一批具有重要价值的学术著作。他的林业和林业教育思想对我国近代林学和林业教育事业发展产生了深远的影响。

　　我国林业科学和林业教育从民国初年开始兴起，到100多年后的今天，已经取得了长足的进步和发展。回顾历史，自当感念凌道扬等林学界的先辈前贤为我国林学和林业教育事业今日之发展奠定的重要基础。在纪念凌道扬诞辰130周年之际，笔者拟通过对凌道扬有关著作的研究，就凌道扬林业教育思想进行系统分析整理，期望能为人们全面深入了解凌道扬及其林业教育思想的内涵与价值提供些许参考，以达缅怀其功绩、弘扬其精神之目的。

一、凌道扬林业教育思想产生之背景

　　事物的产生发展自有其原因和条件。凌道扬的林业教育思想也是在一定的历史条件下形成的。政治、经济、文化等等都是重要的影响因素。仅就林业教育而言，笔者认为，中国近代的"科学救国"思潮和林业教育极端落后的状况，这两大因素是促成凌道扬林业教育思想产生的重要条件。

（一）中国近代的"科学救国"思潮

中国科技曾在古代居于世界领先行列，但是，到了近代，中国却少有影响世界的重大科学发现、发明与创造。不少人都想弄清其中的答案，典型的就如"李约瑟之问"。因此，国人对科技落后的反省是从近代才开始的，在此基础上，也就有了"科学救国"思潮的形成。

鸦片战争失败后，在"师夷长技以制夷"和"中学为体、西学为用"的思想指导下，洋务派发起自强运动，掀起了学习西方科学技术的热潮。甲午战争后，日益深重的民族危机感使更多有志之士投入爱国救亡运动，"科学救国"思想成为爱国知识分子的一种救国方案选择。维新思想家通过译书、办报等手段，掀起了科学宣传活动。首先，翻译西方自然科学书籍。正如梁启超所说"译书为强国第一义"。1896 年，上海创立了专门的出版机构——六先书局。该书局"专售格致、化学、天文舆地、医学、算学、声学、水学、光学、热学、气学、电学、兵学、矿学，一应新译新著洋务各国，无不搜集完备。"其次，创立学会，推动科学知识的传播。在康有为、梁启超等人的倡导和影响下，诞生了中国最早一批自然科学学会，如 1896 年成立了以发展农业科技为宗旨的上海农学会等。据统计，这一时期在全国创立的自然科学学会约有 50 多个。第三，创办报刊，促进科学宣传。维新思想家特地创办专门性科学类报刊，如《格致新报》《知新报》等。《知新报》"专译泰西农学、矿学、工艺、格致等报，而以政事之报辅之。"维新思想家对科学的深入宣传，使人们越来越意识到科学在救亡图存中的重大作用，较为明确的"科学救国"主张应运而生。1902 年，严复提出"以科学为艺，则西艺实西政之本"，即"科学"是国家发展的根本。1905 年，康有为提出"科学实为救国之第一事"被认为是"科学救国"思想正式诞生的标志。作为一种较为明确的科学救国思想，康有为对科学内涵与科学重要性作了阐释，他认为科学包含应用科学与自然科学知识，即"政律之周备，及科学中之化光、电重、天文、地理、算数、动植生物"；还提出了实现科学救国的具体途径，主张将科学应用于实业，"炮舰农商之本，皆由工艺之精奇而生；而工艺之精奇，皆由实用科学，及专门学业为之。"此外，他还提出创办实业学校等方式提高国民的科学知识，以实现科学救国。辛亥革命和五四新文化运动使中国社会受到极大的震动，遂使"科学救国"思想渐为世人所注意，从而发展成为一股社会思潮。

作为身处于这种社会背景中成长起来的青年凌道扬，科学救国的思潮不可能不对他产生深刻影响，以至于他所主张的"森林救国"论，应该与此不无关系。

（二）我国近代林业教育极端落后之状况

我国古代曾是一个重视爱护林木，且森林政制完备的国家。古书中关于爱林的思想早有记载，如《管子·立政篇》中提到的"山泽不救于火，草木不植成，国之贫也"。又如《礼记·月令》记载"孟春之月，……禁止伐木；孟夏之月，……无伐大树；季夏之月，……树木方盛，乃命虞人入山行木，毋有斩伐；季秋之月，草木黄落，乃伐为薪炭；仲冬之月，日短至，则伐木取竹箭"。杨绍章等认为，在两千多年前就注意到了教人们伐木要按季节进行，已经不止限于一般的技术问题，而是已含有科学意义。

然而"秦汉以后，林政废弛，对于森林之设施，既无一定方针，又缺一贯之政策，国内之山泽，时而封禁，时而开放，……封禁以供皇室之游乐，实足构成民怨；而开放一任民众之樵採，唯益恣其放肆而已；……與夫人民缺乏爱林思想，有由来矣"。尤其是近代以来，由于清政府腐朽的封建统治，除遭受国内战乱毁林外，还签订一系列不平等的条约，遭受帝国主义国家对我国林业资源的强取豪夺。在政治腐败、兵燹不断的政治环境下，林业和林业教育更何从谈起。

直到鸦片战争特别是甲午战争后，随着国人对科技落后给国家带来的严重后果的反思，在维新派知识分子的促动下，清政府被迫实行教育改革——废科举兴学堂，开始仿照西方学科设置兴办各类新式学堂，其中就包括农林学校。这些农林学校中所含有的林学教育，应该算是我国最早设立的林学教育机构。由于国人深受大农业思想的长期影响，视林业仅为农业的组成部分，并没有设置专门的林业学堂。即便如此，直到1906年，高等农林学堂也仅有江西、山西、山东、河北、湖北等5所，高等学堂的农林师资业主要由日籍教师担任。

辛亥革命以后，我国林业和林业教育才得以兴起。继1914年北京农专和1915年南京金陵大学设林科开始，陆续在各地大学中也设立了林科。但此时，学习林科的人数还是较少，如北京农专（后改为北京农业大学）1917年开始有林科毕业生，每年林科学生至多才20余人，到1927年十年间林科毕业生也仅203人。金陵大学从1919年开始有四年制毕业生，每年也最多才10余人。可见，林业教育发展仍是比较缓慢。

与此对照鲜明的是，"自18世纪以来，欧美各国，莫不锐意振兴林业及林业教育。"德国是世界上最早设立林业教育专门机构的国家，1763年就创设了林务官学校。在美国和加拿大，伯纳德·芬于1898年就在康乃尔大学创办纽约州立林学院，是美国第一个四年制的林学院。在创办纽约州立林学院之后，于1907年他又创办了加拿大最老的林学院——多伦多大学林学院。到20世纪初，欧美国家林业教育相当成熟完备。我国还没有像西方各国那样得以设立专校，森林系设于农学院中，使得林学附属于农学，林学教育难以取得实质性的成效，林业难以得到发展，"比之欧美锐意振兴大学林业教育，其相差奚若天壤"。

作为辛亥革命以后，留学归国并具有林科硕士教育背景的凌道扬，面对林业教育的落后之状况，从其自身专业优势和社会现实需要来说，倡导并推动林业教育也是实践其"森林救国"思想最好的切入点和工作突破口。

二、凌道扬关于发展林业教育的基本主张

所谓思想是客观存在并反映在人的意识中，经过思维活动而产生的结果或形成的观点及观念体系。换言之，思想也可理解为一套系统的观点、观念或主张。所以，此处所述凌道扬的林业教育思想，就是指凌道扬关于林业教育的一系列观点、看法和基本主张。通过对凌道扬有关著作的分析解读，笔者认为凌道扬的林业教育思想或基本主张主要体现在以下四个方面。

（一）振兴林业必须发展林业教育

第一，凌道扬认为，林业教育是振兴林业的基础。在他看来，只有提高国人们对林业的认识，方能使得国人重视林业。这一观点最初见于凌道扬1916年出版的《森林学大意》中，即："教育为万事之母……欲使国人注重森林，必先使之知森林之利益，与夫造林之通识。"要达到让国人都"注重森林""知森林之利益"并具有"造林之通识"，教育自当指的是林业教育。第二，极力倡导发展林业教育，既为培养林业人才，也为普及国人的林学知识。正如他于1927年，在《近年来中国林业教育之状况》中写道："惟欲谋林业之振兴，首重林业人材之培养，人材不足，则振兴道末由。试观国内学校于林业教育素不讲求，民间之林业学识，殊属幼稚，夫以中国需要林业之急，而教育、人材两形缺乏，如此而言振兴，岂非却步求前乎？故提倡林业教育，培养人材，实为当今之要务"。之后，他于1928年在《建设全国林业意见书》中还进一步提出要普及林业教育，即"故今日欲振兴林业，必先普及林学教育"的建议。第三，他还认为，政府在提倡和普及林业教育方面具有重要作用。为此，他重点列举了日本的经验："日本开始提倡森林之时，人民多不知注意，嗣后日本政府有鉴于此，设立山林局，组织森林游行演讲队，四处劝导人民，此外复设森林专校，于是人民皆憬然于森林之利益及其种植法，未及二十年，其森林遂占世界中之一重要位置，可谓盛矣。"

（二）林学与农学分立推进林学发展

1916年，凌道扬在《森林学大意》第一编通论中首先抛出"林学者，专门之科学也"的主张。但是，"我国林政废弛之后，即无所谓林家，亦无所谓林学，古来虽不乏种植之方，然亦不过吉光片羽，散见于农书之附说而已。"《汉

书·艺文志》详记九家源流，不闻列有林家，于此即可知中国之衰落之由矣。

由于之前国人没有对林业特殊性的认识，作为研究林业的学科——林学就一直被包含于农学中。为此，凌道扬特在《森林学大意》通论部分点明了二者的联系区别："然而中国只知农业为要务，不是森林与农业同为立国之要素，同是取利于地，其区别不过出产与种植之法不同。……农产供人之饮食，林产供人之器用，同为人生之所需"。凌道扬明确提出林学与农学分立的思想，充分体现在他于 1930 年代表中华林学会向时任考试院院长戴传贤的致函中，其主要观点为：一是，作为立国之要素，林学和农学具有同样价值，但两者的经营对象不同，农学经营之对象在开发平原，林学的经营对象在开发山地。工作也各有不同，目的因之亦异。林学分立有利于激励培养林学人才。二是，林学与农学发展过程不同，任何科学都是由于世人的需要而发展起来的，西方国家如德国林学的发展经验和"我国前此林业之不兴、正坐林学之不讲"的教训，说明林学分立显得十分重要。三是，基于当时一些大学已兴起的林科教育，为体现林学和农学的同等地位，有必要分立。四是，林学与农学既有技术之不同，林学为应用之科学，亦为专门职业。从养成职业人才的角度，也有分立的必要性。

总体而言，凌道扬认为，林学和农学的分立有利于林学的发展。此前，为推进中国近代林学的发展，凌道扬便于 1917 年春牵头创立了中华森林会，"本着集合同志共谋中国森林学术及事业之发达为宗旨"，搭建了林学界早期开展学术交流的重要平台。在经费短缺的情况下，还努力组织编辑出版了《森林》杂志。可以见得，这些努力都是为之后争取林学和农学的分立打基础和创造条件。

（三）林校专门教育与普通学校普及教育并举

在凌道扬看来，林业教育事关国家建设和民生大计，发展林业教育既要满足培养林学专门人才的需要，同时还要向广大国人普及林业知识，增强国人森林意识。为此，他主张国家应设立林业专门学校，负责林业专门人才的培养，同时，普通学校（包括各级各类学校）也应附带开设有关林学课程教育。其主要体现在：

一是，设立森林专校。凌道扬于 1916 年在《森林学大意》中指出："中国今后之主持教育者，宜设森林专校"。凌道扬还于 1931 年发表的《大学森林教育方针之商榷》一文中，就我国设立森林学校的分布提出了"中国森林学校，宜分南部北部中部，就地设立"的设想。这应是我国近代林业史上关于独立设置林业院校较早的主张，与林学和农学分立具有同样的划时代的意义。

二是，同时注重普通学校的林业教育。他首先列举了国外的做法：如"泰西各国教育，皆注重森林学科，除设专门学校外，并于普通学校，附带教授。"参照国外的经验，进而提出了除森林专门学校教育外，"于各等学校之课程，增补森林学一门，使学子能知森林与国家之富强，人民之生计、地方之安宁、社会之经济、日用之取给，如何重大，且教授地理时，必须详解森林与地理若何关系，土质何以瘦，河流何以泛滥，何以堤防，山岳何以崩颓，何以保护，沙漠何以成、何以免，风景何以荒凉、何以美观，气候何以严寒，何以温暖，何以酷热、何以清凉，空气何以新鲜、何以污浊，何以不愁水旱，得扫除从前之种种苦痛，……于是既有专门之人才主办，复有全体国民协助，则此事当可以日臻发达。"

三是，强调学校林业教育要适应国情。凌道扬在《大学森林教育方针之商榷》一文中指出："我国森林教育既如上云种种原因，不能骤至欧美之设备完善，但又未便因陋就简，敷衍从事，使林业前途永无发展改进之可能，势必宜有适合国情及实际上恰得适用之课程，以授学生，俾得收实益之效，所谓适用课程必须具有下列条件：课目简单切实；不骛高深之学理；根据中国现在林务状况。"

（四）森林讲演与媒体宣传结合推进社会林业教育

凌道扬认为，振兴林业不特需政府之极端提倡，尤须国民之群策群力，欲使国人努力进行。要使国民之群策群力，仅仅依靠学校林业教育是远远不够的，还需"推广通俗之森林教育"。他的"通俗之森林教育"主要包括"森林讲演"和"森林杂志及新闻"两方面。两者结合是推进森林通俗教育——社会林业教育的重要途径和手段。

第一，凌道扬认为森林讲演是学校教育的重要补充。在凌道扬看来，"森林讲演，亦为森林教育之以一种，且可以补助学校教育之不及，促进学校教育之发达"。他还认为森林演讲是向民众灌输林业科学知识，提高国人对森林重要性认识的一种有效途径。他认为"讲演为直接灌输知识，鼓励人心之利器，中外各国，政府与社会，凡一事业之设施，莫不假讲演为起点，惟讲演而用各种仪器、图表、模型，一面阐述其理论，一面证以事实，使听者之耳目，双方同时接受，既易了解，又能经久不忘"。这也许正是凌道扬回国后首先选择从事森林讲演员的出发点，也是他通过一年多在江苏、浙江、江西、安徽、天津等实地进行森林演讲后的深切体会。对于凌道扬森林演讲的盛况，很多报刊、杂志对此都有相关的记载。据《申报》记载，凌道扬在安徽演讲时，"在省城开讲演会三日，每日讲演二次，计三日中听讲者有三千六百余人"。不仅是国内，就连国外杂志，如《美国林业》杂志也曾刊有凌道扬的森林演讲文，并且附有他在展厅演讲时的照片。林学家叶培忠早年选择学林就是受凌道扬森林讲演影响的典型事例，叶培忠是因为在中学读书时，受到凌道扬关于《森林与水灾的关系》演讲的启发，放弃了保送之江大学的机会，立志学习林科的。

第二，凌道扬认为发行报纸杂志，也是宣传林业科学知识的重要手段。在《森林学大意》中，他指出"杂志及新闻，为通俗教育之中坚，中国森林荒废之原因，国民通常披阅之书籍报章，几绝无森林二字，以故不知森林为何物，况一国事业之兴废，全在上流社会之向背，上流社会之心理，又必赖文字为转移。"创办刊物既是以学术交流为目的，同时，通过向社会发行也具有社会宣传的功能。因此，在凌道扬倡导的中华森林会成立后，就着力组织出版林学界自己的刊物。经过不懈努力，到1921年，中华森林会自己的刊物《森林》（季刊）杂志终于面世。但是，由于经费困难、军阀混战、政局动荡，《森林》杂志也在1922年9月出版到第2卷第3期后被迫停刊。自1921年3月创刊到被迫停刊，《森林》在一年零九个月时间里共出版了7期。南京国民政府成立后，凌道扬等人于1928年发起重建学会，中华森林会才又恢复活动，并改称为"中华林学会"。1929年又出版《林学》杂志，但是受国家内忧外患形势等各种因素的影响，《林学》杂志自创刊至1944年停刊，共出版11期。《森林》杂志与《林学》杂志虽然存在时间短，出版期数少，但是它为老一辈的林学家发表著述提供了平台，在向社会宣传森林和林业作用方面，起到了启蒙作用。

此外，凌道扬还明确提出了推广通俗之森林教育的主体。他在《近年来林业教育之状况》中指出："由高级森林教育之机关及森林学术之团体，举行种种之森林讲演，并发刊各种书报，以普及林业思想"的建议。

事实上，凌道扬所强调的林学通俗教育是一种带有宣传性质的社会教育。且在当时的条件下，"森林讲演"和"发刊各种书报"已经是除了学校教育以外所能运用的宣传手段和途径。

总体来说，凌道扬的林业教育思想的四个方面是相互联系的一个整体，并具有内在的逻辑关系。第一，倡导和发展林业教育是振兴林业的基础，是对林业教育在振兴林业中地位和作用的认识，是提倡发展林学和林业教育的依据和出发点；第二，主张林学与农学分立，是推进林学和林业教育发展的重要条件，学科的分化是学科发展的需要，林学与农学的分立，有助于增强各自学术活动的独立性、自主性和主动性，从而促进林学队伍的壮大和林学内容的充实发展，为林业教育提供师资和教材条件；第三，主张林校专门教育与普通学校普及教育并举，强调在林业教育的所有路径中，学校教育是主渠道；第四，强调推广森林通俗教育即森林讲演与媒体宣传，它是学校教育的补充，同时也是推进林业教育的重要途径。学校林业教育和社会林业教育也是相互联系，相互促进的。但学校林业教育和社会林业教育（即森林通俗教育）都必须以对林业教育重要性认识为基础，以林学分立和发展为条件。

三、凌道扬林业教育思想的当代价值

据笔者对我国近代林学家关于林业教育的有关著作的分析发现，凌道扬应是较早地提出发展中国林业教育观点的学者。1916年他在《森林学大意》的"森

林实施方法之建议"部分，最早提出发展林业教育的有关主张，之后在其 1918
年出版的《森林要览》、1928 年《建设全国林业意见书》、1931 年《大学森林教
育方针之商榷》等文献中的一些论述，是对林业教育思想的进一步丰富和发展。

凌道扬的林业教育思想是我国近代社会历史背景下的特殊产物，契合了当时
的社会需要，在特殊的历史条件下对中国林学和林业教育的发展起到了重要的启
蒙作用，并在后来的林业教育发展过程中逐步地得到体现，如：20 世纪三四十
年代不少大学纷纷设立森林系，就体现了凌道扬林学与农学分立的思想；新中国
成立后，北京、南京和东北三所林学院的建立，实现了凌道扬当年提出设立森林
专门学校的愿望，等等。

从凌道扬林业教育思想的初步产生，到 100 余年后的今天，在国家大力推进
生态文明建设的大好形势下，居于林业和生态文明建设基础地位的林业教育的重
要性更加突显。林业教育要更好地服务林业和生态文明建设，需要在总结历史经
验和吸收国外先进经验的基础上不断有新的发展。其中，凌道扬等林学界先驱的
某些思想对于指导当今林业教育发展仍具有其现实价值。

（一）凌道扬关于"林学与农学分立"思想的现实意义

前些年在教育体制改革过程中，曾出现过有意淡化林学的现象，如林业大学
中曾将原有"林学院"改名"资源环境学院"，强化非林学科弱化林学的做法。
另外，近些年出现了关于学科融合发展的观点，过分注重学科融合，可能会使林
学失去应有的特色。在此背景下，需要慎重处理好"学科分化"与"学科融合"
的关系，既要做到通过融合促进林学有更大的发展空间和机遇，又要注意保持林
学自身的特色和优势。

（二）凌道扬关于普及普通学校林业教育思想的现实意义

凌道扬在提倡林业专门学校教育的同时，也提出各级各类普通学校要通过开
设林业课程等形式，开展林业通识教育。从现实来看，今天的林业教育已延伸到
了生态文明教育的更大范围。深入推进生态文明建设，有赖于人们的生态环境意
识（包括森林保护意识）的提高，学校教育作为教育主渠道，需要发挥引导作
用。但目前除了林业等行业高校和一些中小学以外，其他学校在开展环境教育方
面的情况尚不普遍，有待探索建立起有效的机制，促进普通学校林业和生态文明
教育的普及化。

（三）凌道扬关于"森林通俗教育"即林业宣传思想的现实意义

生态文明建设事关国家发展和人民生存发展大计，需要全社会的群策群力，
积极行动。国民生态环境意识和素质的整体提升，主要依靠学校教育和社会宣

传。学校教育的面仅涵盖了在校学生，而社会大众思想的与时俱进需要借助于凌道扬所谓的"讲演"（即专家和政府工作人员宣讲）和社会媒体的广泛宣传，两者仍是当今进行林业社会教育的主要途径。不同的是，在社会媒体渠道方面，今天的媒体已经不只是当年的报刊了，广播、电视、网络、微信等新媒体的出现，方式和手段都远较凌道扬所处时代发达，林业宣传的内容也更为丰富。但是，宣传林业和生态理念，提高国人的林业生态意识的基本思想仍然是与凌道扬"推广森林通俗教育"愿望是一致的。

四、结语

本文是以凌道扬生前发表的有关著作为素材，仅对其林业教育思想的梳理和总结，分析了其林业教育思想中主要观点之间的内在联系。基本结论是：第一，凌道扬的林业教育思想是在中国近代特殊的历史背景下，特别是受"科学救国"思潮的影响和对中国林业教育极端落后状况的审视之下产生的。第二，凌道扬关于林业教育思想包括主张振兴林业必须发展林业教育；主张林学与农学分立，积极发展林学；注重设立林业专门学校，实施林业专校教育与普通学校普及相结合的学校林业教育；主张推广森林讲演与社会媒体相结合的林业宣传教育。第三，凌道扬的林业教育思想不仅对于我国近代林业和林业教育发展产生了重要影响，发挥了启蒙作用，在当代大力推进生态文明建设的新形势下，其中林学与农学分立、在各类学校中普及林业教育和注重林业宣传的思想仍然具有现实指导意义。

通俗教育与振兴林业思想传播

李 博

中国人民大学历史学院

摘 要：凌道扬作为我国著名林学家，在传播林业思想方面发挥重要作用。本文以凌道扬的讲稿、文章及著作为载体，结合传播学理论，通过分析其演讲技巧、书写文本等方面，解析凌道扬如何借由通俗教育推动振兴林业思想的传播，并评价其实际效果。

关键词：凌道扬；通俗教育；演讲；书写；振兴林业思想

一、前言

1914 年，凌道扬自美国耶鲁大学获得林学硕士后归国，次年便随屈映光游历浙江省，进行林学演讲，倡言森林之利，自此展开他的森林宣讲之路。1916 年，凌道扬出版《森林学大意》一书，是由他在基督教青年会演讲协会森林科任职期间的讲稿编刊而成，其中称赞演讲为"直接灌输知识、鼓舞人心之利器"，将其归于两种教育途径之一的通俗教育之下。

所谓通俗教育，即是与学校教育相区别的，面向社会大众的，更注重知识科普性的，目的为更新民众观念、传播先进思想，以图提高大众整体知识水平及素质的教育方式。凌道扬曾数度言及演讲、通俗教育及普通民众对林业持有正确观念和积极态度的重要性与有利之处，劝导林业从业者及学生重视通俗教育，其本人也为向社会各界宣传振兴林业思想奋斗终生。

国内学者关于凌道扬思想的研究多从其所创森林研究组织中华森林会（后改名中国林学会）及《森林》杂志及其推行植树节的设立与其在青岛或广东的活动入手。提及演讲与通俗教育的仅在王正、钱一群的《凌道扬的教育兴林思想及其贡献》与刘中国的《凌道扬传》中有见，但多为人物传记性描述，未见对于其演讲技巧或书写文本的深入分析。本文试图以凌道扬的讲稿、著作文本为对象，细致分析其宣传技巧，探究其以通俗教育的方式传播振兴林业思想的方法，以及最终的效果。

二、森林演讲

凌道扬自回国起便致力于森林演讲，对其十分重视，常呼吁林业从业者与学生积极进行将林业知识推广至民众的宣讲活动。他在《近年来中国林业教育之状况》曾明确写到"中国森林教育各专门以上学校亟应常令学生分赴农乡村镇作通俗之讲演。"而今后的森林方针应"推广通俗之森林教育，由高级森林教育之机关及森林学术之团体举行种种之森林讲演，并发刊各种森林书报，以普及林业思想。"后又书写《芬兰林业推广之情形》，在开篇详尽列举芬兰林业各项数据状况后，第一部分内容即为"普通林业推广事业之情形"。本文发表于中华林学会刊行的专业性杂志《林学》上，其读者群应为林业相关从业人士及林业学生，由此可见凌道扬积极鼓励其他林业人士进行林业推广、宣讲，普及林业基本情况及林业思想观念之心。

凌道扬演讲的主要内容有二：一为森林之利益，二为中外森林情况之比较。纵览十数篇其演讲稿或报道，乃至大多数宣传性较强的文章，皆不外乎此二主题。可见在宣讲主题的选择上，凌道扬有所考量。首先讲述森林之利益可令观众意识到森林的价值与重要性，增加对森林的兴趣，提高对森林的重视程度，凌道扬也曾直言过此目的"兹篇取森林学之最要者述之，引起我国人对于森林之兴趣。"而当时中外森林事业的发展程度差距极大，进行比较可激起观众一定程度的惭愧心理，例如他曾多次提到"美国前总统罗斯福氏曾用中国北五省荒山之影片，作最痛切之讲演，以警诫其国人，使知森林事业之不可轻忽。"一事，令人生耻心，进而产生想要为本国林业发展做贡献的想法。

不仅是内容选择有所偏重，凌道扬在演讲时亦采取诸多技巧，帮助观众理解演讲内容，提高观众专注度与积极性，增加演讲的有力程度。首先便是增加语言的口语化程度，一经典讲稿便是凌道扬于1937年在广东为造林运动宣传时所做的演讲《植树节之缘起与造林运动》，其中所述内容为植树节起源及森林保护的简单科普性常识，呼吁民众切实实行造林。通篇稿件极其白话、口语化，甚至自称"兄弟"（"大家若是都能够去实行造林，乃是兄弟切实盼望的"），不仅简单易懂，且极能拉近与观众的关系，使观众更乐于接受其观点和建议，宣传效果极佳。同时，在讲稿中多采用数字序号，分点讲述，使得演讲清晰有条理。

威尔伯·施拉姆与威廉·波特的《传播学概论》中曾言"新闻表现出来的趣味性如何是读者/观众选择新闻的因素"，即可直观知晓趣味性对于观众选择和接收信息的重要性。在激发观众兴趣上，凌道扬采用的方式是多在演讲会场展示图片，或直接为观众放映影片，凌道扬自述此方法可使观众"耳目双方向同时接受，既易了解，又能经久不忘。"并评价此方法为"屡验而效"之法。

而为增加演讲有力程度，凌道扬采用的是展示图表及以模型实地做实验的方式。图表以数据为基础，清晰明了，可有力论证观点。而模型方面，凌道扬常以一平滑木板、毛巾与水来论证森林的保存水土之力，即将水顺木板倒下，可见水飞速流走，而将毛巾铺于木板上后再倒水，则水皆为毛巾所吸收。此模型生动形象，可使观众极为直观的理解森林理论。

不仅如此，凌道扬的演讲还根据面向观众群体不同而有所变化。在对凌道扬1917年3月在江西南昌（小金台）青年会为政、商、学三界人士进行森林学演讲的报道评价道"（凌道扬）对于各界均有最警惕之语，刺透人心，所谓对症发药者是也。"演讲内容及使用语言的针对性程度提高可使得观众对演讲的认可接受度增加，增强演讲的效果。

同时，凌道扬还会组织在演讲会场发放林业宣传小册，以供观众对照阅读，增加宣传推广力度。

可见，凌道扬在森林宣讲不仅有理论支撑，更有完整的实施模式与计划，从内容、道具到语言各方面均行之有力。在本人以身作则游历各地进行森林演讲的同时，以"激起社会之同情与舆论之赞助"乃是中国林业振兴的有力推动。这一观点不断激励同行业者共同参与林业演讲与宣传的事业，使得其振兴林业的思想在这一过程中得到广泛而有效的传播。

三、书写文本

除极具技巧性与宣传性的演讲外，在宣传类文章的写作上，凌道扬对于书写顺序、章节安排乃至图片设置都有精心安排。

《森林学大意》便是一部可体现这一特点的典型著作。首先从凡例上看，"凡科学上之名词，一概不用，因寻常词句，便于普通人之了解。"他的另一部著作《中国农业之经济观》的凡例也是如此。可看出，其著述预设的面向群体，即为普通民众。他试图以简化词语的方式便于普通民众理解，增加对此书内容的认知。再从章节安排上看，本书先讲森林的直接与间接利益，使读者意识到森林的作用和价值，显示出森林的重要性。再讲国外森林的成绩，使读者对发展前景有所期待。在此基础上，讲中国森林的缺乏，及外国的评价。既有重要性，又有光明的前景，故而即使有所缺乏，也应该努力，于是最后提到实施方法和造林节要。既强化森林的重要性，又树立信心，既说明问题，也提出解决方法，可见本书章节篇目安排之用心，细节处理之到位，以及宣传思想意味之浓厚。

书中插图设置亦十分精心，基本可分为这几类：我国茂林修竹之地美景，无森林之处所遭受水旱灾害后之景与有森林后之益处，美、德、瑞士等国变荒山为森林之象及森林制造生产之火热。信心、告诫、期待，三种要素在插图中都兼备有之，且图像更为直观，通常与正文很好搭配，旁边亦有注释，给读者更强烈具体的冲击，而作者想传达给读者的情绪也就更深刻地被读者接受。本书不可谓不是一本绝佳的思想宣传书籍。

另一篇文章《对于美国近年林业孟晋之感想》的书写顺序性安排特点也十分显著，与《森林学大意》类似，本文开篇便采取一极具策略性及诱导性的书写顺序引入。先提纲挈领地总结森林多寡与国力相关，再提我国近年来为造林进行的宣传努力，直言成效甚微。但立即用一问一答的对话型句式"然则我国森林，将无发展之希望乎？曰，否。"给读者灌输希望，即中国的森林有望振兴。随即提出自身主张的振兴策略，政府完善政策与民众对森林认知程度提高相结合。问题、希望、对策，寥寥百字便将读者情绪调动起来，宣传技巧不可谓不高。

同时，凌道扬还极善于结合实事，借势宣传。他于1919年一战之后写就一篇《欧战与森林之关系》，其中认为美国的参战之所以会对战争胜利有巨大的影响，是因为美国的经济实力强盛，其经济的强盛原因在于其实业的发达，而林业乃是实业尤其重要的组成部分。继而说明林业可带来的利益，以战争之关键在于船只，而船只是由木材建造为例论述林业重要性。随后以枪柄、铁路枕木、临建战地木屋等军事用具为例，说明木材及林业对于战争的重要性。结合当时所处时代军阀混战的背景，针对性较强。并借此论证我国若发展林业，即可获得富强的这一观点。以时事为切入点进行分析，引发读者兴趣，进而论证自身宣传观点，目的性与技巧性都极强，实为一篇有力的宣传文章。

凌道扬在书写文本时，无论是登于报纸之上的简短科普类文章，或是发于学校校报或专业性团体会刊之上更具专业性的期刊，又或是编撰成册的著作，其语言文字都力图简洁易懂，并多用数据图表以有力支持观点，同时极重谋篇布局与章节安排，力图使读者能够更便利、更有兴趣、更信服地接受其观点，使得振兴林业的思想通过文本这一载体，经由另一种相较演讲虽间接却留存更久的途径得到良好的传播。

四、实际效果

凌道扬的林业宣传效果极好。之于演讲而言，他于1917年3月8~10日、13日在江西南昌（小金台）青年会为政、商、学三界人士演讲森林学时，报纸评价为"一时各界士宦车马如龙，贲聚一堂"，各界均派代表参加，政界军民两长均派人致辞。会后甚至有百余名人士签名入股筹办江西森林研究会以促进推广森林研究、发展，可见演讲之效果甚佳。凌道扬自己评价演讲效果时也曾言"鄙人讲演森林时，听众每次均积极踊跃，其效力之及于国内林业者如何虽无从计较，但彼时各界人士执林业上之各种问题，直接或书函与鄙人作切实之讨论者，实有应接不暇之势。"其中最为经典便是本应保送之江大学的叶培忠于早年听过凌道扬《森林与水灾的关系》的演讲后大受启发,立志学习林科,最终成为我国著名林木育种专家。

之于文本书写而言,他亦曾评价"与同志组织中华森林会,编刊森林杂志,发行总数达万余份之多。拙著《森林学大意》《森林要览》《水灾根本救治方法》及《森林与水灾旱灾之关系》诸书,前后刊行已逾4万余册。其他随时发出关于森林之印刊物输难计数,此种学校外之森林教育,社会上感受影响最易。"但宣传过后林业事业却并未得到良好的发展,甚至是在国民党大举宣传植树造林运动后也未见起色。由于此项运动更注重其政治意义而非实际,故而缺乏管理,致使虽连年种树,但树木却往往无法成活而不见增加。1916年时预算林政经费投入为9万元,至1936年时也不过增长至15万元而已。至于林业从业人员,1916年时约有二十余人,至1936年时也只有数十人。凌道扬于1936年时亦叹言"我国近年以来,推进林业,可谓不遗余力,无如国家财政,既行拮据,国民经济,又呈凋落,在此种状况之下,虽日日倡言如何植树与利,如何强制造林,亦属徒然,无裨实际。"可见,后续林业发展不利的原因并非在于宣传力度不够,而是时势动荡、经费不足与落实管理不利所致。但纵然如此,凌道扬仍未放弃过对传播振兴林业思想的坚持,数十年来谆谆之情与恳切之心不变,皆可从文章中看出。

五、结语

凌道扬如何借通俗教育推广振兴林业思想,本文已然讨论,即通过演讲技巧、书写安排的方法达到鼓舞人心、传播观念的目的。然而,凌道扬又为何如此重视通俗教育?若要解决这一问题,则要回到振兴林业思想本身。

凌道扬所极力宣传的振兴林业思想可分为两个部分。第一部分是一坚定信念,即需要振兴林业。由于林业之利益广大而我国荒山满目,致使木材无法自给只得依靠国外进口,且引发各类水旱灾害,实令人叹惋,故而应重视林业,振兴林业。凌道扬的演讲与著述皆围绕这一部分的主题进行。第二部分是应如何振兴林业。凌道扬的观点是需政府完善之政策与民众积极相助之态度相结合,方可成功。而凌道扬的一生便按照这两条道路不断前行。于政府政策上,协助北洋政府制定我国第一部《森林法》,协助孙中山完成《建国大纲》中的森林部分,并一直在政府机关农林部门中任职。而向民众传播林业观念与思想上,他重视通俗教育,遍历全国进行森林演讲,书写清晰易懂的科普性森林学著作,创立林学团体与杂志,推动植树节的设立。

由此可见,通俗教育是凌道扬推行振兴林业思想最重要的工具,对其进行探究不仅可知凌道扬的宣传技巧与方法,更能在此过程中解析凌道扬乃至那一代林学家的行为逻辑,描绘其人生路径与轨迹。

凌道扬的水土保持思想

杨红伟

兰州大学历史文化学院

凌道扬先生（1888—1993 年），广东新安县（今深圳市龙岗区）人，中国著名林学家、教育家，中国森林事业的先驱和开拓者。1909 年赴美国麻省农学院学习，1912 年获农学学士学位。旋入耶鲁大学，学习林科。1914 年获耶鲁大学硕士学位，赴德国、瑞典等国考察林业与农业后回国。自此，他在国内宣传林学，从事林业教育，先后担任金陵大学、青岛大学、北平大学、中央大学教授；推广林业建设，历任山东省林务专员、胶澳商埠督办公署林务局局长、胶澳农林事务所所长、江苏省第一区林务局局长、广东省建设厅农林局局长、实业部中央模范林区管理局局长、黄河水利委员会林垦设计委员会副主任委员、黄河泛滥区农业水利委员会主任委员及联合国粮食农业委员会中国森林委员；首倡中国植树节，发起创设中华森林会、水土保持研究委员会、中国水土保持协会等；出版《森林学大意》《中国农业之经济观》等著作，发表《林业与民生之关系》《森林与国家的关系》《论近日各省水灾之剧烈缺乏森林实为一大原因》《水灾根本救治方法》《建设全国森林意见书》等系列论文。可以说，凌道扬的名字与整个民国时期的森林事业紧密相连，此为国内外学术界之公认。然而，关于其水土保持的思想，学术界则并未给予足够的重视与总结。

一、森林救国思想中的水土保持主张

近代中国前所未有的大变局，不仅改变了中国士子的求学目的，以晋身之阶而变为救国救民之途径；同时也因融入世界格局，改变了他们的眼界，各以所长，各展其志，从不同的学科、不同的角度，寻求强国富民的道路。凌道扬先生即以其林学的专长，反观中国自身的实际："森林有极大之利益，以中国森林，比较东西各国，相去不啻天壤。遗弃固有之利益，不知凡几，殊堪兴叹！按农林二事，为一国之首要。农林所利用者，大半属于平原；森林所利用者，山丘居多。农业既不能利用山丘，然不能令其荒废。凡一国之中有平原与山丘，而不知种植，岂得谓之完全之国耶！"指出中国缺乏森林建设，不仅使一国不能成为"完全之国"，还会束缚国民经济发展，导致自然灾害。特别是在近代中国积弱的情况下，更因森林建设不足，导致经济利益外溢。他强调"时至今日，不仅列邦种种经济侵略，甚于炮弹，且国内旱涝频仍，民力凋敝，徒恃一时之赈务，殊非根本救济之道"，而"林业者，外既可杜塞木材之漏卮，内亦可防制水旱之侵凌，而对于工商事业，要皆有密切影响"，因而呼吁"营造森林，充实生产，诚我国前途最要关键，而为救亡图存之一重要问题也"。从而形成了他"主张森林救国"的思想。

所谓"森林救国"，即通过林业建设，发挥森林的经济价值与社会价值，对外争经济利益、杜塞漏卮，对内充实生产、改良环境、抑制水旱灾害、谋人民幸福。在凌道扬先生看来："森林建设，实负有两重使命：一、直接利益，求木料自给自足政策，增加生产，以巩固国民经济之基础；二、间接利益，谋国家社会之安宁，地方人民之福利，营造广大森林，为水旱灾之根本的救济。"凌道扬先生早期的水土保持主张，就蕴含在森林建设间接利益的理论推演中。

森林建设的间接利益，是指在森林的经济利益之外，调节气候、涵养水源、扦止砂土、防备水灾、防止雪颓、防止风灾、防止海啸、改良土质、保护渔猎、裨益为盛、威化精神等方面的利益；如果缺乏森林，就会在间接上，发生水旱灾害造成国民危亡，导致气候不调，诱发灾疫迭生，致使农业败落陷入国贫民敝。因而可以说，凌道扬先生蕴含于森林救国思想中的水土保持主张，归根结底是以防治水旱灾害为期许而推动国家林业建设为目的。

20世纪上半叶，中国灾害频仍，特别是水灾几乎遍及各地。这就使怀揣救亡与民生建设梦想的凌道扬先生不能不从自身所长出发，将林业建设与自然灾害的关系加以考虑。如早在1915年，他就结合欧美各国的林业建设史指出："考欧美各国之历史，无不在经历患难之后，始协力以兴办森林者。……回视国中，山陵高原若是，其多以不兴林业故。故灾害并至，某地山崩，某地河患，以致膏腴之地，被水冲没，变为石田者，不可胜数。他如小河淤塞，酿为疫疠，其祸源，皆由于森林之缺乏。"1917年，他又撰文指出："近日粤直湘鲁豫鄂等省，暴水为灾。……举国上下，莫不视为天灾不测。除修堤以防后患，筹赈以救难民外，无他策焉。岂知修堤，不过为防后患之一种，而后患正恐无穷；筹赈不过为救目前之危急，而来日又将如何？夫山崩土陷，堤决川泛，虽属一时之暴雨所致，淫霖为患，而缺乏森林，实为最大之一原因也。"

凌道扬先生从林学学理出发，为国人普及森林水土保持功能的知识。他指出水土流失的基本原理为："雨之倾注也，地面愈裸赤，则打击之力愈大。水之就下也，地势愈倾斜，则冲刷之力愈猛。况地土之本体，缺乏森林之庇护，干阳亢燥，一旦遇雨，骤然澎涨，则结合力失去。再加以最大之打击，最猛之冲刷，于是始而沙土泥砾，随雨下注，继而岩骨土阜，亦偕雨俱往。"此种水土流失，在"山无森林，天雨之时，泥水俱下，与抵御物遇，其势即减"，如果有了森林，情况就大不一样。此即森林保护泥土的能力：（一）森林之根盘及其蔓须，并有由森林构成之地被物，能强固泥土之结合，不畏雨水之打击及冲刷；（二）森林之枝叶，交互纷披，其残枝败叶，遍布地面，亦与地被物作重重之掩护，无论若何狂风暴雨，不致直接受之于地面；（三）森林之新丛，暨所积存之残枝败叶，及深厚之地被物，经雨水之渐渍，能使渍水潜流于间隙之中，曲折回旋，由舒缓之势，徐徐而下，绝无冲刷之力。

森林还具有节制河流之能力。其表现为："（一）林木及丛棘等可直接为雨水流失之障碍物；（二）地面之败枝枯叶阻止雨水流失之速度，并吸收雨水之一部分，如水绵然；（三）树根纲织地中使多生罅隙雨水易于沉淀，又地面为森林所掩覆时则雨水之落下为枝叶所间隔，其下落之速度减少，因之其流失速度亦相随而减，故在无林山地雨水过后则山水骤至成灾，而在有林之区则可免也。"经过森林对雨水的调节，"每雨百分及地，而流入河中者，仅存百分之二十四，余则积贮林间，及含蓄于林地，朝夕藉以滋润，涓涓不绝而已"。

在凌道扬先生看来，中国水旱灾害频发的原因，从根本上讲就是因为缺乏森林而造成水土流失所导致的。如他指出造成黄河迁移、泛滥的原因，是"其自身常挟多量砂土所致"，而关键则是其上游缺乏森林覆盖，"砂石泥土渐为雨水所冲击而尽填入诸大河之底，而诸大河不得不泛滥而出以为害。如此为害最烈之黄河以及直隶之五大干河皆是也"。因而，他认为："倘能于黄河两岸 带山地，努力造林，使童秃悉变蔚然，则山土得所扞蔽，不致为雨水冲泻而淤高河床，即使有旱年，森林亦有由根须吸收地下水分，蒸发为云雨之功用，其影响于水旱者，当非浅鲜。"因而断言："我国水灾之主因为缺乏森林。惟其缺乏森林也，河身始尽为砂石泥土所充塞，以致雨水过多时河水四出泛滥。是以今不欲从根本上着手永免后患则已，若欲永免后患，使永不复为灾也，则吾敢昌言曰，亦非造林莫属。"

由此可见，蕴含于凌道扬先生森林救国思想中的水土保持主张，尚未成为其思考的独立领域，而是基于森林的基本功能所附带的领域。防治水土流失，还仅仅是他倡导森林建设以实现森林事业间接利益、达到遏制水旱灾害的一个手段。毋庸讳言，各美其美，乃人之常情。凌道扬先生在这个阶段，尚主要停留在单纯地强调森林的民生作用方面，因而在实现森林水土保持的功能方面，也不可避免地存在对其他手段的排他性。故，1917 年在谈及直隶地区水灾时，他不仅认为"水灾剧烈，缺乏森林为最大之一原因"，更强调"自泥土障固而论，河底无填塞之虞；自雨水消溶而论，水势无骤增之事。是欲谋水灾之根本救治，决为造林明矣"。

二、系统的水土保持思想与实践

凌道扬先生以森林建设防治水土流失，进而达到遏制水旱灾害的林学思想，使其不可避免地注意到其他学科的理论与工程技术手段。这为他从单纯强调森林的功能，推行森林建设，走向系统的水土保持思想，奠定了重要的基础。

凌道扬先生的水土保持主张，在早期是蕴含在森林建设思想之中的。如1917年，凌道扬先生写作《水灾根本救治方法》时，明确提到了法国地理学博士桑志华、海河工程局平总工程师、全国水利局方维因总工程师、全国水利局杨豹灵技正以及英国戴乐仁等人的直隶水灾报告及其救治的观点。他一方面指出"直隶今次水灾所以如此剧烈者，其最大之原因，实为缺乏森林也"，一方面强调"自恐余为偏嗜森林之人，所见未能尽是，遂与地理专家、工程专家悉心研究，无不同声相应而曰：森林之缺乏。"事实上，以上诸位地理学与水利工程专家认为，水土流失是造成水灾的成因，但并未将之作为造成水灾的唯一要素，亦未将建设森林防治水土流失作为遏制水灾的唯一解决办法。如杨豹灵虽然指出防治水土流失"以造森林为最适应最便利之举"，不过更强调："河患原因虽至繁复，究其根本，大抵不外三端：一曰尾闾不畅；二曰河床窳败；三曰挟沙太多。凡此三者，实为普通河患之因，不惟直省河道为然。此三者关系密切，治其一不足救其二，除其二亦不能遗其一。故非三者兼筹并治，不为功也。"方维因同样认为造成水灾是综合因素的结果，诸如降水不均衡，造成短期暴雨；泄水地面可渗透性差，造成洪水宣泄；山地缺乏草木遮蔽，且山高坡陡；缺乏蓄水池缓冲；河流上游及入河支流坡度太急；河流中游坡度较缓，下游几乎没有坡度，水流不畅；河流出口狭小，排水不利。由此可见，此时凌道扬先生对水土保持的关注仍然聚焦在森林建设之上，具有对林学的特殊偏爱性，因而在相关研究的引用上，总是有意无意地落脚在森林功用的重要性上。

随着对水灾成因以及相关科学技术知识了解的增多，凌道扬先生对森林在抵御水灾，特别是在防治水土流失方面的作用，认识得也就越来越深刻、越来越全面。他在1922年发表的《森林之对于中国水患问题》，首先就将森林定位为水灾"工程防御上所不可少之补助品"，指出"遭水患之邦，非只中国而已，昔者各国都有洪水之患，惟不注意于培植合宜之森林之国家，及土壤不合宜耕种之区域，其水患之兴愈多耳"，强调"中国当于此绝好之时机，以森林与工程并行设施，以解决水患问题"。自此之后，凌道扬先生开始强调以水土保持为主的水灾防治，需要政府与民众通力合作，治标与治本并行，而并非只是森林建设一项所能全部完成的工作。1929年，凌道扬先生发表《再述水灾根本救治方法》，指出："为今之计，仅就水灾一事而论，非政府与民众，奋力合作，分治标、治本两种方法，兼营并进，实无他策。否则天灾叠见中国，不亡于虎视眈眈之列强，而亡于浩浩无涯之劫数矣。治标者何？浚河筑堤是也。治本者何？造成森林，减免水灾是也。"换言之，凌道扬先生意识到水灾防治是一项系统工程，而其中森林建设乃是通过水土保持达成水灾防治的治本之法。

学科之间的交叉、融合与相互砥砺，特别是参与主持黄河水利委员会水土保持工作，则促成了凌道扬先生水土保持思想的成熟。黄河水利委员会成立于1933年，由著名水利专家李仪祉先生担任首任委员长。李仪祉先生强调黄河治理，应"治导"结合，"减少泥沙""严防两岸之冲塌""沿河大堤内外，及河滩山坡等地，皆宜培植森林"，从而"减少土壤之冲刷""防泛滥"。因而，在黄河水利委员会下设林垦组，"司造林垦殖事宜"，设立苗圃，在黄河上游实施造林防治土壤冲刷、侵蚀计划。林垦组成立后，分赴陕西、甘肃等地考察土壤流失问题，繁殖林草种苗进行推广，大力宣传水土保持的意义，开始把治黄与水土保持结合起来。1939年，凌道扬先生奉调主持林垦组，从而实现了其林学思想中水土保持主张与其他科学技术手段的结合。

1940年，林垦组扩大为林垦设计委员会，黄委会委员长孔祥榕兼任主任委员，凌道扬任副主任委员，任承统任常务委员兼总干事。1940年8月1日黄河水利委员会林垦设计委员会在成都召开第一次会议，凌道扬、任承统邀请在成都的金陵大学、四川大学等学术机构水利、农业、林业、土壤专家等有关人员50余人与会。会议决议："（一）成立黄河上游林垦工程处；（二）整理港河河槽；（三）成立水土保持实验场；（四）成立水土保持协进会。"正式确立了"水土保持"的科学名词。

其时，作为中国水土保持事业的重要领导者，凌道扬先生详细地介绍了水土流失发生的内在机制、危害以及进行水土保持的必要性。首先，他指出水土流失就是指土壤侵蚀与雨水流失发生的过程，即："土壤冲刷即地表土壤因风雨之侵蚀而作种种状态与移动之谓，地表土壤其组织及肥沃远优于其心土，表土离去后坚硬之心土出现，有时或为基岩层，盖表土之地，土壤之蓄水量及渗透率均弱，故雨水不能为土壤所吸收，乃转为径流，漫奔而下，故与土壤冲刷同时发生之作用即雨水流失是也。"这一机制，在西北地区更因土壤性质与耕作制度表现得更为明显："西北土壤，大都为深厚之黄土层，其组织异常疏松，其所涵有机肥料，颇感缺乏。其性质虽便于雨水之渗透，但其保持水土之能力，较腐质土为薄弱……加以西北地势，大部崎岖，而昔日之森林富源，大部已因人民之放火烧山，垦种山坡，摧残迨尽，是以每届雨季，不独将少许宝贵之雨量，大半沿山坡流泻。同时地面上之土壤肥料，或为雨水所冲刷，沿山坡而下流，或为河水所冲，淘沿河岸而崩塌，以致黄河中之淤泥量，平均竟有百分之十五，沿黄河下游各省，竟有达百分之五十者，无怪河身淤塞而泛滥为灾。"

其次，他从土壤形成与补偿机制的角度强调土壤的珍贵与水土流失的危害，强调水土保持的必要性。他指出，土壤形成是一个复杂的地质与生物过程："雨水融雪，足以促进土壤之形成。有土壤植物乃有所寄托，植物根系之伸展，地面腐殖质之形成，土壤中昆虫、微生物之活动等等，又足以增厚地表，助成土壤，且能使之疏松，增进其吸水量及吸水率。故地面植物之存在与土壤完整及其品质之优劣关系綦切。表土流失一寸，虽经数十百年之风化作用，尚难补偿器损失，故土壤之珍贵可知。"植物必须依托土壤而生长，因而一旦造成水土流失，就会对农业生产形成难以估量的破坏："冲刷区域不论当地雨量之大小，均因土壤含水量锐减，故所存水分较低。此在西北黄土区域尤为显著""西南诸省之全面平均降雨量，虽较西北为高，然遭冲刷之地能为植物有效利用者甚少，大都均成迳流泄入溪河。经过相当时间，土壤流失愈多，土壤所能存蓄之水分愈少，终而转为不生产之区域。土壤冲刷对于农地之影响，不仅使其栽培之价值减低，且耕地面积逐年减少。"

复次，他从中国水土流失，特别是北方水土流失的严重程度，强调中国水土保持进行的紧迫性。凌道扬特别介绍了自己在甘肃省榆中县的实地调查："该县有农牧林相当生产能力之面积，仅占全县面积百分之十五，其余占全县面积百分之八十五的荒山、荒地""可资利用之河水，仅占全河水量百分之三十，余尽为生产之害""结果生产面积日渐减少，生产量逐年减低，人口随呈相对的过剩问题，而演变马尔萨斯所称人为淘汰之惨酷现象"。而就西北来说，由于水土流失的导致的危害，并不局限于耕地面积减少、淤塞河道造成水灾以及人口衰退，"至于西北各黄土山坡，垦殖迨遍，惟以雨量较少，水土流失现象又极严重，致'水土渐少'，生产渐减。水旱问题，土地问题，治安问题，民族问题，均由是以产生"。因而，水土保持不仅仅治理黄河水患、西北旱灾问题，实际上涉及整个西北的政治、经济与社会问题，刻不容缓。

为了促使水土保持工作的顺利进行，凌道扬先生对水土保持的工作特点、基本原则及其进行程序，做了详细的说明。首先，他指出水土保持并不只是简单的水土防治，而是强调因地制宜的土壤利用与科学的水土流失防治。如，他指出："本会林垦设计之原则：一曰因地制宜，划分农牧林区以期生产面积之逐渐扩大；一曰森林控制河槽，防止冲刷，藉以保护农田，开垦荒滩，收保持原有生产面积之功能。"他强调，即便从治河的角度而言，水土保持与传统治理河患的对象也有不同，水土保持对于河流的治理要从以河流为对象转向以水源地为对象，"昔时吾国治河之方案，均以河流为对象，即所谓大水之治理。然则大水为各水源地所泄小水之总汇，故根本办法在各支流水源地大小水之管理"。因此，他根据西北诸省的环境特点，将其森林建设区分为防沙林、水土保持林与天然林三种类型，分别赋予其不同的功能。

其次，他指出水土保持应是包含多学科交叉的综合水土治理过程，方能收互助之效。他强调："欲图水土保持事业之成功，首须林垦、水利工程二者之并举而合作。以往林垦与水利不合作，工程与林垦不合作，各行其是，决不相谋。后水利无由兴，工程多失败，林垦更因成长期而遭人冷视"，因而"水土保持之方法既多且杂，绝非单独工程设施可能见功，亦不能仅行植林或应用适宜之耕作法所能奏效，两者应因地制宜，相互为用，在水土保持以达增加农林生产及根本治河之共同目标下通力合作"。

复次，他指出水土保持事业要理论与实践相结合，实验、示范与推广相结合。水土保持在近代中国是一项前所未有的事业，为了促进水土保持事业的顺利进行，凌道扬先生积极促成林垦设计委员会与金陵大学农学院合作。金陵大学负责理论准备，为林垦设计委员会培养人才，并可随时到各地参与水土保持的实验与推广工作，以达到理论与实际的结合，相得益彰。在此基础上，设立水土保持试验区，"为各该区之中心地点，以小范围内之实地研究与示范为起点，以就地训练人才，并普遍推广全区为终点"。

最后，凌道扬先生认为，水土保持是一项社会性的科学事业，既需要政府各部门之间密切合作，更要向大众普及水土保持知识，发动民众普遍参与。他指出"经济建设系一整个的机体，必须各部门目标一致，步调齐协，通力合作以赴，始可克奏肤功"，因而就西北地区的水土保持而言不仅需要"农林与水利委员会，须有密切之合作"，更要"协助地方政府，规划一切防灾及水利工程建设事项"，进而"指导当地农民，平治田畴，开辟沟洫，栽植畔柳，改善梯田，以保持水土，防止冲刷"。因为，在他看来，"水土保持工作，大之为国家社会百年大计，小之为乡村个人生活之凭籍，远之为社会问题，近之为个人问题"，故须"集结众力，完成公益，然后可以排除障碍，普遍推行"。

凌道扬先生的水土保持思想经历了从附属于林业建设到独自成为一个专门领域，从作为关注民生问题而防治水旱灾害的手段到专门的研究对象的转变过程。在这一过程中，他积极吸收其他学科乃至工程技术的知识，并通过领导黄河水利委员会林垦设计委员会的水土保持工作，在实践中逐渐发展成熟，形成了较为系统完整的水土保持思想。

三、凌道扬先生水土保持思想的特点与贡献

凌道扬先生作为一个新式学人，不仅在美国取得了学位，也有前往欧洲考察林业、农业的经历。同时，他也是一个追求国家独立与富强的实干家，既抱有"森林救国"的志向，还能积极投身于林业建设与水土保持的实践。这就使他的水土保持思想兼具开放与务实相结合、倡导与躬行相结合、整体规划与详细设计相结合的特点。

首先，他重视广泛借鉴欧美发达国家的经验，吸收相关学科的科学技术。注

重借鉴西方发达国家的历史经验与先进科学技术，是凌道扬先生一贯的治学风格。如在强调林业建设的重要性及其抓手时，他曾撰写《芬兰林业推广之情形》《一九三三年美国林业之新设施》及《对于美国近年林业孟晋之感想》等文章，或介绍其林业"发达之因"，或介绍其林业管理体制、林业政策、经费安排与林业官吏的选拔与规模，作为林业推广的参考。在水土保持工作中，他同样强调要"吸纳中外最新之保持水土方案，作为借镜"。在领导、设计水土保持工作的过程中，他亦不受自身学科的限制，广泛吸纳地理学、农学以及水利工程技术的专家参与其中，充分表明了他在水土保持研究与思想上的科学性与开放性。

其次，他重视调查研究，强调理论与实践相结合。1917 年，直隶地区发生水灾，他曾赴"京切实考察"，最终获知了造成水灾关键原因的详细资料："考直隶五大干河，此次同时为灾，虽由一时之淫雨，实则河底淤塞所致。河底淤塞，尤以永定一河为甚。盖永定河法院山西交界之桑干河。自宛平以上至西宁，河之左右尽为巨山，而以西宁县属即发源之桑干河处为最。上有鳌鱼山，北有石景山，南延卧龙岗至温家庄，尽系悬岩峻岭。诸山既皆童秃，雨注其上，奔泻冲刷之猛，势必挟岩骨沙砾而俱降，填塞下流河底。所谓河者，因其低洼积两岸之水而流泻也。今永定河何如？其河底反较两岸平地高至二十余尺，为害之烈，岂待言喻！"由此可见，他对待科学研究的细致、务实的态度。这一点，在他从事水土保持工作中也有着明确的体现。1940 年林垦设计委员会成都会议之后，他亲自组织调查组，至甘肃清水、天水、甘谷、武山、陇西、渭源、临洮等地调查水土流失的情况。其后，他还代表国民政府邀请美国水土保持专家罗德民组织西北水土保持考察，为西北地区水土保持工作提出了宝贵的建议与规划。

复次，他重视宣传教育，普及水土保持知识。凌道扬先生留学归国后，为唤醒国人对林业建设的重视，曾多次赴各地进行演讲，宣传林学知识。如，1916 年 5 月 26 日，凌道扬应邀至复旦公学演讲森林学，强调："森林则非特山地不易受天然之侵蚀，且能保持不使下流，既可省多许浚河工程，复不致为农田患。"1917 年 2 月 15 日，凌道扬携带森林模型与图表至沪江大学演示森林之栽植法与各国森林事业之比较，并激励学生将来毕业后立志投身林业建设。1917 年 4 月 9～11 日每天下午，凌道扬在南昌青年会举办"森林演讲"大会，"用木板加以巾布发明森林与河道之关系，证明地有森林，可以减少水灾"，"尤令人易于了解"。这些演讲虽为宣传森林的利益而进行，其中多涉及水土保持的内容。如其曾回忆到：

予自归国数年以来，本所学森林，赴各省讲演。每论间接利益，如减免水灾一项，尝作最浅显之比喻，以期国人易解。如，手中挟持木板一块，以喻荒山之峻坂，淋水其上，以喻大雨行时，随注随倾，不稍留滞；继取毛布一段，蒙于板上，以喻山有森林，仍如前法淋水，则仅涓滴徐下矣。

在领导西北地区水土保持工作期间，他不仅注重水土保持工作重要性的宣传，尤其注重水土保持知识的普及、水土保持人才的培养与技术的推广。

最后，他强调水土保持的系统性，倡导政府主导、民众广泛参与的治理模式。这与凌道扬先生林业建设的思想可谓一脉相承。他曾言："林政无专官，林业无专责，事权不一，统系不明，中央与地方失其联络，公林与私林时起纠纷，亦为林业荒废之原因。"因而，建议："不欲振兴林业则已；苟思造林，非由中央设一林务机关不可"，在地方则"每省应设林务局一所，为各省林务专责机关。受中央林垦署之指挥，办理各该省造林、保护、调查、统计、监督，指导一切林务事项"。他还认为"徒赖政府经营，以目前国家财力之艰窘，自无尽量发展之可能"，建议须"顺应环境，官民协办，以期举易而效宏。盖欲谋造林事业之发达，必使人民知造林之利，群策群力，公私并进也"。这种认识，可谓凌道扬先生在水土保持思想中，强调大众性、社会性，倡导各级政府及各部门间密切合作，并发动民众广泛参与的思想源头。

凌道扬先生的水土保持思想，源自于其"森林救国"思想，又超越于其林学思想的限制，呈现出更加开放、务实与系统的特点。可以说，其思想发展臻至完整并具备浓厚的实践色彩，代表着近代中国第一批水土保持专家对水土保持工作探索的实践与思想历程。尤为需要强调的是，凌道扬先生还是近代中国水土保持科研与推广工作的重要领导者，不仅汇聚了各方面的专家，培养出中国第一批水土保持专家中的重要骨干力量，如著名水土保持专家任承统即为他的得意弟子。在他的带领与组织下，建立的水土保持试验区，同样也是中国第一批水土保持专业科研基地与推广基地的重要组成部分。如 1941 年，由任承统担纲在天水以赤峪川流域为水土保持示范区、瓦窑沟为重点实验基地成立的"陇南水土保持试验区"，即为中国第一个水土保持专业科研基地。

凌道扬的水土保持理论和实践

郑槐明
中国林学会

凌道扬先生关于水土保持原理的论述是笔者所见过文献中最明晰的。他于1925 年发表的《森林与旱灾之关系》中实事求是地说："今日北五省之旱灾问题与昔日直隶水灾问题，据今日之中国，皆不能以科学方法精密研究，其困难之点在于无处搜索之气象记载也。"而他认为，其所依据的美、法、德、瑞士的研究结论和实际例证无可质疑。他尖锐指出"森林对土壤水源有保守之能力，有调护之效用。文明先进各国知其然也，故不惜以累万金钱保护森林。盖土壤水源为国力民生之本，保护森林即保护其天然之富源耳。时至今日，中国水旱之为灾不为不多，亦不为不甚，其乃醉梦如故，苟且如故，一捐一赈，即为了事耶？抑将效法曾有经验如美、法、德、瑞士等国，筹集巨款，为长治久安之计，以减轻再来之难耶？"

水土流失问题在旧中国长期得不到根本解决，不仅严重损害农林牧渔各业正常运转的基础，而且屡次酿成水旱重灾。新中国成立后，我们也发动群众为水土保持做过长期努力，但笔者认为今天我们仍有必要进一步学习和领会这位先人的论著和精神。因为我们在科学经营自然资源尤其森林资源问题上还得好好地学习。

一、对于水土保持值得参考的几组数据

（一）关于森林保护泥土、节制河流的能力

森林的根盘、蔓须及其枝叶等构成的地被物阻挡雨水的冲刷；对强阳光的遮蔽，防止土壤被暴晒变松；森林的地被物及其新丛经雨水浸渍，形成无数间隙，使径流曲折回旋，用舒缓之势徐徐而下，减轻冲刷之力。森林对于川流，干旱使之不涸，霪雨使之不溢。略举如下数据：①树木根干和枝叶平均吸收雨量约

23%；②树上落下的残枝败叶遍布于地面平均能吸收降雨量约 25%；③树之根盘和蔓须犹如蛛网使土之内层孔隙犹如蜂房，平均能吸收雨量约 20%；④林木之枝叶和干部同时平均能蒸发消失雨量约 8%。因此能流入河中者，仅存 24%。

（二）关于森林空气中的湿气

有林比无林或少林，空气中的湿气多 4%～12%。据理化家的试验，生长于土地上的生物体比如玉蜀黍生长每公斤生物质需蒸腾湿气 233 公斤，萝卜生长每公斤生物质需蒸腾湿气 910 公斤。而耕作适宜的每亩地可生产 1153.78 公斤生物质，其所蒸腾的湿气大约按 500 倍计，就是 576890 公斤（576.890 吨）。树木比农作物体量更大、生长蒸腾湿气较多，这就是有林地比无林或少林地雨量多些的科学道理。森林增加雨水量数及次数已经德、法、瑞士诸国证明了的：有林地比附近无林地的雨量多至 25%。

高山影响雨水，而有林的高山影响雨水犹大。高山空气相对湿度大些，林地雨水较多，都由于含有水分的空气流过林地时，与林地放出的凉空气相遇，易于冷缩而下落为雨。近森林的空气含带湿气的量常较不毛之地域及耕作之平原多，这已经经过乘气球空中试验证明。由于森林的机械作用，树木枝叶阻碍水滴运动就凝结了，森林机械作用与雪量犹有特殊关系，俄国降水量的 30% 为雪水。经多年试验，对落叶松幼林内的小空隙考查积雪量，较无林地多至两倍。这种机械作用对于我国北部有极要紧的关系，如果北部各山都成森林，自然能获大量积雪，就可成附近水源。风经林地收取大量湿气，携至内地，调节大陆内地气候，这种理论和事实上的研究引证见于德、法、瑞士等国极多。

二、大力发展造林并科学经营森林，是保持水土、防灾减灾的长远之策

凌道扬在 20 世纪 20 年代指出，水灾之患为中国近数十年最大之问题。紧接水灾之后又是大旱灾。其原因归根结底是不重视林业、乱砍滥伐、水土流失造成的恶果。他明确指出，治水的根本之策是广植森林，可收一劳永逸之功。此经多数科学家考核证明绝无疑义的了。森林之效用不只足以防水，而且足以救旱。而我国西北诸省，童山连恒一望千里，此实水患之源旱灾之由。黄河流域诸洪水汩荒之灾屡见是故也。大灾之后，救灾赈灾，各种工程也都必要，但却比不上造林绿化经营好森林这个自然资源长久保持水土，保护并美化环境。举一例证：1958年在笔者家乡修了一些小型水库，当时起了些蓄水、灌溉作用。但由于大量砍伐阔叶林，用来烧炭炼铁，水土流失是明显可见的，没过几年，水库就被淤完了。后来，省、县出资修了个中型水库，山上的林子也长成了，这些年山上有"涓涓"山泉，入库之清水逐年增加，"哗哗"涌进，有的还可建小型发电站了。

三、凌道扬长期调研、参与设计的西北水土保持计划

我国西北6省（自治区）包括陕西、甘肃、宁夏、青海、绥远（今已取消）和山西，地势高峻，黄土层深厚且异常疏松，其性质虽便于雨水渗透，但其保持水土的能力较腐殖土薄弱。"黄河之水天上来"，中华民族的母亲河——黄河及其支流就发源于此，流经河南、山东东营黄河口大湿地进入大海。凌道扬奉命主持西北林殖设计以来，用3年时间，随当时的黄河水利会及林垦委员会等组织在本区域深入实地进行资源和社会调研，对涉及西北水土保持问题的方方面面有了较深刻认识。虽然他与任承统合作完成的《西北水土保持事业之设计与实施》因故未能如期实现，但该计划所体现出的深刻内涵和缜密思路至今还闪亮光芒。

（一）水土保持应作为西北建设的根本

"民非水土不生活"，西北水土皆有，但长期过度不合理开发，各黄土山坡垦殖遍遍，雨量又少，水土流失极为严重，水旱、可耕地减少至总面积的15%，人民群众生活极端困难，治安、民族、社会问题均由此产生。而水土保持的根本是大面积造林、种草，适地适树，防止水土流失，防止可耕地面积继续被冲刷和丢失肥力。逐渐恢复山坡地的利用价值，以此解决群众生活各方面问题。水土保持问题成为西北经济建设的核心，是解决整个西北社会问题和民族问题的必要途径。

（二）为了取得水土保持事业的成功，首先需要林垦和水利工程合作、并举

以往二者各行其是，不相为谋，水利无由兴，工程多失败；林垦更因长期不受重视而无能为力。其次，经济建设是一整体，必须各部门目标一致、步调整齐协作，通力合作以赴，才可奏效。就当时西北情况，农林和水利委员会尤其要密切合作才行。第三，理论与实践本不可分，尤以林垦工作，绝非掉以轻心或纸上谈兵所好担负的。必须室外室内于一炉，博取中外以借鉴，就可以收互助之功。第四，以往国人对西北没有正确的认识，从来也很少做实地勘察，这样就难得通盘筹划，造成或者不落实际，或者言过其实，或者枝节不全，结果就难把握整个西北问题的核心。成功之途径应力祛以往诸病，详为设计，兹略揭其大纲，就正于国人：

1. 农牧林区域划分

参考美国水土保持局的规定，依据山坡倾斜度分为农、牧、林区域，本地区应属林、牧的区域，皆经不合理垦殖，不能保持其生产能力，因此林垦委员会设计的原则为：一是因地制宜划分农牧林区，以期生产面积逐渐扩大；另一是以森

林控制河漕，防止冲刷，藉以保护农田，开垦荒滩，收保持原有生产面积的功能。在此大原则下在宜农区域铲高填低，使每段水沟间的山坡逐渐变为梯田。使该区的水土得以保持、农田可以增加。在宜牧区域，则沿饮水沟下坡，用直接播种法或移植草根法，选择多年生深根富养分的牧草如苜蓿寸草、真箕草等培养繁殖，这样牧区的水土可以保持，畜牧也可以发展。在宜林区域，则视土壤的饶瘠分别建造经济林或普通林。仅就西北造林规模较大者，分为：①绥陕宁防沙林，尤以三省边区抵御沙害，以为示范；②陕甘保持水土林，泾水渭水及黄河上游均位于深厚黄土层高原，过去泾清而渭浊，今则无论夏秋，泾水所含泥沙量竟超过50%。考其原因，乃近世纪来，各地农民盛行权毁森林、放火烧山、垦种山坡，致上游之黄土山坡多被冲刷而成沟壑，同时下游的平原沃土也因山洪暴发，冲刷而成河漕或河滩，结果上游生产面积日减，下游水害日烈。为此，极应于陕甘交界的黄土台地营造水土保持林，妥为设计，以资示范。③甘青陕宁绥天然林的管理及利用。在甘青两省交界的祁连山及洮西一带一向无合法的管理和培护方法，盗伐及包山滥伐等行为日见加深，故于两区各设天然林管理处予以合法管理与采伐。此外，在甘肃陇南、陕西关山、终南山、宁夏贺兰山，尚有残余天然林也极应予以合法的保管与培护。

2. 林垦与水利工程的密切联系

必须设法管理上游广大山坡地面，使雨水渗透于地下，以减少地面的泾流；更要设法使上流土壤多具蓄水功能，使地面沟涧两旁坡地少受流水袭击，以减轻其冲刷，才能减少下游的流量。如果以上项目整地、筑堤、控沟、律堰等等工事又非工程与林垦合作，不为功，水利之兴更其余事。本会推进林垦工作的方式采用工程与林垦合作，林垦与水利合作，期收实效。经黄河水利委员会西安会议通过决议，成立黄河上游修防林垦工程处，规定暂以六省有关黄河治本计划之地域为范围，以保持水土为中心，从事于水利农田林垦畜牧等工作，其纲要为：①选地建水库及拦洪坝，节制决流、防止泥沙，并利用蓄水调剂航运、便利灌溉、经营水电等。②指导农民平治田地，开辟沟洫，栽植畔柳，改善梯田，保持水土，防止冲刷。③栽植森林，播种草秧，垦殖荒地，改进农牧，以增加生产，防止风沙。④计划开辟新渠，指导改进旧渠，以利灌溉。⑤修缮堤坝，养护堤岸，以灭除灾患。⑥整理航道，改进航运，以发展交通。⑦计划利用水利发展工业，并筹办灌溉吸水站。⑧择地举行各种试验与示范工作。⑨协助地方政府规划一切防灾及水利工程建设事项。

3. 理论与实际合一

由黄河水利委员会林垦设计委员会与金陵大学农学院建立合作关系，理论与实际相得益彰。西北水土保持工作得到科技支撑及人才保障。

（三）勘定水土保持实验区

按黄河上游自然环境不同划分为关中、兰山、陇南、陇东、洮西及河西6个实验区。在每个区中选定一受冲刷最烈之地作为该区的中心地点，以小范围内的实地研究做示范起点，并培训人才，指导、推广全区水土保持工作。各区的范围、中心地点、中心工作列表刊载于计划中：

区 别	范 围	中心地点	中心工作
关中区	陕境沿渭干支流域	西安	以森林防止冲刷，控制河漕，藉以保护农田，开殖荒滩
兰山区	兰山附近黄河干支流域	兰州	园艺及水利的改进
陇南区	甘境沿渭干支流域	天水	保持水土改善河道及农场管理
陇东区	泾河干支流域	平凉	土壤冲刷的防治及水利的改进
洮西区	洮河及大夏河流域	岷县	天然林的合法管理与畜牧事业的改进
河西区	庄浪河及大通河流域	永澄	水利改善与森林的保护管理

每一实验区内设勘测队一组，负地形测量及水利工程的设计；水文站一组，负施测流量、雨量及含沙量；苗圃一所，负研究有保持水土效能及培养适生于该环境内的经济林及各种苗木、草籽的繁殖方法；防冲示范组，负研究各种合法的水土利用方法，以保持水土的永久生产能力为宗旨，领导民众推动各项水土保持工作。人事方面，每区设主任1人，秘书1人，技士2人，技术员4人，练习生若干人，以负推动各区行政及技术的全责。还对各区规定了工作纲要，其梗概如下：

1. 关中区

①终南山风景林的兴造及保护；②渭河两岸滩地的固滩及护岸计划；③秦岭残余天然林的保护管理及更新计划；④关山国防林场的设计；⑤沿渭河两岸的果木园艺的示范计划。

2. 兰山区

①指导农民改进耕种方法以减少水土的流失；②培护马啣山草原，以利畜牧事业之改进；③研究保护兴隆山、栖云山、称沟峡、泄木岔，及区内的残余森林的合法的管理方法；④建造五泉山、北塔山保安林；⑤改进大营河水利，提倡开控沟洫。

3. 陇南区

①兴建天水县南河堤工程，以保城垣；②三阳川马跑泉修筑堤坝，培护农田，增加生产；③赤峪川举办水土保持示范，藉以保护有关军运的天双公路；④建造吕二沟保安林，藉以控制河漕，防止冲刷；⑤小陇山天然林的保护与管理。

4. 陇东区

①改造水平梯田，保土防冲，整地排水，以利农产；②提倡农牧兼顾谷蔬乳肉并食生活；③改进种植药材方法；④建造泾源保安林；⑤附近城市区域各薪炭林的培植保护，建造经济林木。

5. 洮西区

①洮西天然林的合法管理及更新计划；②岷县畜牧改进计划；③叠藏河流域的水土保持计划示范；④河滩护岸造林计划的实施。

6. 河西区

①庄浪河的水利改进计划；②祁连山天然林的管理计划；③淤垦荒滩，扩大农区；④选定中心牧区，举办大规模的示范牧场。

上述计划的推动，是与农林部合作，与金陵大学农学院合作研究外，更就当地环境随时取得各方的合作。如，陇南、关中、陇东、兰山几个试验区都在西北公路局管理的范围，保护路基是该局的急切需要，也正和本会保持水土工作目标一致，与他们密切合作易使工作开展。与此类似，各试验区还联合当地各行政法团、建设、教育、金融机关及土绅，组织水土保持协进会作为经济事业筹划的中枢；更发动当地全体公民组织保土会，期望收到自力更生之效；还选择当地贫寒知识青年予以技术及思想上的训练，做普遍推广的准备。总之期望集小成大，化家为国，图难于易。

本林垦设计是针对我国西北80%以往政府并未注意的公有土地的，这片土地形成西北整个社会问题的核心。本着自力更生公有公营公享的原则，对当地公有土地予以合法管理。同时，对私有土地的经营也应予以合法的指导和保障。进而，可将该地事业的财政收入用来发展该区内各种公益事业。这样，不仅可以达到保持水土永久生产能力的目的，兼可由自给自养而达自卫自治的理想，这可使政府与国人所担心的西北各种问题迎刃而解。

今天，我们纪念凌道扬先生，要继承这位林业界先驱者的遗志，努力完成其未竟事业，在中国共产党的领导下，使中华大地处处青山绿水，让世代中华儿女普享金山银山之福！

中国林业科技社团的开创者——凌道扬

刘合胜　王枫　秦仲　林昆仑
中国林学会

凌道扬先生是我国近代著名的林学家、教育家、水土保持专家，也是中国最早的林业科技社团——中华森林会的开创者和奠基人。

一、发起创建中华森林会

1840 年鸦片战争之后，中国的政治、经济、文化发生了巨大变化，被沦为半封建半殖民地社会。与此同时，先进的科学技术和民主思想也传入中国，给落后的中国以新的启迪。清朝末年，中国兴起了洋务运动，开始学习西方的先进科学技术，并向西方和日本等国派遣留学生，培养了一批文化和技术人才。林业界也派出了很多专学林学的留学生。1888 年凌道扬出生在广东一个基督教家庭，1909 年赴美国麻省农学院（今麻省大学）学习农科，1912 年毕业获农学学士学位，随即入读耶鲁大学林学院，1914 年获耶鲁大学林学硕士学位。辛亥革命前后，凌道扬等一批于国外专攻林学的学者陆续归国，从事教育、科研等林业工作，成为我国近代林学的开拓者。凌道扬等一批专家和有识之士认为森林利益关系国计民生，至为重大。他们深知中国缺林少绿，深受木荒之痛，需要团结动员各方力量，推进森林救国事业，于是发起成立了我国林业第一个社会团体，中华森林会肩负着振兴林业的历史使命诞生了。中华森林会的成立标志着我国近代林业和林业科学的创始，是我国传统林业向近代林业过渡的重要转折性事件。

据 1917 年 3 月 6 日上海《申报》记载，中华森林会的发起人为：唐少川、张季直、梁任公、聂云台、韩紫石、史量才、朱葆三、王正廷、余日章、陆伯鸿、杨信之、韩竹平、朱少屏、凌道扬等。中华森林会以集合同志、振兴森林为宗旨，以提倡造林保林三事为主要任务，并于 1917 年 1 月 16 日在上海外滩惠中西饭店召开第一次筹备会，同年 2 月 12 日在上海青年会食堂召开第二次筹备会上通过草章，选举凌道扬、朱少屏、聂云台三人为干事，后推选凌道扬为理事长。两次筹备会议均推选唐少川为主席，各发起人或亲自出席或派代表出席。

《中华森林会章程》规定："本着集合同志共谋中国森林学术及事业之发达为宗旨。"会员分甲、乙、丙三种，皆有缴纳入会费 2 元和常年费 1 元的义务。甲种会员：研究林学或从事林业者；乙种会员：热心林业，担任辅助本会会务进行者；丙种会员：赞成本会宗旨、有心森林事业者。中华森林会的组织分两部：一为董事部，督行全会事务，由全体会员公举董事组成；二为学艺部，担任学术上的一切事务，由甲种会员组成。

当时章程规定学会会务主要有以下 4 项：刊行杂志，编著书籍；实地调查，巡行演讲；促进森林事业及森林教育；答复或建议关于森林事项。

中华森林会成立之初，学会秘书处设在南京大仓园事务所。1921 年学会秘书处由南京移至上海北京路四号 B。

中华森林会时期最突出的贡献：一是创办了我国第一份林学刊物《森林》，从此我国林业科技工作者有了自己的专业期刊；二是各位会员做了大量的调查研究，在报纸杂志上发表了许多研究文章，开启了近代我国林业科学研究的发展；三是开展了卓有成效的科普宣传工作，为宣传森林、促进林业发展发挥了重要作用。

凌道扬在《森林》创刊号上发表了《振兴林业为中国今日之急务》和《森林与旱灾之关系》两篇重要文章。之后，又在《森林》杂志上先后发表了《中国今日之水灾》《论青岛之森林》《桐油之研究》等重要文章。

1922 年 9 月《森林》第 2 卷第 3 期出版之后，由于当时军阀混战，政局动荡，学会经费无着落，被迫停刊，同时学会的会务活动亦告终止。

二、恢复重建中华林学会

1928 年，国民政府成立农矿部，设林政司主管林业行政。这时云集在南京的林学界人士认为农林并重的精神又复出现，林业不再受到冷落忽视，林学会组织有恢复的必要。1928 年 5 月 18 日，姚传法等数十人在南京集会，并推姚传法、韩安、皮作琼、康瀚、黄希周、傅焕光、陈嵘、李寅恭、陈植、林刚 10 人为林学会筹备委员。同年 6~7 月，筹备委员会先后召开了 3 次筹备会，推姚传法等起草了林学会章程，并增推（在南京以外各地）梁希、凌道扬等 32 人为林学会发起人。同年 8 月 4 日，在金陵大学农林科举行中华林学会成立大会，姚传法、陈嵘为大会主席。大会通过了《中华林学会章程》，并选举姚传法、陈嵘、凌道扬、梁希、黄希周、陈雪尘、陈植、邵均、康瀚、吴桓如、李寅恭 11 人为理事，姚传法为理事长，黄希周、陈雪尘为总务部正、副主任，梁希、陈植为林学部正、副主任，凌道扬、康瀚为林政部正、副主任，李寅恭、邵均为林业部正、副主任。中华林学会会所设在南京保泰街 12 号。

1928 年 9~12 月，中华林学会先后举行 4 次理事会议，议决的事项有：①向农矿部设计委员会提出设立林务局及林业试验场两项建议；②向江苏省农政会议提出划分林区、设立林业试验及林务局案；③征求机关会员，凡各省农矿厅、建设厅、林务局、中山陵园、国立及省立各林场、农林院校、农林公司、伐木公司、垦殖公司、木业公所、著名木行及其他著名林业机关，皆有加入为机关会员的资格；④商议出版《林学》杂志，推举陈雪尘、黄希周、陈植 3 人负责办理，姚传法写发刊词；⑤组织基金委员会。

1929 年 6 月、10 月，中华林学会先后召开第五、第六两次理事会，决议事项有：①呈请国民党中央、国民党政府及农矿部给予学会津贴；②推姚传法、黄希周、陈雪尘草拟全国林业教育实施方案；③定于 1929 年 11 月下旬在金陵大学举行第一次年会，推黄希周、陈雪尘、林刚、陈植、安事农、凌道扬、傅焕光为筹备委员，推姚传法、陈嵘、梁希、凌道扬为年会主席团成员；④《林学》杂志定于 1929 年 10 月底创刊，共印 500 份。

酝酿年余的《林学》创刊号于 1929 年 10 月底出版。《林学》为 16 开本，封面为仿宋体"林学"两字，并附英文刊名。创刊号封里印了《总理遗训》，摘录了孙中山的三段话：

我们研究到防止水灾与旱灾的根本方法，都是要造全国大规模的森林。

我们讲到全国森林问题，归到结果，还是要靠国家来经营。要国家来经营，这个问题才容易成功。

山林川泽之息，矿产水利之利，皆为地方政府所有，而用以经营地方人民之事业。

姚传法为《林学》杂志创刊号写了一篇"序"，以代发刊词。在创刊号上有姚传法、梁希、凌道扬、陈嵘、黄希周、陈雪尘、陈植、安事农、邵均等人发表的文章。刊末有"大事记"一栏，记录学会的会务活动，留下了当年的片段资料。《中华林学会会员录》记录会员人数为 88 人。

1929 年 12 月，中华林学会召开二届一次理事会，凌道扬被推选为第二届理事会理事长。邵均、陈嵘、康瀚、陈雪尘、高秉坊、梁希、姚传法、林刚、凌道扬为理事，韩安被选为筹募基金委员会委员。

1930 年春，理事会召开两次会议，会议决定呈请教育部、农矿部和建设委员会补贴学会经费及与党政机关合作参加 1930 年春的造林运动。此后《林学》杂志每期印 1000 份。2 月 1 日，中华林学会理事长凌道扬致函立法院院长胡汉民，请早日公布《森林法》，致函考试院院长戴传贤，请在考试委员会中添设林业组。6 月 26 日、9 月 20 日凌道扬分别主持召开了两次林学会理事会会议。11 月 12 日，凌道扬在金陵大学会场参加中华林学会常务理事大会，担任会议主席。

1931 年 1 月 17 日，在南京召开中华林学会三届理事会，凌道扬为第三届理事会理事长，姚传法、陈雪尘、梁希、康瀚、陈嵘、黄希周、高秉坊、李蓉、凌道扬为理事。3 月，南京成立首都造林运动委员会，时任农矿部部长易培基兼任首都造林运动委员会主席，凌道扬代表中华林学会参加并担任常务委员。4 月 17 日和 9 月 18 日，凌道扬主持召开二次中华林学会理事会会议，对立法院即将审议的《森林法（草案）》进行了研讨，并就其中森林所有权问题提出异议，决定由林学会陈述理由，函请立法院参酌采择。对泛太平洋科学会为 1932 年在加拿大开会来函征集关于农林论文一事，学会决定通知会员就国内森林调查报告或林业科研成就于年底以前报送学会转中央研究院寄出。

据《农业周刊》1931 年第二卷第 34 期报道，中华林学会 1931 年年会在金陵大学农学院举行，实业部农业司司长、鱼牧司司长、江苏农矿厅及林务局代表、中央大学林学会代表、金陵大学林学会全体会员及各地会员代表 100 余人参加会议，公推凌道扬为主席。凌道扬首先报告学会一年来的工作并致开幕词。年会讨论通过了请实业部迅予成立林垦署案、呈请国民政府迅予公布森林法及狩猎法案、请实业部对于中央农业试验所设施，应注重林业实验，并慎选专门人才案、函请有关部门积极造林，以增进首都风景案、通知会员投函改选理事等五项提案和三项临时动议。

1931 年“九·一八”事变后，抗日救国运动席卷全国，《林学》杂志第 4 号于是年 10 月勉强出版了。但此后长达 4 年之久未再出刊。中华林学会也陷入困境，无所作为。会员又只好在《中华农学会报》上发表文章。

1936 年 2 月，中华林学会第四届第一次理事会举办，凌道扬为第四届理事会理事长，李寅恭、胡铎、高秉坊、陈嵘、林刚、梁希、蒋蕙荪、康瀚、凌道扬为理事，会议决定会址暂设在南京汉中路 143 号，本会会刊暂定每年出二期，每半年一册，专门研究事业应由各委员会任意选定研究题目，待有相当结果即由本会刊印单行本。6 月 5 日在南京业余体育馆由凌道扬理事长主持召开了第二次理事会议，会议听取了凌道扬工作报告和《林学》编辑部李寅恭主任关于会刊编辑情况的报告，并讨论决定了筹建各委员会等 7 项事宜。

1941 年 2 月，在重庆召开中华林学会第五届理事会，姚传法为第五届理事会理事长，梁希、凌道扬、李顺卿、朱惠方、姚传法为常务理事，傅焕光、康瀚、白荫元、郑万钧、程复新、程跻云、李德毅、林祐光、李寅恭、唐耀、皮作琼、张楚宝为理事。2 月，中华林学会在重庆成立水土保持研究委员会，凌道扬、姚传法、傅焕光、任承统、黄瑞采、葛晓东、叶培忠、万晋和徐善根 9 人为委员。

三、参与发起成立中国水土保持协会等社团组织

凌道扬不仅是中华森林会（中华林学会）的创始人、奠基人，还是中国水土保持协会、中国气象学会、中国植物学会、中华农学会等组织的创始人之一。

1945 年 6 月，中国水土保持协会成立大会在重庆枣子岚垭召开，凌道扬、李德毅、李顺卿、乔启明、任承统、陈鸣佑等 11 人当选为理事，凌道扬被推选为理事长。协会的主要任务是策动水土保持运动，受各机关之委托研究，并协助解决水土问题。

1924 年 10 月 10 日，中国气象学会在青岛成立，凌道扬等 6 人被推选为理事，同时凌道扬又是 9 名编辑委员之一。1925 年 9 月中国气象学会在青岛召开第二届年会时，凌道扬与竺可桢、翁文灏等 12 人再次当选理事，他的名字还出现在 1927 年 10 月中国气象学会第四届理事会 16 名理事的名单上，在此届理事会上，凌道扬与竺可桢等再次被选为编辑委员。

1933 年 8 月 20 日，中国植物学会在重庆北碚中国西部科学院正式成立，凌道扬当选为中国植物学会第一届植物学会会员。

凌道扬还是 1917 年成立的中华农学会首届会员。凌道扬还参与发起成立华群基金、青岛狮子会等一些慈善、体育组织。

中华人民共和国成立后，梁希、陈嵘等林学家推动恢复成立林学会组织，并定名为中国林学会。从 1917 年的中华森林会到今天的中国林学会，中国林学会由小到大，由弱到强，现拥有 44 个分会、9 万余名会员，已成为在国内外具有广泛影响的社会团体。回顾林学会百年发展历程，我们不能忘记凌道扬等老一辈林学家为林业、为学会做出的重要历史性贡献。我们一定不忘初心，秉承学会一贯的宗旨，为中国林业学术和事业之发达贡献力量。

凌道扬与中国的植树节、森林法

刘合胜　李雯　王枫

中国林学会、河南省实验中学

设立植树节是发展林业、改善生态环境的重要手段。《森林法》是林业的根本大法，是依法推动林业建设的根本保障。凌道扬抱着"森林救国"的理想，借鉴国外先进的理念，积极推动设立中国的植树节，参与制定了中国首部《森林法》，并积极推动《森林法》的修改完善，为我国近代林业事业的发展做出了突出的贡献。

一、倡议设立植树节

据联合国统计，世界上至今有 50 多个国家都设有植树节。设立植树节对号召民众积极参与植树造林、保护森林资源、改善生态环境，发挥了重要的推动作用。近代植树节最早是由美国的内布拉斯加州发起的。19 世纪以前，内布拉斯加州是一片光秃秃的荒原，树木稀少，土地干燥，大风一起，黄沙满天。1872 年，美国农学家莫尔顿提议在内布拉斯加州设立植树节，动员人民有计划地植树造林。当时州农业局通过决议采纳了这一提议，并由州长规定今后每年的 4 月的第三个星期三为植树节。这一决定做出后，当年就植树上百万棵。此后的 16 年间，又先后植树 6 亿棵，终于使内布拉斯加州 10 万公顷荒野变成了茂密的森林。为了表彰莫尔顿的功绩，1885 年州议会正式规定以莫尔顿的生日 4 月 22 日为每年的植树节。

我国植树节的最早设立与凌道扬等近代林学先驱关系密切。1914 年凌道扬从美国留学回国，获耶鲁大学林学硕士学位。当时的中国，由于长期的封建统治、战乱、乱砍滥伐，以及列强掠夺等原因，森林覆盖率只有 8% 左右，以至于水土流失严重，水灾旱灾频繁。正如凌道扬描述回国时的情形："已有之林木，旦旦而伐之，荒芜之山麓，一任若彼濯濯耳，故所谓森林，遂未之见，所谓造林，犹未之闻。时至今日，直接则实业之木材缺乏，间接则地方保安寡赖，膏腴大陆，沦为贫瘠之邦，有心任何忍默然置之？"正是因为凌道扬等早期留学回国的林学专家，深知森林对于富民强国、预防减轻自然灾害、改善人居环境之重要性，1915年凌道扬与韩安、裴义理等林学家上书北洋政府农商部部长周自齐，倡议以每年的清明节为"中国植树节"，同年7月报经袁世凯批准，规定每年的清明节为植树节，于次年实施。要求全国各级政府于是日举行植树典礼。如《农商部呈大总统闻》所言："欧美各邦，植树有节，推行全国，成效维昭。查普遍植树之期，当以每岁仲春之月最适，本部现为提倡植树起见，拟请申令宣示，以每岁清明为植树节。京师为首善之区，人民观瞻所系，届时拟由本部呈请大总统谕定地点，特植嘉树，缅亲耕之遗意，著应候之新猷，昭示来兹，垂为令典。京兆尹、各巡按使、都统，及道尹、县知事、县佐，均应敬谨遵照，如期举行，至全国学校、地方绅董亦应祗遵植树节，广为种植，庶几四方风动，知所景从，林业前途，实多裨益。"1916年清明节是中国的第一个植树节，在北京颐和园北的薛家山举行了盛大的植树典礼，并栽种了数千棵侧柏树。各省、县也举行了植树仪式，栽植树木若干。

北伐战争之后，国民党政府取代了北洋政府，首都由北京迁至南京。为纪念总理孙中山，同时考虑到在北京附近，清明节为植树的最适时期，而在南京一带则失之过晚，1928年4月，国民党政府废止清明节为植树节，而确定每年3月12日孙中山逝世纪念日举行植树式，并开展造林运动。1929年2月，农矿部公布《总理逝世纪念植树式各省植树暂行条例》，规定各省、县（市）每年3月12日举行植树式时至少须植树500株或造林10亩。同时要求各级机关、学校、地方团体、民众等一律参加。1930年，农矿部规定设立植树造林运动宣传周，凌道扬曾兼任首都造林运动委员会委员，并发起了紫金山造林运动。

1979年2月，第五届全国人大常委会第六次会议决定，仍将每年的3月12日定为中国的植树节。正是由于凌道扬等林学先驱的积极倡导、呼吁，以及全国人民的共同努力，我国的森林覆盖率从20世纪初的8%提高到目前的21.66%，我国缺林少绿、生态脆弱的状况得到了显著改善。

二、参与起草和完善《森林法》

"造林不易，保护尤难，……励行森林保护政策，实为林业主要问题，例如设置森林警察，实行森林法规，务使人民遵守法律，不敢任意残毁，而知积极保护。"要建设森林事业，首先应集结广大林学家进行缜密的商讨制定森林法规来加强对森林的保护。凌道扬认为世界上林业发达国家发展林业均由森林立法开始，如德国、奥国（奥地利与匈牙利）等国。德国面临缺乏森林所造成的各种恶果，决定效法法国发展林业，立法院提出议案，全体一致表决要振兴本国森林，巴哇连（Bavaria）、普鲁士（Prussia）、卫丁堡（Wurttemberg）各省于1852

年、1875 年、1879 年先后通过《保安森林法》。奥国的林务组织结构效法于德国，1850 年以前由于不重视林政，导致国内水灾频发，后受国内有识之士倡导，政府制定了《森林法》保护森林，完善林务机构的设置，编制发展林业的各项计划，并厉行提倡，终成林业发达国家。

20 世纪初，随着赴欧、美、日等国学习林学的留学生归国人数的增加，如凌道扬、梁希、姚传法等人，他们回国后带来了西方林业建设的新理论、新思想，在森林知识的宣传上做了大量的工作。此时新建的中华民国最初也由民族资产阶级主持农商事业，注重实业发展。留学生对林业的宣传，再加上具有一定现代新知识的主政官员，民国初年掀起了一股兴林的热潮，制订颁布《森林法》势在必行。

1914 年凌道扬留学回国后任北洋政府农商部技正，应副总统黎元洪之邀，参与了《森林法》的拟定工作。1914 年 10 月 3 日北洋政府公布中国第一部《森林法》，分为总纲、保安林、奖励、监督、罚则、附则六章，共三十二条。1915 年 6 月 30 日又公布了《森林法施行细则》二十条。这是中国历史上第一部《森林法》。当然，由于当时的历史条件，这部《森林法》并未得到很好的执行。北伐之后，1928 年国民政府设立农矿部，下设林政司，凌道扬任农矿部技正。1929 年 9 月，农矿部召开林政会议，凌道扬等 47 名代表参加，会议的一项重要议题就是修改通过森林法规。

作为曾经参与第一部《森林法》拟定工作的林业学者，以及多年从事林业建设工作的凌道扬，认为北洋政府公布的《森林法》"语焉不详，缺点甚多"。南京国民政府应在旧法的基础上，借鉴其他各国的《森林法》重新修订适合现实情况的森林法规。对新法的修订，他认为应需注意以下几点：

第一，管理伐木应该是一部《森林法》中最重要的一点，世界上其他各国都列有专条，规定伐木方法、伐木时期、伐木种类等等，而旧《森林法》对此却只字不提。第二，应增加防火的专项法条。防火是森林保护法的重要一点，其他各国森林法律对此也皆有专项法条，但是旧森林法中仅在罚则中有"以引火物入林者，处一圆以上三十圆以下之罚金"这一句。第三，应添加有关铁路、矿务等公司与森林之间的权利义务关系等法条，免得将来修路或开矿时经过森林或应造林的林地而发生纠纷时，没有法条可以遵循。第四，在法条中应将关于国有林的设置原因，经营管理方法和目的进行详细的解释，以便民众理解接受。第五，森林法应与狩猎法共同创制周密的法规，因为鸟兽栖息于森林，如果狩猎不遵法则，森林也易于受到损害。虽然 1914 年颁布有《狩猎法》，但是其对于某些与民用有关的野生动物的猎捕等，并没有制定详细而且可依据的法规。第六，旧的《森林法》对于破坏森林的人，轻则罚金若干、重则判处徒刑未免过于严苛，这点不必采用其他各国《森林法》规定，应该从我国实际情况出发，重在奖励造林，即使针对破坏森林的人也最好是按照损失程度责令其补行造林，或者是按年付利，如此一来也可使民众受到惩罚时也能明白造林的重要性。第七，旧有《森林法》施行细则中，鼓励农民承荒造林的法条限制条件太多，应酌情减少。"承领人须依左列各款开具承领书，禀请该管县知事详由道尹，转详地方行政长官咨陈农商部核准"，导致民众金钱花的不少却不知何时能够领到荒地，严重打击了民众承领荒地造林的积极性。

从以上凌道扬提出的新森林法修订注意事项中可以看出，他所主张修订的森林法与姚传法"以法治林"所主张的"森林法应力求简单，务使每条条文，家喻户晓，发生最大之效力"大致相同。但是与姚传法强调通过制定严厉的法规条文惩罚毁林行为，强迫民众造林、护林不同，对于民众毁林的行为，凌道扬并不主张严苛的惩罚，而是主张通过责令其补植森林等办法教化民众，促进民众自觉造林。重视教化民众自觉造林的重要原因，是因为凌道扬虽然赞同孙中山"种植全国的森林，靠国家来经营，要国家来经营，这个问题才容易成功"的观点。但他认为在国家财政窘困时期，只有政府与民众相互合作，共同植树造林，林业建设才易取得成效。"盖欲谋造林事业之发达，必使人人知造林之利，群策群力，公私并进也。"因此，政府除积极立法营造、保护公有林，除采用惩罚手段制止民众滥伐森林，还需制定相应的政策法规吸引民众造林。

虽然旧有的《森林法》中就有奖励造林以及民众免费承领荒地造林的条文，但是由于限制条件太多，并没有起到实质作用。凌道扬认为俄国、奥国在倡导林业时，采取减征林地税以引起民众造林兴趣的做法，不失为鼓励民众造林的一个好方法。由于北洋政府旧有的林业税则极不合理，"每见地有优劣之分，而税无上下之别，甚至领劣地者税多，领优地者税反少，即失体恤民艰之意，背税则公平之道。"因此，制定公平合理的林业税则也是提高民众造林积极性的重要方法。在制定税则前，应先进行全国荒山、荒地调查工作。除考察荒山、荒地的土壤状况，选定适宜造林树种外，还需厘清地权，以免树木长成后，出现所有权纠纷等事件，影响民众造林的积极性。根据调查情况，依据造林环境优劣划分等级，制定林业征税标准，地优者多征税，地劣者少征税，以调动民众荒地植林的积极性。"造林者，免税若干年，不造林者，则收归国有，如是则自非大愚，未有肯坐失其土地权者，且不特收强制造林之效，亦可增加国税，以为林政上之补助，一举两得。"

总之，凌道扬认为《森林法》为林业行政的基本标的，详细缜密的林业法律法规对林业发展有着至关重要的作用。旧有《森林法》不仅简略而且已不适应社会发展要求，迫切需要修订一部更为详细、符合现实情况的森林法。不仅如此，还需设置能够贯彻执行林业法律法规的林务管理机构，造林必赏，毁林必罚，才能真正发挥林业法律法规保障与促进林业发展的作用。

凌道扬在青岛期间的学术追求与生活世界*

翟广顺

青岛市教育科学研究院

凌道扬，作为中国著名的林学家、农学家、教育家、水土保持专家，其人生旅途的重要时期是在青岛度过的。1922—1928 年，凌道扬偕发妻陈英梅及长子凌宏璋、长女凌佩芬在青岛工作和生活了 6 年。其间，陈英梅任青岛私立文德女子中学的体育教师，凌道扬夫妇在青岛生育了次女凌佩馨、次子凌宏琛。凌家在青岛的生活十分惬意，凌道扬在福山支路租地建有私邸，并与康有为比邻而居。凌道扬本人在《自传》中说："青岛时期是我生命中的黄金时代。"

一、青岛回归接管岛城林业

1922 年 12 月，中国政府收回青岛主权，凌道扬作为中日"鲁案"善后督办王正廷接收青岛的同事，出任林务主任委员，直接介入与日方的交涉。

在与日本代表谈判时，日方提出中方补偿林木损失费折合银元 360706.97 元，中方据理力争将其核定为 151339 元，不足日本要价的 42%。后经谈判，以日本在青岛 8 年所获盐利相抵，达成互不赔偿之协议。这为完整地收回青岛主权争取了主动。

胶澳商埠督办公署成立时，设林务局和农事试验场，分掌青岛农林两业，凌道扬被任命为林务局局长。这样，凌道扬与同时任命的电话局局长孔祥熙、港务局局长余晋和、水道局局长梁上栋、警察局局长程立、气象台台长蒋丙然、农事试验场场长李方、屠兽场场长杨卓茂等，成为中国政府管辖青岛后首批职能部门的行政首长。由于政府机构改革，胶澳督办公署于 1923 年 3 月决定将分设的林务局和农事试验场合并，改成农林事务所，凌道扬就任所长。青岛市档案馆保存

---

* 翟广顺，山东青岛人，青岛市教育科学研究院三级研究员，青岛大学硕士研究生导师，青岛市教育学会驻会副会长。

着山东省省长兼胶澳商埠督办熊炳琦签署的《关于农事试验场业务移交凌道扬的训令》。1923 年 3 月 19 日，凌道扬签署第 16 号公函将"胶澳商埠农林事务所"钤记函达财政局查照。实际上，凌道扬的青岛农林事务所成为近代中国林业管理机构的地方性先导机关，凌道扬以其丰富的学识和卓越的社会活动能力，勇敢地担当起振兴民族林业的历史重任。

近代青岛的治林事业始于德国胶澳租借地时期。胶州湾一带呈低山丘陵地貌，沿岸河流众多，且多是沙质河床，径流量年际变化悬殊，丰枯交替出现，夏季常有山洪暴发。由于缺乏植被保护，洪水带下的大量泥沙碎石造成胶州湾泥沙堆积日盛，港口淤积严重。德国殖民当局为涵养水源、防止风沙，以造林为重务，开启青岛近代农林事务之先河。1914 年，日本取代德国占据青岛开始涉足农业，将李村原黑澜大学农科实习地改为李村农事试验场。凌道扬接收青岛农林事务所后，在原德治日理的基础上，全面规划了青岛林业管理与发展之路。包括官林的计划与经营、民间林的监督与奖励、树苗的培育与试验、林木的砍伐与管护，及在种子改良试验、农业气候观测、市内公园及道树管理等方面，形成了一整套切实的政策。

凌道扬上任伊始设造林、农事、树艺、管理四科，1924 年 1 月又改组为技术、事务两个组别，业务由技术组统掌，事务组则掌管总务事项。5 月，凌道扬主持制定了《造林奖励规则》《水源涵养林规则》《民有林监督取缔规则》《森林警察规则》《森林保护规则》《行道树保护规则》《毁坏森林罚则》等一系列加强和保护园林绿化的规章。为了扩大造林面积，凌道扬恢复了李村苗圃，栽种苗木，每年植树节前无偿分给乡民种植，1923 年春发放树苗 137866 株，并扩大了路边行道树种植。据青岛市档案馆《胶澳商埠造林统计表》记载，1923 年青岛全市造林 228.6 亩；1924 年造林 109.83 亩，植树 125900 株。凌道扬积极推广造林奖励制度，规定凡在胶澳商埠区域内的个人或团体造林，均可享受无偿提供树苗或种籽、派技术人员为其计划造林或指导作业、为其造林地配备森林警察，或请当地乡董地保担负保护等造林奖励办法。同时，凌道扬编练林警队，组织 40 名林业警察巡查保护森林。据悉，凌道扬对寓青日本木材商指使日本浪人盗伐树木的制裁毫不留情，曾组织林警抓捕了 50 多人。日本驻青岛总领事森安三郎不得不出面协调，具保。

凌道扬在青岛发展林政事业的功绩，上海的《申报》曾撰文报道。有一位十分挑剔的记者对青岛回归后的政府工作极为不满，但提及凌道扬则褒奖有加，文章说："青岛督办统治之下，比较未退步者，要算农林事务所。日在整理开拓之中，所有保护林业规则及分区等均已重新更订。据闻自接收以来，日人之来伐木者拘捕五十余人之多。近该管所长与日领事交涉以后，若辈已不敢尝试。所长凌道扬氏，一林业专家也。足见无论何事，非有专门人才不力，况既非专家而又懒惰乎？"

二、致力林学教育和人才培养，振兴民族林业

作为近代中国林业建设和林学教育研究的先驱者，凌道扬在林政、林权制度建设中树起了振兴民族林业的旗帜，他为中国林业走向世界参与国际合作付出了艰苦的努力。

一方面，凌道扬致力于近代青岛林学教育和林业人才培养。

凌道扬始终秉持治林与育人相结合的观点，他的林学思想生成于孜孜的林学教育中。1916 年 10 月凌道扬出版的首部著作《森林学大意》，即是一本适用于初级农业职业学校的教科书。1917 年 5 月，凌道扬在中国最早的文理综合性大学学报《约翰声》上发表了《论森林与教育之关系的论文》。同时，凌道扬又有非凡的演讲能力，1914 年回国后曾在上海、江苏、浙江、江西等地，做通俗生动的林学讲演。来青岛之前，凌道扬曾受聘金陵大学农学院林科主任，培养了任承统、叶培忠等一大批后起之秀。

为了培育青岛造林人才，1923 年 9 月凌道扬在崂山九水庵林场创设了一所林内义务小学，校舍占地 3.15 亩，房舍 19 间，教职工 8 名。为使这所小学达到厚基础、深专业的目的，凌道扬为其开设的课程包括社会、算术、国语、自然、形象艺术、工用艺术等 9 门。为适应农林业生产的区域性特点，凌道扬根据学生年龄和往返路程安排授课时间，实行弹性学制：一年级实行春季始业，二、三年级秋季始业，各年级每周授课时间分别为 18、20、24 课时。这种适宜城郊儿童就学的学校，在 1924 年春就招收了 7~17 岁学生 59 名（其中林区子弟 52 名，区外学生 5 名，外县学生 2 名）。随着生源的不断扩大和年级的增高，凌道扬计划以李村农事试验场为基础，筹建一所边学习、边实习的职业中学，开设农艺、园艺、畜牧 3 个专业。同时，凌道扬还以刊行《林业浅说》半月刊、举办讲演会等形式普及林业教育，1925 年 6 月他还在青岛撰写了《近年来中国林业教育之状况》的调查报告。此外，凌道扬每年利用暑假接纳青岛及全国各地有关高校学生实习，为林学学生学以致用提供便利。

1925 年 7 月，凌道扬卸任青岛农林事务所所长，由夏继禹继任，但凌道扬对青岛林业学校的建设仍萦挂于心。1929 年凌道扬致函国民政府教育部，对青岛的林业设置、树木种类、实物标本、试验条件等详加陈述，要求教育部在青岛设置林业专门学校。凌道扬还在 1929 年 9 月农矿部林政会议上，与高秉坊、康瀚联合提出"拟划青岛林区为国有模范林区，并在该区内设立森林专门学校"的提案。

离开青岛后，凌道扬于 1930 年 9 月以中华林学会的名义呼请教育部在小学教科书中增加森林知识的内容。他还向考试院院长戴季陶建议，在考试委员会中增设森林组，以利于林业人才的选拔。凌道扬这些振兴林业教育的主张举世孜

孜，对中国近现代林业的发展具有积极的推动作用。

另一方面，凌道扬竭力为中国林业科研在国际林学领域争得一席之地。

身为中国近代林业的先行者，凌道扬始终将深入的治林实践与严谨的科学研究紧密联系在一起。1916年，商务印书馆以中英两种文字出版了凌道扬的首部学术著作——《森林学大意》，这标志着中国林业从传统农学中分立出来，成为近代林学的奠基之作。此书到1930年再版了6次，1936年两度再版。1917年4月，为"集合同志共谋中国林业学术及事业之发展"，凌道扬与张謇、梁启超、陈嵘等14人联名发起成立中国第一个林业科学研究组织——中华森林会（1928年8月易名为"中华林学会"），凌道扬被推举为首任理事长，他还于1929—1941年连任中华林学会第二、三、四届理事长，会员发展到108名。1921年3月凌道扬主编的《森林》杂志创刊，这是中国有史以来第一份林业科学刊物，黎元洪题写了刊名。针对中国居世界水旱灾害较多的实际，凌道扬较早提出以振兴林业治水治旱，先后发表了《森林与国家之关系》《中国今日之水灾》等文章，阐明林业对防灾、减灾的重要意义。

1924年，青岛农林事务所梓行了凌道扬的《中国水灾根本救治法》和《青岛农业状况》两本著作。1925年8月，凌道扬的《中国农业之经济观》由商务印书馆出版，他在序文下面署明："中华民国十四年五月宝安凌道扬于青岛。"这部写在青岛的《中国农业之经济观》一书，是凌道扬学术生涯最重要的代表作之一。该书提出了实施移民垦荒政策，增加农田面积、消纳剩余人口、引导农民应用科学方法耕种、举办农产品博览会，以及普及农村教育、培养造就众多懂农业科技的人才等一系列农业改良计划，其中一些观点源于凌道扬在青岛的实践。1928年8月凌道扬离开青岛后，他的《建设中之林业问题》一书于12月在北平大学农学院刊行。如此算起来，凌道扬在青岛工作和生活的6年中至少完成了3部著作，占他一生10部著述的十分之三。值得注意的是，凌道扬的研究绝无不切实际的空洞之谈，每每总是指向具体的实际问题。例如他在1923年10月发表的论文《科学调查森林与水土流失之关系》、1924年1月的《中国森林和水患问题》、1925年7月的《森林与旱灾之关系》、1928年3月的《振兴满洲森林之管见》，以及1924年与赵国兰合作的《种森林以防水患》等篇什，无不显示出一个先进知识精英的责任担当。

凌道扬任职青岛期间，他曾在金陵大学教过的学生任承统等人随国际水土保持科学奠基人罗德民（W. C. Lowdermilk）为进行土壤侵蚀科学研究，在青岛与凌道扬会晤。共同的研究旨趣密切了农林学人的情感，1939年凌道扬出任黄河水利委员会执行委员，在从事黄河上游水土保持暨西北建设规划时他率先提出"水土保持"这一理念。1940年，凌道扬与任承统合著的《水土保持纲要》《西北水土保持事业之设计与实施》等论著，自此"水土保持"一词不胫而走，作为一个专用术语被中国学者认可。美国学者罗德民还将"水土保持"这一概念介绍到美国，美国的《土壤保护学报》（The journal of soil conservwation）更名为《水土保持学报》（The journal soil and water conservation）。1945年，凌道扬还发起成立了中国水土保持协会，他一直希望国民政府能出台一部《水土保持法》，推动水土保持实验工作。但是，在那个内忧外患的年代凌道扬的设想只能化作泡影。凌道扬在民国时期国际风云变幻、国内政局动荡、中国科学面临着诸多困难的环境下，为中国林业科研走向世界所做的贡献，不仅扭转了早先中国科学研究多由外人越俎代庖的尴尬局面，而且在一定程度上提升了中国科学的国际地位，加速了中国参与国际学术交流与合作的步伐。

三、规划青岛公园旅游资源

凌道扬对青岛农林事业的最大贡献，是丰富和发展了面向公众开放的西方公园模式，以艺驭术，赋情于景，为青岛规划生成了城市风光旅游胜地和疗养业，为青岛的城市公园建设和旅游资源开发奠定了良好的基础。

客观地说，公园制度建设问题在凌道扬的林学思想中不占主流地位，凌道扬留学世界上第一个建设国家公园的美国，他所接受的公园理念和制度却在任职青岛后变成了可操作的实践形态。

青岛的城市园林建设始于德国租借地时期。德国殖民者为改善环境、营造景致，对伊尔蒂斯山（今太平山）依据西方公园制度进行了规划，这种兼顾保护与利用、协同开发与管理的策略，在德国殖民16年系统性培育和经营中形成了具有欧陆风情的森林公园。青岛地区得天独厚的地理位置和自然环境给多种植物生长提供了有利条件。鉴于从东亚运取树苗的费用昂贵，德租当局从欧陆和日本等地引进树种和花卉在太平山上开辟苗圃，到1913年，进行了总数达650个树种的大规模试种试验。西方公园制度的先进性和德国人的理性与效率，首先使青岛有了"刺槐半岛"的绰号，这一能有效抵抗昆虫侵害的树种，还具有抵御冬季干冷的西北风和海上潮雾侵袭的功能，成为青岛早期荒山造林的先锋树种。在用什么树种拥抱奥古斯特·维多利亚湾（今汇泉湾）的问题上，德国人在汇泉角半岛的中间地带栽种了两种不同的柞树，在外缘则栽种了悬铃木（法国梧桐）树群，以达到叶子变色的效果。面向大海则全部种植松树，以保护柞树免受含盐海洋空气的侵害。1914年日占青岛后，森林公园改称旭公园，日本人大批栽植了樱花，包括单樱及八重樱（双樱），成为游人闲暇时的游憩之地。凌道扬接手的胶澳商埠林务局，就是这样一个历经25年殖民充斥着德、日两种不同风格的公园体系。

应当说，凌道扬在增进对西方公园制度的理解中，借助青岛的历史转型找到了应对的灵感和力量。公园不仅仅是个名称，其背后蕴涵的是对自然与文化区域进行可持续发展与保护的最优化的管理体制。显然，所有关于域外林果良种的引进与林业改良、风景资源的开发、植被区划和生态设计，都必须立足于青岛的历史地图。事实上，凌道扬的青岛公园建设既兼顾德、日已有景观，又体现胶州湾特色；既有利于珍贵自然和人文资源的保护，又有利于旅游休闲目的地景区和疗养地开发，还有利于社区居民生活环境的改善。

首先，凌道扬对青岛第一公园（今中山公园）进行了合理改造，形成借山势造景的层次感。在保留原德、日治园景致的基础上，凌道扬将第一公园分为 6 个不同的区域。第一区是公园的入口，借助太平山山溪形成的湖泽命名为"小西湖"，湖中设中国风格的亭榭，曲桥相通，四周垂柳。第二区是湖上游的溪谷，由赤松、刺槐混合而成。第三区由樱花大道和游乐场构成，将日占时期的熊笼、禽笼进行了维修，奠定了后期动物园的雏形。第四和第五区分别为果园、玉兰等木本植物区域。第六区则为瀑布密林。实际上，"按经营公园之方法，设计整理而所谓第一公园者，至此始具有一定之规模云"。这六个区域在功能上差别较显，较好地满足了不同游客的旨趣。

其次，凌道扬对几处殖民性公园进行了重塑定型，凸显了公园的公共属性。德租时期在贮水山东南麓、青岛山以北辟一占地 1.47 万平方米专供德军操练后休息的园地，种植多种树木，配有铁架木质长条座椅。日占青岛后将其命名为"若鹤公园"。1923 年凌道扬将其改称第二公园，增加了园内植物和设施。据载，公园兴盛时期常有寓居青岛的文人雅士结伴来此游赏和消夏纳凉。凌道扬排序的第三公园位于上海路、聊城路之间，这块德租时期尚未开发的城市绿地，日占时在其东谷地建起"新町公园"，园内遍植樱花，有人工湖、假山、回廊，是典型的日式公园，专供日军和侨民游玩。第五公园位于青岛火车站前广场，日占时称其"千叶公园"，占地面积仅为 921 平方米，没有园林建筑，只有为数不多的花木，围有石柱栏杆。公园的公共性在凌道扬的手里不仅排进了青岛公园序列，而且赋予了它供来往旅客休憩的功能。占地 8000 平方米的德租梯利华兹街心花园，是由观海山通往青岛湾的一条自然冲沟，日占时期改称"大村公园"，凌道扬将其列为第六公园。此园遍植蔷薇，花开繁茂，青岛当地人称其为"大花沟"。无疑，这为 1999 年辟为"老舍公园"奠定了基础。在凌道扬的公园建设中，1923 年于中山路、河南路、肥城路和曲阜路间修建的青岛第四公园颇具人气，面积虽 5500 平方米，却是一片比较方正的街心公园。此外，凌道扬还在栈桥两侧、汇泉北侧、太平角等地修建游园，新建云南路口三角绿地，青岛成为同纬度地区植物品种最丰富的城市。

再次，凌道扬的城市绿化注意力进一步扩展到青岛行道树和园林树的规划上来。1924 年随着 197 条道路的重新命名，凌道扬为 62 条道路配植不同风格的行道树 6958 株。如植无刺槐于广西路、兰山路，植刺槐于太平路、常州路，植银杏间杂悬铃木于湖南路、江苏路,植白杨树于辽宁路,栽植墙树于蒙阴路、安徽路等。这些落叶阔叶类树种与青岛的光能、热能、风能资源相宜,得青岛地利优势繁衍最快。结合青岛空气湿润、雨量适中的气候特点,凌道扬实施山头绿化。德租时期的"抛球山"和日占时易名的"八幡山",凌道扬在山顶修建观海台,得名"观海山"。在1898年11月德军刻制带有帝国鹰徽占领纪念碑的"华兹马克山",经日军改名的"神尾山",1923年正式定名为"信号山",并铲除了纪念碑等殖民主义痕迹,取代以黑松、刺槐、紫穗槐等树木。事实上,1929年南京国民政府接管青岛之前,青岛已具有城市公园、纪念地、历史地段、风景路、休闲地等概念,公众的绿化意识和对公园、公共绿地的认识远远超过其他地区,由此足见凌道扬功不可没。

四、献身教育学术和社会事业

凌道扬在青岛工作和生活期间,还参与了相关教育、学术活动和社会公共事业,为消除德租日占殖民化城市影响做出了一定的贡献。

对于凌道扬在青岛的教育业绩,学界和坊间较多关注他曾受聘1924年5月创办的私立青岛大学。凌道扬教授逻辑学,他的胞弟凌达扬教授外语,兄弟二人成为私立青大教职员中具有留美经历教师的佼佼者。青岛坊间还流行一种说法:开国元勋、十大元帅之一的罗荣桓很可能与凌道扬有师生之谊,但这需要充分可信的事实性材料佐证。

1924年2月,青岛观象台台长蒋丙然等人在青岛发起成立中国气象学会,凌道扬对此给予热情支持。10月10日成立大会那天,凌道扬与竺可桢、高平了、常福元、宋国模、戚本恕6人被选为理事,同时他又是9名编辑委员之一。1925年9月中国气象学会在青岛召开第二届年会时,凌道扬与竺可桢、翁文灏等12人再次当选理事,他的名字还出现在1927年10月中国气象学会第四届理事会16名理事的名单上,在此届理事会,凌道扬与竺可桢等再次被选为编辑委员。

即使离开青岛后,凌道扬也经常应邀来青出席学术会议。据不甚系统的史料记载,1930年8月中国科学社假国立青岛大学召开第15次年会,凌道扬与杨振声、何思源、蒋丙然、周钟岐、宋春舫、杨孝述等7人被推为筹备委员会委员。中国科学社年会刚刚落幕,凌道扬又出席了8月22~26日中华农学会在青岛召开的第13届年会。据悉,此次年会的承办方是凌道扬曾经任职的青岛农林事务所,由国立青岛大学协办,到会的全国各地中华农学会会员48人。开幕式上,在蔡元培、农矿部代表、青岛市政府代表致辞后,凌道扬发表了演说。作为青岛农林事业本土化的开拓者,凌道扬自然有一种东道主的荣耀。

此外,凌道扬还活跃在青岛体育和新闻等社会领域。

1923年,青岛美国商会会长亚当斯(T. Adames)联络寓青的中外名流,发起成立相当于国际奥林匹克运动地方组织的青岛万国体育总会。其董事会共 11 人，其中包括美国人滋美满（H. T. Zimmerman）、英国人士大贵、法国人尤里甫（A. A. Tatarinoff）、日本人片山亥六，以及青岛的凌道扬、丁敬臣、何永生、王宝忱、张绚伯等 5 名中国董事。1924 年 6 月青岛万国体育总会经胶澳商埠督办公署批准，特许租用汇泉赛马场和一切附属设备，以 20 年为期。青岛万国体育总会会址初在浙江路 2 号，后迁至中山路曲阜路亚当斯大厦，下设足球、高尔夫球、网球、登山等七八家俱乐部，主要精力从事博彩性质的赛马。

1924 年 9 月，凌道扬还与青岛农林事务所主任技师高秉坊买下了日本人星野米藏出版的英文报纸《青岛晨报》的资产，创办了《青岛时报》。这是青岛近代报业中具有代表性的报章，分中文日报和英文日报，中文日报称《青岛时报》，由高秉坊的山东博山同乡李青选任主编，其英文版日报称《青岛泰晤士报》，由凌道扬胞弟凌达扬任主笔。报社地址初在新泰路 1 号，1927 年后迁至兰山路 17 号。小凌道扬 6 岁的胞弟凌达扬，也就读于上海圣约翰书院，也留学美国耶鲁大学，不同的是凌达扬后来转入哈佛大学研究欧洲史和文学。1920 年凌达扬任教清华大学，之后随兄来青岛任教于私立青岛大学。1928 年凌达扬离开青岛时，凌达扬赴东北大学任英文系主任、教授。不过，不久他还是回到了青岛。青岛坊间有凌达扬三四十年代长期任职《青岛时报》的传闻，期间他还担任齐鲁大学的教职，1936 年继洪深任国立山东大学外文系主任，1955 年凌达扬离开青岛任上海外国语学院教授。

1926 年，凌道扬在青岛参与创办青岛狮子会。狮子会作为国际慈善组织，于 1917 年在美国创建，其宗旨是向社会提供各种服务，向需要帮助的人提供援助，增进友谊，维护和平，不涉及政治、宗教、国界和种族。1926 年狮子会传入中国，中国成为继美国和加拿大之后全世界第三个成立狮子会的国家，中国最先成立狮子会的城市是天津和青岛。比之天津狮子会，青岛狮子会更具有国际性，以外籍人员居多，中国籍会员有 10 余位，除了凌道扬，还有青岛港政局局长孔达、华振式大药房经理钟振东、明华银行经理张绚伯，及至 1928 年青岛狮子会会员有 50 余人，多为中产阶级，如医生、律师、商人、公职人员、教师等，也有一些热心公益的政界人物。其活动范围包括医疗卫生、助残护老、教育等方面，尤其注重视力保护和为盲人服务。

此外，凌道扬还出任基督教青岛青年会总干事。据凌道扬次子、生于青岛的凌宏琛介绍，凌道扬还在青岛建有酒厂和一座名叫海滨大厦的豪华旅馆。

五、与康有为比邻而居

关于凌道扬寓青时期建造的私邸位置，经过青岛市有关方面的勘察论证，已经有了明确的定论。

长期以来，青岛坊间流行的说法是，凌道扬宅位于青岛福山支路 8 号，即旧名福山路 5 号。为考证凌道扬在青期间准确的住所位置，青岛市南区政府组织力量从市档案馆和城建档案馆相关史料中反复查阅、交叉印证，终于有了较大发现。在胶澳商埠史料中保存着两份领租福山路官地的凭照，一份是《凌道扬承租福山路官地租照》，另一份是《刘慰生承租福山路官地租照》。这两份文件显示，1925 年 2 月 17 日凌道扬承租了福山路（即现在的福山支路路段）官地一处，与康有为租地相近，面积为 637.227 方步，租期 30 年，拟建住宅一处。该地块于是年 12 月 18 日租给了刘慰生，即凌道扬的妹夫刘恩霖。凌道扬之所以改用妹夫刘恩霖之名承租建房，其中必有隐情。据凌道扬长子凌宏璋称，"大概是出于担心军阀迫害的考虑，父亲先是把房产登记在我的姑父刘慰生（恩霖）的名下"。由此可以判断，凌道扬 1925 年以其妹夫刘慰生名义在福山路承租了官地一处，地块位于康有为租地的西南侧。

另一份佐证材料，来自青岛城建档案馆 1920 年代福山路建筑卷宗。1926 年刘慰生《呈拟于福山路建筑楼房请批示》档案显示，刘慰生拟在其承租的福山路地块上建造一栋两层的"砖造楼房"。1926 年 4 月胶澳商埠局准许其施工，6 月 28 日楼房顺利竣工，并经过商埠局验收。根据以上史料线索可以确定，刘慰生 1926 年在福山路建设的"砖造楼房"即为凌道扬在青期间建造及居住的地方。根据设计图和官地位置图，市南区有关职能部门多次实地查看，发现福山支路 4 号建筑造型与设计图的门窗位置、侧面图、尺寸等基本相符，位置与官地图描述一致，基本可确定 1926 年以刘慰生名义申请建造的凌道扬在青期间的故居，即现在的福山支路 4 号建筑，而非福山支路 8 号。

凌家与康有为宅毗邻，他们同为广东同邑，自然多了一些交往。康有为长凌道扬整整 30 岁，二人成为忘年交，凌道扬还为康有为的"天游园"布置林木花卉。1924 年 7 月 24 日，凌道扬次女凌佩馨周岁生日那天，时年 66 岁的康有为送来一枚戒指，结果成为"抓周儿"的礼物。这个情节屡屡被凌家人津津乐道，这枚戒指一直成为凌道扬夫妇及其子女的心爱之物。具有传奇色彩的是，2011 年 7 月 24 日凌佩馨在美国俄亥俄州家里过 88 岁生日时，忽然想起 87 年前康有为在青岛送来的"抓周儿"礼物，但却找不到那枚戒指。情急之下，凌佩馨拿起电话，向 87 岁的弟弟凌宏琛询问戒指的踪迹。值得莫名感怀的是，人们依然能从凌氏姐弟的对话中，看到一个笑容可掬的曳仗老者，托着一枚戒指走出"天游园"，循着一个女婴的啼声走进凌家。如此画面，怎么想怎么觉得妙不可言。

无疑，凌道扬是近代青岛不可多得的寓青名人，他把凌氏家族的高贵与斯文带到了青岛，为青岛的林业、教育及社会事业增光添彩，留给青岛一段不朽的历史。

凌道扬对青岛林业、园林的不朽贡献

苗积广　田松　冯卫东
青岛市中山公园管理处

前　言

　　凌道扬是中国林业科学和林业事业的奠基人。他学识渊博，气质儒雅，带有浓郁的学者风范。他接受过西式教育，考察过德国农业和林业，深谙德国人治林思想，就是这样一位林学泰斗，却与青岛结下了不解之缘。来青岛前，年仅 32 岁的他便出任山东林务专员，考察过青岛林务并编写了《论青岛之森林》（因故当时没发表）。1922 年，中国政府收回青岛主权，作为林务主任的凌道扬从日本手中接受青岛林务，重新构建林业框架。他制定规章，运用执法力量保证林业秩序和安全；开展林业教育，开办林业学校，普及林业知识，推进林业研究；编撰林业规划，重视水土涵养、植树造林；值得一提的是，凌道扬还对青岛的园林建设做了详尽规划，栽种行道树，建设城市苗圃和现代公园，包括时称"全国第一公园"——青岛人共同的童年回忆——中山公园。到 1925 年为止，他掌管青岛林务不足 3 年，却为整个青岛的林业事业奠定根基。可以说，青岛"红瓦，绿树，碧海，蓝天"的迷人景色有凌道杨的贡献。他在青岛常住了 7 年，任教过青岛大学、担任过中国气象学会理事，活跃于教育、体育、气象各界，颇有影响力。1928 年 8 月离开青岛以后，还经常回青岛暂住。一生牵挂青岛的林业和园林发展。

一、受重托，出任胶澳农林事务所长

　　1922 年 12 月，凌道扬被正式任命为胶澳商埠督办公署林务局局长。中国政府收回青岛主权，凌道扬出任林务主任委员，直接与日方进行交涉接受青岛林务。胶澳商埠督办公署成立，设林务局和农事试验场，分掌林农两业，凌道扬被正式任命为林务局局长。1923 年 3 月 1 日，胶澳商埠财政局、交涉署、农林事务所成立。青岛农事试验场和林务局合并为胶澳商埠农林事务所，直属胶澳商埠督办公署，凌道扬被任命为所长，继续从事林农的试验推广工作。办公地址在第一公园（今中山公园）内。合并后的农林事务所掌管官有林之计划、经营，民有林之监督、奖励，树苗之培育、试验，林木砍伐及整枝，农产、畜产之计划、经营，种子改良试验，农业气候观测，市内公园及行道树之管理等。设所长1人，初设造林、农事、树艺、管理4科。

政府对凌道扬委以重任，充分体现了对他的信任。凌道扬1914年海外学成归来，任上海中华基督教青年会演讲部森林科干事，在上海、江苏、浙江和江西等地，作林学讲演，他的演讲往往辅之以各种模型、图片和实物展览等，通俗、形象、易懂、富有感召力，甚受国内外民众欢迎，在社会享有盛名。演讲之余，凌道扬还积极推动各地森林研究会等组织的建立，开展林学研究，撰写论文和著作。前后发表论文十余篇，著作一部，奠定了他在中国林业的学术地位。更引人瞩目的是，凌道扬参与了《森林法》的拟定工作。还参与孙中山拟定《建国方略》一书"实业计划"部分章节的写作。他和韩安、裴义理一起上书政府倡导以每年清明节为"中国植树节"，并获得批准。凌道扬的这些努力引起了政府的重视，从1920年3月18日，政府指派凌道扬出任山东林务专员开始，有意发挥他的专业才能，让他参与国家林务方面的管理工作。

二、立规章，依法管理青岛林务

在上任胶澳商埠农林事务所所长后不足半年的1923年5月，凌道扬主持制定了《胶澳商埠农林事务所组织及服务规则》《水源涵养林规则》《民有林监督取缔规则》《森林警察规则》《森林保护规则》《毁坏森林罚则》《农林事务所森林禁令》《胶澳商埠农林事务所造林奖励规则》《行道树保护规则》《公园游览规则》等系列加强和保护林业、园林的规章，由胶澳商埠农林事务所颁布，可见凌道扬对依法治林的重视。为建设一支强有力的森林执法队伍，特制定了《森林警察规则》，明确规定，森林警察应受所长及主管职员监督指导，要粗通文理而略具有森林学知识，曾在军警机关服务二年以上且身体健康、年龄在24岁至40岁之间。规则还对森林警察的职责、执法纪律做出明确规定。《农林事务所森林禁令》主要用于规范人们在森林行为，严禁在林地内狩猎野生鸟类及其卵巢，禁止采折菜果花卉树枝等，禁止随意闯入林地和在林地内放牧牛马、割草，禁止在林地内吸烟、将火柴等余烬任意抛弃甚至放火。《毁坏森林罚则》则是对于违反森林禁令、保护规则的行为进行处罚的规则。

重立法，更重执法。中日林务交接时期，李村崂山一带时有土匪出没，林内盗伐、打猎、火灾等事件因之而起。民有林乘日中交接之际，请求开放林禁，自由砍伐。日本浪人乘机毁坏林木，于是森林秩序一时大乱。当时接受林务的主任委员凌道扬、高秉坊同助理人员及工人等，均以维持保护为当前之急务，即分路巡查山林，约五六日内，每日抓获打猎砍树放火的日本浪人多名，随时与日本领事馆严重交涉。抓获的中国人更是不计其数，也随即惩戒晓谕了结。对民有林有请求开放林禁的，均以大义劝勉。后凌道扬经督办公署正式任为林务局长，即编练林警40名，专负巡查保护之责，使林地林木得到有效保护。1923年3月31日《申报》对凌道扬做出高度评价：青岛督办统治之下，比较未退步者，要算农林事务所。日在整理开拓之中，所有保护林业规则及分区等均已重新更订。据闻自接收以来，日人之来伐木者拘捕有五十余人之多。近该管所长与日领事交涉以后，若辈已不敢尝试。所长为凌道扬氏，林业专家也。足见无论何事，非有专门人才不力，况既非专家而又懒惰乎？

三、重教育，成立林业学校

凌道扬秉持科教优先原则，参加工作初期，主要从事林业科学方面演讲、教学和论文著作的编著活动，向国民传授世界先进的林学思想和林学知识。希望唤起国民植树造林、爱林护林意识。1915年，凌道扬和裴义理一起创办金陵大学林科并任教。来到青岛后，他意识到，德日人在青岛二十余年，在私有林的经营管理方面，多采取的是强迫手段。但是，民间私自砍伐偷盗林木案件仍时有发生，主要原因是当地居民缺乏爱林护林意识。要发展私有林业，必须让他们拥有林业知识，增进他们对于森林的兴趣，纠正他们的观念。单靠政府威逼和林警督查并不会有成效。所以，1923年9月，他选定"九水庵"（现北九水林场）成立了一处"林内义务小学"。"专为附近乡村子弟灌输普通教育既增进林业知识"以期让他们明了植树造林的益处，把植树造林、爱林护林变成他们的自觉行动。学校主要面向周边村庄，凡是林区内的子弟不收学费。学校设置的课程有社会、算术、国语、自然、形象艺术、工用艺术等9门。根据学生年龄和往返路程安排授课时间：一年级为春季始业；二、三级年级为秋季始业。每周授课时间：一年级18小时；二年级20小时；三年级24小时。学生年龄最小的7岁，最大的17岁。另外，他提倡通过随时随地的演讲活动鼓励村民造林护林的自觉行动。使用白话文和浅显易懂的语言，编辑每月两期的"林业浅说""分送到胶澳全区"以文字传播方式，向人们传授"林业之利益、种植之方法、优良种苗之选择以及森林与水旱之影响"。1929年，凌道扬虽然已离开青岛，但他心系青岛林务，关注青岛林务。他认为，尽管青岛林务取得骄人成绩，但仍需要一所林业专科学校。当时国民政府在全国设立"模范林区"，所以他致函国民政府教育部，对青岛的林业设置、树木种类、实物标本、实验条件等详加陈述，要求在青岛设置林业专门学校。他还在是年9月农矿部林政会议上与高秉坊、康瀚联合提出了"拟划青岛林区为国有模范林区，并在该区设立森林专门学校"的提案。

期间，凌道扬从事行政管理的同时，也不忘科学研究。先后发表了《种黄金树桉树之刍议》《论青岛之森林》《科学调查森林与水土流失之关系》《中国森林和水患问题》《种森林以防水患》《桐油》《近年来中国林业教育之状况》《振兴满洲森林之管见》《建设中之林业问题》等多篇论文及《中国水灾根本救治法》《青岛农业状况》《中国农业之经济观》3 本著作。他还和高秉坊一起于 1924 年 9 月 1 日创办了《青岛时报》，宣传先进文化和进步思想。他的林学理论和治林理念，对青岛产生了深远影响。

四、抓规划，编制《水源涵养林计划草案》

1917 年 10 月 26 日，凌道扬《论近日各省水灾剧烈缺乏森林实为一大原因》一文全文刊载在《大公报》上。之后，在 1918 年 1 月 18 日至 1921 年 5 月，先后发表了《水灾根本救治方法》《森林与水患之关系》《中国水患问题之林业诸方面》等多篇论文。这些文章反映出凌道扬针对中国居世界水旱灾害较多的实际思考，并且较早提出了以振兴林业治水治旱的观点，阐明了林业对防灾、减灾的重要意义。1923 年 3 月，凌道扬被任命为农林事务所所长，上任伊始，他在实地考察并大量调研后，很快决定把水源涵养作为工作重点，编制了《胶澳商埠水源涵养林计划草案》《白沙河第一区水源涵养林经营计划草案》并组织实施。这是他在一个新领域——水源地涵养方面一大重要实践活动。

青岛旧市区居胶州湾东部，丘陵地貌，附近没有大的河流、湖泊，是典型的北方缺水城市。水源地涵养林培植，关系到保护水源、调节、改善水源流量和水质，关系到国计民生。抓住了水源涵养林培植，就抓住了工作重点。

其中，《胶澳商埠水源涵养林计划草案》从 1923—1932 年，用了 10 年时间完成，相当于两个五年计划，可谓工程浩大。草案中详细规划了二年一方的经营顺序；按官有林、社寺有林、私有林三种不同性质林地分类的编成方法；有封禁造林、奖励造林、补助造林、命令造林、官行造林等五种经营方略造林方法；还针对溪旁、洼地、山麓等不同地形的造林树种进行了安排。草案中强调森林与水源涵养之关系甚为复杂，对于气候土壤山脉河流及所采用之树种、作业皆有极绵密之关系，非用科学的方法确实实验，不能评定现时所用方略之当否并辅助其进行，推行前，对农田、山地等各种不同种植环境下竹林、白杨混淆林等不同造林类型栽培实验及区划面积、林木蓄积、降水、气象等条件测定方法也做了明确规定。此外，还将统计做成事项，诸如造林伐木对照统计、林产采取林产消耗与户口关系统计、纯农作与混林农作收支比较统计、收额表制成调查等做了详细统计。

五、兴园林，推进现代园林建设

1922 年我国政府收回林务时，青岛拥有公园 10 座，三角绿地 4 处，栽有行道树的道路（1924 年）55 条。那时，世界园林正处在现代园林初级阶段，大片草地，大片树林是当时青岛园林的鲜明特征。植物造景为主，重视林木随季节交替，在色彩上的变化给人们带来的美感，大量的观花植物用于景观营造，充满着自然野趣。那时，园林是个模糊概念，"园林"一词很少被提及。在当时的《农林特刊》甚至以后的出版物里，用得最多的是"公园及行道树"。凌道扬接受青岛林务以后，其园林工作就是从"公园及行道树"开始的。凌道扬做过详细调查后发现，青岛行道树有两个缺点：一是在同一条道路上有两种或两种以上树种，如湖南路有银杏和法桐两种，而广西路却有无刺槐、刺槐和法桐三种。二是在同一条道路上，行道树树龄相差很大。这两个缺点，破坏了行道树一致性的要求，影响到美观。他组织人员，对于一条道路有不同树种的问题，采取循序渐进的办法，逐年替换成一种树种。对于树龄差距大的问题，则主要采取修剪的手段，使得树木高度、树冠形状和大小趋于一致。

他还发现，青岛市一共拥有道路 200 余条，已植行道树的道路 55 条。接收后，1923 年度新植道路 5 条，植行道树 779 株、补植了行道树 734 株，两项共计 1513 株；1924 年，新植道路 2 条，植行道树 152 株，补植了行道树 192 株，两项共计 844 株。使已植行道树的道路增加到 62 条，不足道路总数的三分之一。凌道扬认为，似乎青岛的行道树还不足。而已植行道树的道路，多位于生意繁华或人口密集的市区。其余的 150 余条道路，除了靠近海岸或山旁接近林区不需要植行道树以及由于路窄不能植树的外，剩余的道路不过才四五十条，并且，这些道路都较短。对于新植行道树规划，凌道扬依然遵循与市政建设"相辅而行"的原则，"一如德日人时代之旧日计划"，也就是以生意是不是兴隆，人口是不是密集，作为先植还是后植行道树的标准。奉天路和云南路都是连接青岛东镇和西镇的主要道路，所以先行栽植了行道树。对于其他的道路，也已经做了详细调查并制定了栽植行道树计划。

当时苗圃的苗木生产能力有限，甚至不能满足原有公园的苗木需求。于是凌道扬分别建立了专门从事行道树生产和从事公园用苗生产的两个苗圃。培养公园用苗银杏、五角枫、扫帚柏、侧柏等 44 个品种，总计 27410 株；培养行道树法桐、大叶榆、青桐、刺槐、青杨、无刺槐等 7604 株。除了以上可以直接用于绿化的苗木外，还有数万幼小苗木。不但可以满足青岛市内公园及行道树扩充的需要，还有足够的苗源用于市郊区以及李村、沧口、四方等地公园绿化。胶澳农林事务所的目标是绿化全青岛，包括青岛市区内的所有私人庭院在内，胶澳农林事务所不但提供苗木，还尽全力向人们提供技术指导。

1922 年，刚刚从日本手中收回的时候，青岛中山公园面积为四十余公顷。收回后，万国公墓和忠魂碑一带并入，面积扩大至 77 公顷，植物品种达 200 余种，可谓相当丰富。它位于离市区不足半里路的东郊，北倚太平山、青岛山，南傍渤海湾。园区西南侧则是闻名中外的跑马场。地理位置显耀，是青岛市民和游客重要的集散地。凌道扬之所以把这里定名为第一公园并进行重点建设，除了以上原因，还因为它面积最大。通过第一公园建设，既能向世界展示我国人民的建设能力，也可以作为青岛胜利回归祖国的纪念，纪念五四运动的抗争和中国政府外交的努力。他对第一公园的规划建设寄予厚望。他预测，如果建设成功，第一公园的美丽景色和科学研究价值，必将引起世界瞩目。

1858 年，美国建成了纽约中央公园，1868 年 8 月和 1914 年英国人在上海先后建成了"公花园"（现黄浦公园）和"极司菲尔公园"（现上海中山公园），法国人 1909 年 6 月在上海建成了"法国公园"（现复兴公园）。国内外这些现代公园的建立，对于接受过西方教育的凌道扬产生一定影响。他作为资深林学家，以西方现代园林理念为指导，以园林学为设计准则，大胆提出了第一公园规划建设方案，把公园分为 6 个区进行改造提升，增加了公园功能，赋予了更多的现代公园元素，拉开了青岛现代公园建设的序幕。

经他规划和建设的青岛第一公园（现青岛中山公园），被赋予了更多的现代园林元素，具备了鲜明的现代公园特征。青岛第一公园，作为我国最早建成的公园之一，对我国现代公园，特别是民国时期公园建设提供了宝贵经验。他的规划建设主要有以下几个方面：

（一）彰显公园植物多样性的优势，打造第一公园花海盛景

根据规划，在第一区新建的小西湖岸边插植垂柳，坡面栽植花卉，湖中试种莲花。在小西湖北面山溪，增加花木，扩大竹林，"另造一种风景"。在第二区的小西湖东北面，"为一最幽静之深谷，中通山溪蓄水池凡二，夏季水声潺潺，两间森林均系旧植，为赤松及刺槐之混交林相"，在这里他栽植了柳、杉、冷杉、青杉、枫、桧等，还有常绿的槠、栲等植物，打造一处常绿茂密的林地。在第三区的樱花大道边上，种植中国海棠、芍药、牡丹等，与樱花争相开放，形成"春景之最佳"处。在第四区建设一座温室，使公园第一次拥有温室，从事温室花卉生产，温室旁边开垦了草花、蔬菜等培养地。也是凌道扬对公园的一大贡献。在第五区，于原有的玉兰花园、果园、桃花园之间的区域，"布置两小花园"等等。这种常绿与落叶、针叶与阔叶、观叶与观花植物的搭配手法，使公园植物更具观赏性，经过之后多年努力，把第一公园打扮成了花的海洋，1936 年荣获"东园花海"美誉，被列为青岛十景之一。

（二）建造小西湖，第一公园平添一处青岛著名景点

青岛虽是海岸城市，但市内缺少池塘湖泊。为弥补这种不足，凌道扬将德占时期一处洼地蓄水池进行改造，建成一个面积 3000 余平方米的水面，美其名曰"小西湖"。湖中心位置原有的一座土堆，平整后在其上建一草亭，又建一弧形

木桥，使之与湖岸连接。利用旧有的风车和输水管道，在湖中央建设"喷水池"。建造小船备游客乘坐，营造"菱叶萦波荷飏风，荷花深处小船通"的意境。春天，岸边的柳树发芽了，"千万条柳枝随风飘扬着，和着湖水中的倒影，满湖都流动起绿的光彩、春的气息"。夏天则是"竹色溪下绿，荷花镜里香"，"荷深水风阔，雨过清香发"的景象。冬季，湖面结冰，冰面如境，小西湖又是大人孩子们溜冰的好去处。所以，旧时的青岛有"春观樱花，夏赏荷花，冬季溜冰"的说法。很快，小西湖成为了青岛著名景点。20世纪六七十年代甚至八九十年代，青岛的好多宣传画册印有小西湖的照片，就连中小学生的作业本插图也是小西湖。小西湖还是青岛著名的地标：开个饭店，广告中常注明离小西湖多少米远，公交车站站名叫"小西湖车站"，道路对面的宾馆直接命名为"西湖宾馆"。小西湖给几代青岛人留下了说不完的美好记忆，可以说，青岛人的童年离不开小西湖。

（三）扩建动物笼舍，增加禽兽数量，成立动物园

德日时期圈养的动物有熊、猴、鹿、羊、鹤、鸭等。动物数量较少。所以，规划建设中增加动物笼舍，购进禽鸟及其他动物，建立起动物园（其中熊是1907年德占时期圈养的那只）。这就是青岛最早的动物园，是现在青岛动物园的前身。

（四）开设植物园，建立科研基地

在第四区（现中山公园东南面），建设植物园。依据 W. Y. Chen 氏编写的《中国树木学分类》，按科属划分区域，由乔木到灌木按先后顺序栽植，以便供国内外学者从事科学研究。

（五）辟建憩园，建设便民设施

樱花路入口（现中山公园南门）处，文登路南（现体育场门前）建一处憩园，憩园里设一间茶社、两个网球场、一个木球场。向游客提供饮茶、运动健身方面的服务。另外，在靠近跑马场的已有游戏场西面，建了一处跑冰场。在重点建设第一公园的同时，凌道扬对市内其他公园进行了全覆盖的改造提升，或建凉亭，或挖池塘，或建廊架，设置游艺设施，增加座椅板凳，尽量满足游客需求，使公园变成儿童的游乐天地。对有些新开发的街区，采取实时规划，增设公园或街头绿地，做到全市一盘棋，均衡发展。

总之，凌道扬承前启后，开创新时代，为青岛市现代园林和公园建设立下了不朽功勋。

凌道扬与太平洋科学会议（节选）

周雷鸣

中国药科大学

摘　要：凌道扬是民国时期中国林学的先驱和杰出开创者。他长期致力于中国林学事业，在林学宣传、教育和林业实践等多方面做出了突出贡献。1933 年，由中央研究院派遣，凌道扬代表中国参加第五次太平洋科学会议，当选为林业委员会主任委员，主持太平洋沿岸国家森林资源调查。尽管经费缺乏，但在他的努力下，调查工作颇具成效。由于抗战爆发，调查报告未能最终编竣以供下届会议讨论。凌道扬参加第五次太平洋科学会议、主持森林资源调查的曲折经历表明：一方面，20 世纪 30 年代，中国科学已取得了显著进步，并得到国际学术界的认同，这不仅扭转了早先中国科学研究多由外人越俎代庖的尴尬局面，且在一定程度上提升了中国科学的国际地位；另一方面，这一时期中国科学界走向世界，参加国际学术交流和合作，受到诸多困难的制约，而经费缺乏和国内外局势动荡是其中最主要的因素。

在查阅中央研究院档案史料过程中，笔者发现凌道扬与中央研究院院长蔡元培、第五次太平洋科学会议主席陶脱和中英庚款董事会的一批往来函电及附件，计有 10 余件。这些史料主要涉及凌道扬参加第五次太平洋科学会议，当选为林业委员会主任委员，主持调查太平洋沿岸国家森林资源一事。凌道扬何许人也？他参加第五次太平洋科学会议的具体情况如何？其主持调查太平洋沿岸国家森林资源的结果怎样？本文对这些问题作一讨论。

一、林学贡献（略）

二、参加第五次太平洋科学会议

太平洋科学会议（Pacific Science Congress），原称泛太平洋科学会议（Panpacific Science Conference），是由太平洋及其沿岸国家（包括有殖民地）科学团体组织召开的综合性、区域性国际学术会议。最早由美国科学界发起召开，涉及该区域地质、生物、天文、气象和农学等诸门科学。会议每隔 2~5 年召开一次，由太平洋区域的任一国家邀请举办。其宗旨有二：一为"务求提倡并改进沿太平洋各国研究科学问题之合作，而以直接影响太平洋人民之利福者尤为重视"；二为"联络沿太平洋各国科学家之感情，藉以巩固列国之邦交"。1920 年，第一次泛太平洋科学会议在檀香山举行，中国驻檀香山领事出席会议。1923 年，第二次泛太平洋科学会议在澳大利亚举行，中国无人与会，但有论文提交。1926 年，第三次泛太平洋科学会议在日本东京召开，中国派翁文灏、竺可桢、胡先骕、陈焕镛和沈宗瀚等 12 人参加。这是中国学术界首次参加太平洋科学会议。此次会议决定改"泛太平洋科学会议"为"太平洋科学会议"；通过"太平洋科学会议章程和附则"，成立由 13 个国家或地区组成的太平洋科学会议行政执行机构——太平洋科学会议理事会（Pacific Science Council），中国科学社代表中国加入该会。1929 年，第四次太平洋科学会议在荷属爪哇举行。此前，因国家最高学术研究机关——中央研究院已于 1928 年 6 月在上海成立，原由中国科学社负责的筹备工作，改为该社协助中央研究院共同筹备，并最终由中央研究院派遣以地质调查所所长翁文灏为总代表，包括竺可桢、胡先骕、蒋丙然、黄国璋、董时进、余青松、陈焕镛、魏岩寿、冯景兰和黎国昌等 13 人的代表团参加会议。此次会议是民国时期中国学术界参加太平洋科学会议代表人数最多的一次。经中国科学社提议，理事会决议由中央研究院代替该社作为中国代表机关。此外，理事会还决议下届会议将于 1932 年 5 月在加拿大举行。

中央研究院非常重视参加第五次太平洋科学会议的筹备工作。1931 年 3 月 17 日，该院致函竺可桢、翁文灏、秉志、胡先骕、蒋丙然、陈宗一（即陈嵘）、李四光和李济等 11 人，聘其为筹备委员会委员，分别负责农业、动物、气象、植物、海洋、地质和人种学等组论文的征集，并指定竺可桢、翁文灏和秉志 3 人为常务委员，后经翁文灏提议，推竺可桢为筹备委员会主席。

太平洋科学会议历来重视科学应用问题的讨论，议题多由主办方在会前确定，通知参会各国提交论文，同一议题的论文将编为一组，在会上进行讨论。1931 年 9 月，第五次太平洋科学会议组委会致函中央研究院，提出大会将就"科学对森林学之应用""科学之应用于农业"等问题进行讨论，请该院提交相关论文。科学社团具有团聚专业人才、促进学术交流的功能，由其向会员就某一议题征文，更为便捷。中国参加太平洋科学会议的论文征集，向例也多由各科学社团负责。如中央研究院筹备参加第四次太平洋科学会议期间，即委托中国科学社于 1928 年 5 月邀请天文、气象、地质、工程、农学和中华学艺社等科学社团代表，讨论论文征集事宜。

时任中华林学会理事长的凌道扬，对参加国际学术交流颇为重视。此前，该会曾与中华农学会联合派代表 5 人，参加日本农学会于 1930 年 4 月举办的年会特别扩大会。曾济宽、张海秋、傅焕光分别发表《中国南部木材供需状况并财政上之方针》《中国森林历史》和《中山陵园计划》的演讲。这是中华林学会首次派代表赴国外参加学术交流。对于第五次太平洋科学会议的筹备，中华林学会也积极参加，于 1931 年 4 月、9 月先后两次召开会议，根据会议征文的要求，向会员征集有关国内森林调查报告和论文，并拟在年底前转交中央研究院审查寄往组委会。如前所述，凌道扬自 1914 年回国后，长期致力于林学事业，在林学宣传、普及、教育和实践等方面多有贡献，尤其是身居中华林学会理事长、中央模范林区管理局局长的职位，使其对中国林业发展状况了然于心，由其根据会议征文的要求撰文，代表中国林学界参加会议，实为最佳人选。

正当中国学术界积极筹备之时，1931 年 11 月，第五次太平洋科学会议组委会函告中央研究院，会期因故延期 1 年，中央研究院遂相应延长筹备时间。至 1933 年 4 月 21 日，筹备委员会完成了论文征集和选派代表的工作，先后向大会组委会寄交凌道扬的《晚近中国森林事业之进步》等论文和调查报告 20 篇，并根据论文与会的原则，拟定凌道扬、翁文灏、秉志、钱崇澎、胡先骕、李济、竺可桢、蒋丙然和沈宗瀚等 9 人为参会代表。然而，此时正值"九·一八"事变之后，国难当头，国民政府实行财政紧缩政策，先前财政部允诺的 1 万美金经费迟迟不能拨付，而定于 6 月 1 日开幕的会期又日益临近。迫不得已，中央研究院只好请各代表所在服务机关先行垫付，候国库拨款再行归还。胡先骕所在的静生生物调查所、沈宗瀚所在的金陵大学均为私立，表示无能为力。最后，凌道扬、竺可桢、沈宗瀚分别由实业部、中央研究院和参谋本部代为垫付，其他 6 位代表，或因垫款无着，或因公务缠身，或因身体不适，放弃参会机会。

由于经费未能及时垫付，致购买船期迟误，加之船行缓慢，当凌道扬、竺可桢和沈宗瀚于 6 月 5 日抵达会场所在地温哥华时，第五次太平洋会议已进行到了第 5 天。迟到的中国代表受到与会代表的欢迎，凌道扬、竺可桢和沈宗瀚分别被推为森林动植物保护与研究、气象、作物改良委员会委员。他们参加大会剩下的议程。在林业组的讨论中，涉及森林资源的报告和论文有凌道扬的《晚近中国森林事业之进步》等 8 篇，分别来自中、日、韩等 7 国学者。在大会论文中，则有 3 篇涉及"科学在森林之应用"。竺可桢、沈宗瀚分别向大会提交《中国之气流》《中国高粱养种方法》和《小麦品性之遗传》等 3 篇论文。竺文因"对于季风之每半年更换南北方向，影响于中国之民生农事，尤有详细解释"备受各国学者之推崇。

会议期间，太平洋科学理事会改选 8 个专业委员会，凌道扬当选为林业委员会主任委员。该委员会成立于 1929 年在爪哇举行的第四次太平洋科学会议。其时，与会代表有鉴于"各国森林富源渐趋于供不应求之势，若不加以整顿，即有木材缺乏之虞"，决定由林业委员会负责太平洋沿岸国家森林资源调查，向下次大会提交报告，以供讨论。但在第五次太平洋科学会议上，该委员会并没有提交相关报告。因此，理事会决定由以凌道扬为主任委员的新一届林业委员会来完成这一任务。

6月14日，第五次太平洋科学会议闭幕。在闭幕式上，凌道扬代表中国致答谢词，随后简要介绍了中国近年来林业事业发展的状况，略谓"自民国五年起，中国森林发展，已有长足猛进之势，即就江苏省而言，造林已达五千余万株，十年前的荒山，大半均已变为森林。"此后，在加拿大政府组织下，他参观了工厂和农林事业。由于远渡重洋，机会难得，凌道扬又就便赴美国考察林业，以资借鉴。在美国林务署洛得美等人陪同下，他参观了各林务机关，得悉美国林业的发展状况，尤其对罗斯福总统召集30万失业未婚青年，经营森林及其副业的计划，推崇备至。回国后，他发表《一九三三年美国林业之新设施》《对于美国近年林业孟晋之感想》等文，介绍罗氏计划，指出"吾国林业方萌，山荒满布于全国，值近年来农村经济崩溃及失业人日激增情形之下，罗氏此项政策，足供我国之参考焉"。

凌道扬的第五次太平洋科学会议之行，虽因经费困扰而受到影响，但收获颇丰。被推为森林动植物保护与研究委员会委员，参加会议研讨，尤其是对中国森林事业所获进步的介绍，改变了外国学者长期以来对中国林业不振、乏善可陈的印象。其流畅的英文、渊博的学识和丰富的实践经验赢得了会议主席陶脱等学者的青睐，并因此当选为林业委员会主任委员，负责主持太平洋沿岸国家森林资源的调查，为中国学术界赢得了荣誉。会后，他考察美国、加拿大两国林业，获取了西方发达国家的先进经验，为国内林业发展提供了借鉴。通过这一系列交流活动，凌道扬与各国学者增进了了解，加深了友谊，为此后组织成立委员会，主持太平洋沿岸国家森林资源调查准备了条件。

三、主持太平洋沿岸国家森林资源调查

1934年3月7日，第五次太平洋科学会议主席、加拿大中央研究院院长陶脱致函凌道扬"现大会指定此组之主任委员，由本人代为委聘……久仰阁下林业学识及经验极为渊博，故特函请阁下担任此届林业组主任委员一职。谅此组于阁下指导之下，对太平洋沿岸各国之林业调查及研究，必有优越之结果，更希于下届大会时，有一精密完善之报告，至于阁下所选荐此届委员之姓名及国籍，并祈示知为荷。凌道扬接函后于4月14日回复陶脱，谦逊地表示"自觉不克，恐难胜任。惟念兹事关系改进各国经济及科学建设，与夫对于国际合作之维持殊非浅鲜。故不揣冒昧，勉任艰巨。"

此后，凌道扬积极与各国林业机关联络，在征求专家意见的基础上，于1935年春，组成了由中、美、日、菲、俄等12个国家和地区的15位林业专家参加的委员会，并寄出调查表，请各国林业机关就林积、树木种类、森林分布状况、生长量、采伐量、木材产销和森林对于各国直接、间接利益运用之效果等项进行调查。另一方面，着手国内森林资源的调查，请实业部、各省建设厅与其他林业机关合作，供给材料，以资参考，并于1934年9月拟定一份调查计划书，以便争

取各方支持。在调查计划书中，他陈述此次森林调查的重要性"不特太平洋沿岸各国森林状况能有相当之策划，即我国之整个森林情形亦有精确之认识及统计，不但有稗国计民生，即对于国防设计上亦有不少之补助也。"能否完成调查工作还事关国家的荣誉，为了推进调查工作的进行，他拟设立办事处，由干事、助理干事和调查员组成，具体负责国内森林资源的调查和国内外调查资料的统计分析，并拟定工作程序和经费预算，期以两年完成。但由于经费难以筹措，他准备暂假实业部或中央研究院为通讯机关，以资联络，候经费确定后，再行成立正式办事处。

至 1935 年 12 月，凌道扬陆续收到来自各国委员和林业机关寄来的用 5 种语言写成的 11 份森林资源调查报告，附带大量地图、图表和官方出版品。国内森林调查虽在进行之中，但因限于财力和人力，未能全面展开，原拟设立的办事处也没有成立。无奈之下，他于 1935 年 12 月 10 日，致函中英庚款董事会，请求经费资助"因念贵会息金用途多为供发展一切文化事业之需，而森林调查之效用适与贵会宗旨相符合，"因我国地域广大，交通不便，非少数人所能胜任，尤非短期内所能成事。……拟另派实地调查员四人，尽先分向西北各地黄河沿岸，以至全国实地查察敢乞贵会充量慨允补助二万二千元，稗道扬得资以图工作之完成"。

凌道扬的调查计划是否得到中英庚款董事会的资助不得而知，但调查工作即便在他于 1936 年调任广东省农林局局长后，仍未中辍。1937 年夏起，他开始督率助理人员，研究来自不同国家的调查报告，统计分析相关数据。这些工作，不仅为撰写全面的调查报告准备资料，而且为日后中国政府制定森林政策提供了参考。

然而，不久"七七事变"爆发。随着战事的蔓延，1938 年 10 月广州沦陷。凌道扬在撤出广州之前，因不便携带，将已收集的各种调查资料及委员会文件暂时隐藏起来，准备以后相机取出，但虽多次设法，均未如愿。由于第六次太平洋科学会议将于 1939 年 7 月召开，会期日益临近，凌道扬于同年 5 月，致函竺可桢，说明调查报告未能最终编竣之原委，并询问中央研究院选派代表参加会议的情况。竺告之，因节省经费起见，中央研究院不准备从国内派代表，请在夏威夷大学任教的史语所研究员赵元任就近参加。6 月 6 日，中央研究院致电凌道扬"台端如提出林业组报告，请速寄本院转交赵君代为宣读。"为了解释事情的原委，同月 20 日，凌道扬先致函陶脱，陈述因广州沦陷时未能将搜集的调查资料及时携出，致使调查报告未能最终完成，只能提交一份简短报告，请其转交第六次太平洋科学会议主席。在报告中，凌道扬一方面介绍了林业委员会的工作进展情况；另一方面痛陈战争对中国造成的巨大破坏，希望在环境许可的情况下，取出藏在广州的调查资料，将其寄交下一届林业委员会主任委员，以助后者撰写更加全面的报告，提交第七届太平洋科学会议讨论。报告附件包括一份调查提纲和委员会委员名单，以供参考和联络。随后，凌道扬又于 6 月 29 日，致函中央研究院院长蔡元培，对该院因节省经费之故，派赵元任就近参加会议之举表示赞同，并告之，已撰简短报告寄交陶脱，"恳代提交大会参考，想彼等亦能同情于我国之困难也。"

凌道扬主持的太平洋沿岸国家森林资源调查，因战争影响，未能编就最终报告，提交下届会议讨论，可谓功亏一篑，但仍具积极意义。通过主持调查工作，凌道扬不仅对太平洋沿岸国家森林资源状况和林业政策的利弊得失，有了比较全面的了解，而且与国外林学界建立了联系，积累了较为丰富的国际合作经验。1946年，凌道扬被聘为联合国粮食农业委员会林业委员，后应该组织之邀赴美考察并任职，与其主持太平洋沿岸森林资源调查这一经历，应有着密切的关系。另一方面，凌道扬派员对国内西北各地及黄河沿岸森林资源的调查，为其后来调任黄河水利委员会执行委员、林垦设计委员会主任委员，致力于西北森林建设和水土保持工作，也做了充分的准备。

四、结语

在近代中国科学曲折发展的历程中，凌道扬等早期归国留学生扮演了开创者和奠基人的角色。他们不仅在各门科学的普及、应用、学科创建和科学研究等方面有着筚路蓝缕的开拓之功，而且在中外学术交流与合作中，担当了开路先锋。太平洋科学会议作为区域性、综合性的国际学术会议，为在艰难困苦中有所进步的中国科学，提供了展示和交流的舞台。凌道扬以丰富的林学知识和实践经验，当选为太平洋科学会议林业委员会主任委员，主持调查太平洋沿岸国家森林资源这一经历表明，20世纪30年代，中国科学已取得了显著进步，一些学科的发展及取得的成就得到国际学术界的认同，这不仅扭转了早先中国科学研究多由外人越俎代庖的尴尬局面，而且在一定程度上提升了中国科学的国际地位。

民国时期，国际风云变幻，国内政局动荡，经济凋敝。中国科学在国内的发展面临诸多困难，而走向世界，参加国际学术交流与合作的步伐更是异常艰难。作为国家最高学术研究机关和太平洋科学会议理事会的中国代表机关，中央研究院虽有筹备会议、选派代表之责，但却没有相应的经费预算，只能依赖政府拨款，而政府财政拮据，虽允诺拨款，却一再拖延，甚至无法兑现，致不能尽派代表，不仅影响学术交流之成效，且有损国家之名誉与形象。第五次太平洋科学会议即因款项未能下拨，仅派获得垫款的凌道扬等3人出席，会后主持调查的经费则更难筹措。此后，1939年，中央研究院派遣代表参加在美国举行的第六次太平洋科学会议，会前虽已寄交大会组委会10余篇论文，但同样因经费缺乏，加之战争影响，仅派在美国的史语所研究员赵元任和剑桥大学博士鲁桂珍等就近代表参加。1949年二三月间，第七次太平洋科学会议在新西兰举行。中央研究院评议会原拟派谢家荣、郑万钧、沈宗瀚和伍献文等4人参会，并由行政院政务会议通过，但会期临近之时，正值渡江战役前夜和国民党政府动员中央研究院迁台的风雨飘摇之时，4位代表均未能与会。因此，经费缺乏和国内外时局动荡是制约民国时期科学发展和中外学术交流与合作的主要因素。

凌道扬对香港中文大学早期办学的贡献

赵璞嵩　黄顺真

香港中文大学（深圳）

摘　要：作为香港中文大学创校书院之一的崇基学院第二任院长，凌道扬遵循"以人为本"的原则，确定崇基学院办学理念、选址以及一系列教育管理制度。同时，他发挥作为林学家的专业能力，积极倡议校园植树、绿化活动，为崇基学院乃至香港中文大学留下了优美的校园景致与具有可持续发展潜力的校园。在培养学生的过程中，"通才教育""服务精神"得到大力提倡，这无不得益于凌道扬"无间东西"的中西文化观。

关键词：凌道扬；香港中文大学；崇基学院；办学理念；贡献

凌道扬先生是中国近代林业事业的先驱者之一。自美国留学归国后，他大力宣传林业科学原理。他较早地提出造林可防止水旱灾害的观点，多次在上海、浙江、南京等地进行林业宣传。同时，他将自己掌握的知识，结合实际调查情况，写成《森林学大意》一书。张謇为此书写了序，评论凌先生的贡献："学森林而有实行之志，深知中国木荒之痛。"凌道扬曾代表中华林学会呼吁教育部在小学教科书中提倡森林意识，使学生从小养成热爱森林、热爱林业的思想，这是颇有远见的。此外，他在国立北平大学农学院和国立中央大学农学院任职、任教期间，还积极开拓"森林"这块新的教育园地。

在崇基学院建立初期，无论是前期校园选址上，亦或是在任期间管理学校、培养学生事务上，凌道扬都强调环境与人文教育相辅相成的作用，将树木栽培和人才培育结合起来。他作为较早接受西方系统教育的知识分子，凭借强烈的历史责任感和文化自信，寄予崇基学院作为中西文化沟通桥梁的厚望，在学院建设及学生教育方面，注重融合中西传统文化，重视学生道德、社会责任感的培养。他勉励学生，细心耕耘，其行动为后来崇基学院乃至香港中文大学严谨而自由的学术风气的形成，打下了坚实的基础。

一、以人为本：学校选址与行政管理

（一）学校选址

崇基学院建校初期仅有学生 63 名，先是借用港岛圣约翰大礼拜堂及保罗男女中学上课，其后租赁坚道房舍及下亚厘毕道的圣公会霍约瑟会督纪念堂为校址。当时这里环境拥挤，迫切需要一个更宽阔的场所开展教学。此时，崇基学院创办人何明华、李应林提出，学院新校址应该设在新界铁路及公路旁边，方便学生住宿和上课。于是，最初选定的是比马料水更近沙田半里的一个山谷，但这个方案被港府铁路当局否决。最终凌道扬说服港英政府特批新界沙田旁边的一块共计 10 英亩的荒地作为校园，即崇基学院今址马料水村。

这之后凌道扬出任崇基学院第二任院长，致力于新校址的建设，多次陪同包括港府教育司官员在内的相关人员观看新校址。新校园坐落在山边，俯临风景优美的海湾，靠近九广铁路。很快凌道扬便完成了崇基学院的校址建设和迁校工程工作，还说服港府在马料水兴建火车站，即今大学站。

当时许多人对新校园选址在郊外表示质疑。事实上，由尖沙咀到马料水的火车车程不过 20 分钟（应为"少于 60 分钟"，因当时行走的是烧煤的绿皮火车），与旧校址至九龙尖沙咀的距离相当，"地区遥远"是一种心理上的错觉。交通上，学校除了提请铁路当局增加班次外，还备有校车两部，方便接送；饮食方面，饭堂可以随时供应食品，且务求经济、卫生；住宿方面学校也逐步在扩充校舍。凌道扬等人为校区搬迁做了诸多准备和过渡工作。署理教育司毛勤在崇基第四届毕业典礼演词中也不禁赞叹："在较短的校史上，崇基可说有了可观的成就，它有了最适宜的校址，不仅接近城市，而且富有中国式乡村的背景，背山面海，'风水'甚佳。"

古时孟母三迁，才找到教育孟子的一个良好的环境；后来孟子的成就，也归功于孟母贤惠的教导。孟母善用教育原则，深谙环境对人潜移默化的影响。此次迁校，凌道扬等人也是从今后学生培养的角度出发，在为学生提供一个更广阔、更便利的活动空间的同时，也注重对校园环境的建设。

1955 年 7 月 12 日，港督葛量洪出席崇基学院 55 级毕业典礼，谈及崇基新校址时说："你们慎重地设计，对于所有必需经济方面的或其他方面的支持，你们都有自信，我确信你们的决定是正确的……换句话，这一件事业是果敢而不是鲁莽的，我且更进一步说这是明智的。"足见港督对更换新校址这一选择的评价之高。

这次迁校在人才培养与学生日常生活的需求上寻找到了平衡点，"以人为本"的办学理念，为以后崇基学院形成良好学风、培育通识人才奠定了基础。崇基学院有包括凌道扬在内的一批富有远见、果断和热心教育事业的创办人，实为之一大幸事也。

（二）行政管理

学校的管理，包含行政组织、教员选择、各部门职责等多方面，实为一门大学问。虽非"科班"出身，但凌道扬对学校行政管理工作的深刻认识，对后来学校行政管理工作效率的提高和学术氛围的形成，产生了深远影响。

1. 行政目的：提高教育效率

在凌道扬看来，学校行政的唯一目的是增加教育效率，一切从教育本身出发，行政部门应为教育服务。教育效率可以通过两方面体现出来：一是教学效率。教学分为"教"与"学"，是一个教师知识输出和学生知识输入的一个过程。学校改进教学效率，即要从教师和学生两方面入手，提升教员的教学能力和热心，激发学生学习的兴趣，完善学校的行政机构设置，最终目的是使学生的学问道德有较好的进步。二是节省办事时间。为此需要采用科学灵活的管理办法。校长如首脑，对各部门能了如指掌，如臂使指，最短时间内办妥要务，同时各部门分工合作。这就对学校行政人员的服务意识、责任意识提出更高要求。

2. 行政原则：民主分工，量才使用

在行政原则上，凌道扬提出要实行民主管理、师资力量量才使用、分工分层负责、按规定聘请教职员、待遇公平、奖励求进和预择专才。

他在谈及学校实行民主时强调教育切忌商业化。"教育是一种公营事业，校董事、教职员、学生、学生家长和工役，皆是股东，并不是校长是老板，教职员工役是雇员，学生是顾客。若然，则同一学校之内，主雇之利害悬殊，变成一间商店，被人讥为学店，致教育商业化，就失了教育本旨，唯一校之内，要看到大家均是股东，责任相同，利害一致，校长仅是股东的头目，负责指导策划高度之责。如此，教务、训育事务各有委员会，再上则有校务会议，事事公开，大家负责，实行民主，才可增加各人责任心，而提高教育的效率。"

当时学校在行政上的一个普遍弱点是误解民主，即无论大小事，都要有若干委员讨论。多人负责的结果是无人负责。针对这一弊病，凌道扬提出："对于各级职员所负责的责任应由详细条文，一一规定职位虽有高下之别，而责任并无轩轻。每个人站在岗位上，负责自己应负的责任。"

在教职员工的聘请上，鉴于教育专业化的趋势，凌道扬提倡按照规定聘请，在保证公平的前提下，量才使用，充分发挥各个岗位工作人员的积极性。"合于能力与兴趣的事，往往可收事半功倍之效，所以校长聘任人员和其长于教学者，可特准多任课。长于行政者，又有教务、事务、训育之分。主持校务训育者必要研究过教育，明了青年心理，有逻辑的头脑，敏捷的身手，公正与严格的态度。

主持庶务者，还要有会计的尝试，精细与负责的能力。""若有适当人才，要学刘先主请诸葛亮一样的'三顾草庐'。"由此可见，建校初期的凌道扬对于人才的重视，求贤若渴。

值得一提的是，凌道扬关注到教师长期稳定地从事教学工作所累计的经验对学生德智的影响是潜移默化而又深远持久的。因此，凌道扬提出"欲使教职员一生为教育努力，'安定'实为一重要条件。"为了可持续发展，聘请教职员时，学校除了小心严格选择外，入校后两年为试验期，试验期过了则可继续聘用。

在人员待遇方面，他还提出，除了教员考核要综合考量其学术水平、合作精神、对学校政策的忠实程度外，还要给予恰当的激励，包括建立定期薪俸递进制、保障养老金、提供赴国外进修经费等。

总体而言，凌道扬在学校管理上非常注重效率。他严格把关，分层管理之下尽可能发挥各部分积极性。在教师的选择方面也是预择专才，保证教员学术水平和基本待遇。这都给学生们营造一个良好、安定的学术环境，为学生们徜徉在学术的海洋保驾护航。

二、百年树人：人与环境的完美融合

林学专业出身的凌道扬，非常重视环境对教育的积极影响。国外有句谚语叫："有健全的体格，始有健全的心理。"依山傍海的新校园，空气、阳光等卫生条件都较市区优越，这些客观条件有助于学生体格的健全。体格健全了，学生才容易获得健全的心理。由此可见，此次迁校的决策是为了适应教育学原理，让学生在山明水秀的环境里陶冶性情，避开尘世喧嚣，静心求学。

让学生安心学习的目的，是要为年轻的崇基学院今后的发展打下坚实的学风基础。世界上著名的高等学府，都有其独特的传统和学风。这种传统的形成，需要经过长久的学术沉淀。同时，也与学校的特殊环境相辅相成。在崇基学院 1956 年开学典礼上，凌道杨提出培养传统学风的迫切性、重要性："我们崇基仅仅有五年的历史，我们迫切需要的优良传统，尚在孕育当中……现在新的校园，广阔而又完整，毫无疑问是培养优良传统的一个适宜的温床。在久远的将来，不单这些建筑物在崇基的传统上成为某些象征，甚至于一草一木也将有它传统上的意义。"作为院长的他，带领着年轻的崇基学院，立足当下，探索未来。任崇基学院院长之后，凌道扬夙兴夜寐，致力于新校址各方面的建设，完善基础设施和教学条件。更重要的是，他将一所学校学生和学术氛围的培养，类比成树木的栽培。他为校园里的一草一木赋予"特殊的意义"：梧桐盼出人才，金露开示校训，无忧默喻宽和，紫薇繁念本源，四者各成美妙象征，而其意皆在"人"也。

新校园花木繁盛，它们像人一样，都得到了悉心地栽种。历年校刊上记载："1956 年，遴选二十名工读生赴新校址协助掘地种树等工作；1957 年，农林处赠予本校树苗数千株，学生自治会发起学生植树运动，动员各系学生分区植树，绿化校园；1958 年，本校附设之农业推广处，大事搜购各种茶树种籽，准备施种于校园附近各处山地；1959 年，响应政府绿化运动，本校举行植树节，员生数百人，在校园山区植松树及桉树等树苗。"

除完善绿化外，学校也加紧为学生兴建容纳 200 人的宿舍。1958 年，在获得美国友人捐赠一笔专款后，学院加建一层图书馆；新开辟的运动场也在捐款人陈德泰先生的亲自督建中。其他如增加教室和医疗院、科学馆、大礼堂、健身房等设施，也都在筹建的计划中。

凌道扬去美国普林斯顿考察时，参观了爱因斯坦实验室。"这实验室的设备倒看不出有什么讲究，不过周围的环境却非常优美。听说爱因斯坦每在工作之前，或研究至最紧张之时，必然在这校园里徘徊散步一些时候，然后才走进实验室工作。"客观设备条件虽然较为欠缺和落后，但凌道扬看重的还是环境对人主观的影响。校园环境对学生学习、学风培养起到重要作用。

迁校之初，学校硬件较为落后，学校已尽力处处为学生着想，为学生学习创造良好的条件；凌道扬也希望学生能履行自己的责任，爱护校园，尊师重道，注意个人品行修养。因而凌道扬才会孜孜不倦地勉励学生们："各位同学能够进入崇基学习，在这样良好的环境来潜修学问，这机会实在难得。因此诸位一定要勤奋努力，精研潜修，力求充实各方面知识，以备将来能够好好地为社会服务。"

十年树木，百年树人。世界上历史悠久的著名大学，无不以其特有的传统而著称于世。传统和学风的形成是一个渐进的过程，就如同树木的根茎，关键在于其创立者和继任者是否能够目光普照，提出一套培育传统、学风的独特理念，加以大力推进实施，使之潜移默化，滴滴浇灌。培植人才就好比栽培树木，需要良好的客观环境和主观耐心。在凌道扬"可持续发展"理念的努力下，学校学风、人才培养的观念与林学被有机结合起来，自然环境与人文环境融为一体，为教学活动的顺利开展奠定了基础。

三、无间东西：凌道扬与学校的中西文化观

凌道扬在广泛吸收基督教平等、博爱精神的基础上，对中华传统文化保持自信。他不仅在历次演讲中引经据典，而且对传统诗词也颇有研究。诚如上文所述，形成良好学术氛围的关键是"植树者"能提出一套独特的培育理念。这在凌道扬看来，便是要"融贯中西"。

1954 年 3 月 4 日，崇基学院创办人何明华会督在发表的一篇演讲中谈到："我们创办崇基，是鉴于东南亚中国传统的生活方式在西洋的影响下所受到的威胁和毁灭。我们希望崇基会成为抵抗这趋势的重心，在崇基我们用英文为第二语言……但，崇基的创立宗旨不在英文的学习或一般的盈利。崇基应是中国文化与

思想和互助的生活底中心。"可见，崇基学院的创办，是在当时香港的殖民环境下，中国传统文化式微时，一批热心的知识分子，结合基督教的普世价值观，为拯救当时饱受战火摧残的中华文明发起的一场"拯救行动"。但这场行动并未停留在简单的保护历史古籍这些文化载体上，而是以一个更长远的眼光，去培养今后可以将中华传统文化发扬光大的人才，进而促进中西文化交流。

崇基学院的历史，可以追溯到国共内战时的教会大学——岭南大学。中华人民共和国成立后，教会大学或停办，或者撤销合并。在英国殖民地的香港，崇基学院延续了过去基督教高等学府的传统。1955 年 2 月 4 日，凌道扬在崇基学院就职典礼上发表题为《我们，崇基的使命》的演讲。此次演讲不仅阐明了崇基学院办立的宗旨，也进一步表达了他对如何将中西方传统文化与大学办学相结合的理解。

他说道，"本院既定'崇基'，顾名思义，含有两种意义：第一，崇基为基督教会所创办，用意自然是崇奉基督，信仰上帝。第二，本院是一所高等教育机构，目的是注重基本学问，养成专门人才。综合来说，崇基的主旨，是注重德、灵、智、体、群五育。"他进一步解释，崇基学院的使命，一是发扬基督博爱、和平的精神，以挽救人类危机；二是保存中国文化，以沟通中西，对人类的进步作出贡献；三是解决高中毕业生升学困难及培植香港中学师资力量。

如今，在香港中文大学崇基门两侧楹联上有凌道扬所撰"崇高惟博爱，本天地立心，无间东西，沟通学术""基础在育才，当海山胜境，有怀胞与，陶铸人群"。那么，如何在本天地立心，融贯中西的精神基础上育才呢？下文便通过"通才教育""服务精神""道德观念"等三个方面来阐述凌道扬关于育才的主张。

（一）通才教育

在历届毕业生典礼和新生开学典礼上，凌道扬反复强调，"在大学里面，必须培养爱护真理与追求真理的热忱，并须培养学术思想之自由研究的气氛，以及教学两方面的高度水准"，并鼓励学生们努力求学。

年轻时的凌道扬，提倡体育不遗余力。回香港以后，虽然年逾七十，他仍继续打球，身为校长，为人师表。凌道扬在担任院长时，非常注重学生德智体美全面发展。"着重个别教育，着重知识探索中的联系，着重自发性的信仰，这就是现代高等教育中的新趋势。"

1. 提倡个别教育

在凌道扬看来，现代大学教育，应该"质""量"兼顾。一方面，教育的目的是为"人生"，以人为本，应该用大学的水准去教育人类社会中的大部分人口，保证多数人受教育的权利得到保障。另一方面，除了给予多数人以适当的知识、技巧外，对才智优越的学生，还应选拔出来，因材施教，使他们有机会接受足以发挥他们潜能的教育。为此需要配套相应的优越师资，使若干真正有能力和希望深造的学生，得到适当的协助。如此办学，是为了培养学生独立思考的习惯，认清事实与价值的关系。知识和美德，都需要先在个体方面培植，然后再由个体传达到团体和社会，由个体进步促进人类整体的进步。

2. 增进各个知识领域间的联系

这种联系有两层含义。一是不同学科之间的联系。在课程设置上，崇基学院不断检讨自身的课程设置，提高课程内容与学业水准；第一、二年的课程比较注意普通性，第三、四年课程则为专门性。如此设置的目的，"在使我们的学生，尤其在一、二年级者，对于一般文理学科的知识有相当储备，作为在高年级及毕业后深造的基础"；二是个人与社会的联系。社会是一门庞大的学科，除了研究专业学科外，学生还要学会借助学院这一"小社会"，通过学生团体活动积累社会经验，才能在今后步入社会担当适当之角色，造福人群。这不仅强调学科之间融会贯通，还关注个人与社会之间的关系，希望学生做全能型、复合型人才。

3. 自发性信仰的教育

凌先生提倡的自发性信仰的教育，是需要在追寻知识的过程中，保持一个积极向上的心态。这种充满动力的心态，是一种追逐创造性的愉悦心境，而不是一种循规蹈矩的机械式上升。知识的果实，需要信仰来支撑，不傲慢、不苛求也不悲观。以信仰作为支撑的品德及灵性之教育，有助于学生明确自己的人生目标，学习广博的知识，与诚挚的信仰融为一体，充实人生，时刻丰富自己的精神生活。教授学生人生哲学，不局限于发展理智之才能，才符合教育全人之宗旨。

凌道扬在崇基第四届毕业典礼上说道："大学通才教育之宗旨，在培育学生选择事业之智慧，及服务之品格。然后足以服务社会，造福人群。密尔有言：'常人在其未成为律师、医生或制造家以前，若能使之具有能力，具有见识，则彼等之成功，比事而功倍矣……密氏之言，能使通才教育在国民教育制度内奠定其地位。盖国民教育是使男男女女不仅在理智上之追求，抑且在探索人生途中，皆有所准备也。"因而凌道扬经常鼓励学生广泛参加校内学业、运动、康乐活动，校外诸如大专校际体育、辩论比赛，海外会议，赴海外大学研究院深造，均有涉及。

（二）服务精神

"目前，很多人注意'通才教育'。但是'通才'的养成，对于不同领域之学问间的交互关系，以及人类社会中的错综现象，都必须要加以融洽和贯通。同时养成其对于个人和社会的责任感，将成为我们教育上的终极目标之一。只有这种更具有责任感的'通才'，才能促进各种知识之间的相互关系，才能对人类幸福作更大的贡献。"由此可见，由学校单方面设置通才教育还是不够的；通才教育的目的，是培养学生的个人责任感，"使毕业生将来就业时，都能因应有方，服务人群。"其中凌道扬最提倡的是"服务精神"。

服务精神是什么？"它不是一个抽象的东西。只要我们能够乐于助人，勇于任事，不推诿自己应负的责任，不计较个人名利得失，这样就可以说是懂得了'服务'的真谛。"对于学生，爱惜公物、尊师重道、努力学习，继承优良传统并发扬光大、服务社会，是一名学生的责任；对于学校，为培养学生营造良好的自然和人文环境，是一个学校的责任。

"专上学校应能适应学生的和社会的需要，而由深知这种需要的认识加以计划，但不应求适应受训人员数量上的需要而使学校成为徒具形式的教育机关，专上学校的创办人士须具有远见、果断和对学术价值的新兴，更须具有充分的经费和物质的供应。校董或负责指导学校的政策者、学校行政人员、老师和学生都须具有优良的素质和崇高的目的。"

港督葛量洪在崇基新校舍落成仪式上也寄托了相应的希望："崇基的目的恐不仅以保全传统学术为已足。像崇基一类的学校，当然是保藏过去学术的实库，纯正的学术，是不受时间所限制的，它对于每一世代都有价值；因此后代便有尊奉它的原则的责任，这个责任是不容放弃的。可是我们要记着……不能为了保全过去的学术而超然绝俗，他们还要把继承的遗产加以运用，以便适应时代的需要，这样才能传递遗产善尽责任。他们必须继续准备应付新的形势，同时训练学生能够充分和切实地服务社会。"学校训练学生，让他们能承担社会多方面工作，这种训练，以过去历史为基础，继承有价值的学术和传统精神，还要必须适合不断变动的世界的需要。

改变世界的前提是继承传统学术精髓。谈到具体崇基学院如何适应保存本国文化上的需要时，凌道扬说："近代的中国，经过多年来的变乱，国内的文物书籍，损失不少。崇基学院既设于香港，便应负起保存文化的责任。究竟如何保存我国文化呢？我认为，一要充实图书馆设备：搜集国人所著的古今名著，使崇基能成为香港沟通中西文化的重要学术机关。二要奖励学术研究：教授的职责，一方面是教导学生，另一方面要从事著述。在外国著名大学，教员们多数有专门著作，对学术有发明及贡献，希望本院将来能尽力奖励教授著述，负起保存发扬中国文化的责任，且沟通外国文化，使中西文化交流，对整个世界的文化有新的贡献。"崇基学院的定位，便是要成为香港沟通中西文化的重要学术机构。

继承传统之后是要为社会服务，为人类服务。更进一步来讲，上文提及的服务意识其实是一定的历史使命感、责任感的体现。"本人觉得本港的专上学校富有特殊使命来训练学生，使他们成为中国民众的未来领袖，我们常听到新旧文化融洽一炉的需要，可是这点的先决条件就是对于上述文化须有良好的知识，对于中国的悠久历史、文化、文学和艺术须有充分的理解。"

（三）道德观念

作为一名较早系统接受西方教育的中国近代知识分子，凌道扬有着强烈的民族自豪感和文化自信。对于中华文明，凌道扬在《我之中国文化观》中，坚信中国文化对世界和平确有绝大贡献。他认为，中国文化以孔子学说为主流，而孔子之学以人为本，因而中国文化也可以说是以仁为中心。基督所讲的博爱与和平，以及中华传统道德的忠孝、仁爱、信义、和平，是有共同之处的。凌道扬将中国传统文化中的"仁爱"与基督教观念中的"博爱""和平"结合起来，形成了他独特的中西文化观。由此，他希望借助这一文化观念，建立起一个超越国家和种族界限的普世价值观，发挥基督的言行，建立博爱平等的道德观。这种高层次的普世价值体现在他对于大学办学的看法，体现在他将上述的通才教育和服务精神结合起来的教育理念。

第一，在课程设置上，他引进以耶鲁大学、哈佛大学校长为代表的教育家的先进办学理念，合理设置自然科学和人文科学学科教学，培养全能型人才。第二，教育的终极目标之一，是要培养学生对于个人的社会责任感。只有具有基本社会责任感的人才，以造福人类为宗旨，弘扬孔子的泛爱、墨子的兼爱、基督的博爱，才能促进各种知识之间的相互联系，继承传统文化精髓的同时，成为沟通中西方学术的桥梁，学以致用，服务社会，防止战争，维护和平，为人类作更大贡献。第三，注重学生的道德修养。学风和道德是相辅相成的。学风之于学校，道德之于学生，就如同根茎之于树木，起着支撑、维系的作用。崇基学院一年级开始就设有"人生哲学"课程，且为四年的必修课，在这门课里，学生可以学到基督教训做人的道理，也可以学到《论语》："夫子之道，忠恕而已矣。"中忠和恕的为人之道。

凌道扬上任伊始，注重"通才教育"之余，强调崇基学院应负起保存中华文化的职责，继承过去中国各基督教大学的传统，塑造学校的核心价值观；在学生培养的过程中，也极力强调在提高学术能力的同时，也要担负社会责任，加强道德修养。他认为："教会学校的教育，除了学术上的灌输和研究之外，特别注重人格的培养和服务精神的训练。'人格'对于我们来说，是具有无限的价值和尊严，假如我们在学生时代不能好好的培养正直、善良的人格，那他离开校门之后，在社会上的事业，决不能希望有任何成就。"为此，学生的思想和行为，必须相符，做到"知行合一"，这是大学教育在人类进步中的最高使命。

四、小结

"大学之道，在明明德，在亲民，在止于至善。"1951年，崇基创校伊始，便以"止于至善"为校训，寓意不断追求圆满。大学除了教学，还要"明德"，使自己的德行自觉明朗，承担社会责任，发挥所学，服务社会，爱好和平，促进人类社会的长足发展；"亲民"，便是要教化他人，使他人能"自新其德"，弘扬基督教和中国传统文化中具有普世价值的"爱"这一理念，广怀天下；"至善"是一种日新而完美的境界。"日新"二字，意味着不要落伍，不断保持对学术的追求，不断努力；"完美"则是在生活和文化上，都力求圆满，做到最好。

凌道扬各个部分的思想是相互贯通，彼此促进的，而不是被割裂开来。凌道扬的办学理念从儒家经典《大学》出发，融合基督教"博爱"之思想，贯彻到崇基学院的建设上。在学校选址上以人为本，完善学校基建设备；在学校管理上，发挥个人所长，提升管理效率，在教员的选取上严格把关，为学校良好校风的形成奠定基础；在学生培养上，崇基学院倡导"通才教育"，培养新型人才，成为中西文化沟通的桥梁，促进东西方的彼此理解，服务社会。此外，凌道扬还提出学生的三个责任：努力求学、注意个人品格的修养、帮助学院造成良好的风气与传统。凌道扬除了有异于常人的智慧和崇高的远见，更有宏大理想与高尚情怀，从早期学校选址到后期办学，将其融合中西的可持续发展办学观念穿插其中，相得益彰。

作为一名中国林业先驱，凌道扬将栽培树木的理念与人才培养相结合，为树人而树木。植树之目的在于人，是为了让人的情意变得更美好。同时结合中西传统观念中的精髓，在办学过程中提倡以"博爱"为中心的核心价值，赋予崇基学院作为中西文化交流桥梁的独特使命。

半个世纪后的今天，崇基到了成林之日，树木不但"蔚然深秀"，而且"蔚然成风"了。这种"风"，不仅代表植树已经成为校风的一部分，一种满怀愉悦、爱慕自然的风尚在校园成为传统，而且还蕴含尊师重道、服务社会的谦逊、严谨的学术氛围已然成风。学生犹如树苗，在这种风气下"茁壮成长"，桃李满天下。这不得不归功于尽心尽责的凌道扬，在初期对学院的发展打下坚实的基础。倘若凌院长今日仍健在，见到此番此景，想必会感叹，"纵是一花一木，也会牵引起我的想念和眷恋"。

时至今日，在粤港澳大湾区战略持续推进的今天，香港中文大学（深圳）应饮水思源，对凌先生的贡献心存感恩，同时更应该接过凌先生的棒，传承香港中文大学的精神文化，结合中国国情，让凌先生与香港中文大学的办学理念在珠三角乃至中国发扬光大。

凌道扬：从深圳走出来的中国近代林业科学先驱

刘中国▊
深圳市特区文化研究中心

深圳市龙岗区布吉一村有座建于康熙年间的凌氏宗祠，1929 年第三次修葺，由时任国立中央大学农学院院长的凌道扬题写"凌氏宗祠"匾额，该匾额至今保存完好，这也是凌道扬留在深圳的唯一手迹。布吉老街教堂前面还有一幢砖木结构的楼房，人去楼空，铁门紧锁。透过铁栅门，可以看到里面堆满杂物，四处结满蛛网。很少有人知道，这幢房舍就是中国近代农林科学先驱、水土保持专家、著名教育家凌道扬博士的故居。

凌道扬 1910 年陪同两位清室贵胄赴美国求学，学成归国后，先后供职于上海、北京、南京、青岛、广州、重庆、成都、香港等地，1947 年曾应联合国粮食农业总署之邀赴美考察并任职。即使离家再远再久，他似乎并没有忘怀故里：1916 年 10 月，凌道扬的第一部学术著作《森林学大意》由商务印书馆付梓，版权页上特别署明："编纂者新安凌道扬"——那时，他获得耶鲁大学林学硕士学位，刚从欧洲考察林业归来不久，大概还不知道当年的广州府新安县，已经于1914 年 1 月更名为广东省宝安县。1925 年 8 月，商务印书馆出版凌道扬的《中国农业之经济观》，这一回他在序文下面署明："中华民国十四年五月宝安凌道扬于青岛"。

1993 年 8 月 20 日，凌道扬病逝于美国，享年 104 岁。一代人走了，一代人又来临，但是大地永存。凌道扬走了，但他为故国留下的学术遗产，却随着时代的变迁，日益变得弥足珍贵。

一、西风东渐与深圳布吉凌家

1888 年 12 月 18 日，凌道扬出生于一个基督教家庭，他的祖父、父亲均是瑞士巴色会牧师。

1847 年，瑞士巴色会牧师韩山文、黎力基梯山航海来华传道，把西学东渐之风带到了新安县布吉丰和墟（今深圳布吉老街）。1852 年，韩山文为凌道扬的曾祖父凌振高、祖父凌启莲（时年 8 岁）洗礼；次年 9 月 20 日，韩山文在布吉为日后总理太平天国衙门的洪仁玕洗礼，并根据他的口述完成了《洪秀全的梦魇与广西暴动的起源》一书，较早向西方世界报道了太平天国起义早期的历史。巴色会后来在布吉李朗黄泥峡建了一所李朗乐育神学院（1865—1925 年）——这也是深圳历史上第一所大学，凌道扬的祖父凌启莲、父亲凌善元均毕业于这所教会大学，毕业后被派往客家人麇集的东梅江地区传道。

布吉凌家是深圳较早接受西学洗礼的家族之一。凌道扬的曾祖父、祖父均是虔诚的教徒，但是西风东渐的影响，在他的父辈身上却发生了深刻的变化：他父亲凌善元终身奉献教会，而他的几个叔叔却习工习文习商：六叔凌善永赴香港攻读会计，是中国最早一批掌握西方经济管理知识的会计师，曾在上海商务印书馆、安源煤矿从事财务管理；七叔凌善安留学英美，曾任燕京大学、北京大学教授；八叔凌善芳毕业于耶鲁大学，1900 年修建广九铁路时任高级工程师……至于凌道扬一辈的 28 个兄弟姐妹中，有 19 人先后留学欧美，归国后均在政府、高校、医院及科研机构任职。他的弟弟凌达扬曾任清华大学、西南联大外语系教授；堂弟凌宪扬（凌善永之子）在"一·二八"淞沪抗战期间任十九路军驻美代表，归国后曾任国民政府造币厂厂长、上海沪江大学校长。

一个家庭就像一粒长了翅膀的种子。西学东渐之风吹到新安县布吉，名不见经传的丰和墟走出了一支参与和改变中国命运的队伍。

二、从檀香山童工到中国近代林业科学先驱

1898 年凌道扬 10 岁，因为生计困难投奔在檀香山的亲戚，被送到农场里当了两年童工。1900 年他最小的叔叔凌善芳毕业于耶鲁大学，归国途经檀香山，把他带回老家，同年秋天把他送进了上海圣约翰书院（后改名圣约翰大学），开始正式接受西式教育。1909 年，凌道扬毕业，被清政府聘为八旗学校英语教师，次年陪同两位清室贵胄子弟赴美国麻省农学院习农科，结业后考入耶鲁大学研究生院，1914 年获林学硕士学位。

凌道扬抱着森林救国的理想与热忱回到祖国，他在美国留学时痛感，"外人每引中国山陵荒废之害，为彼国人之戒"，"开会演讲辄曰：中国某省某省某某山如此如此，国遂因贫而弱，民遂被灾而苦，有如今日，可不惧哉？余目见之，耳闻人，余心碎矣！"任职上海基督教青年会不久，他就倡导推动该协会设立森林演讲科，致力于森林科学的研究和宣传普及工作。此后，凌道扬历任北京政府农商部技正、金陵大学林科主任、交通部及山东省长公署顾问、青岛农林试验所所长、北平大学农学院教授、国民政府实业部技正、中央模范林区管理局局长、

广东省建设厅农林局局长、黄河水利委员会林垦设计委员会主任、中国水土保持协会理事长、行政院善后救济总署广东分署署长等职，时刻不忘宣讲他的"森林救国论"。此外，他还活跃于社会和体育界，在青岛发起成立"万国体育会"，参与创办了《青岛日报》《青岛泰晤士报》。中华人民共和国成立后任香港崇基学院院长、联合书院院长等职，参与筹备创办香港中文大学。俗话说"十年树木，百年树人"，凌道扬的一生则是既树木又树人。

三、倡设中国第一个"植树节"

中国是个森林资源贫乏的国家，由于长期的封建统治、战争和乱砍滥伐等破坏，兼之近代以降列强的掠夺，到 20 世纪初森林覆盖率只占国土面积的 8%，以至水土流失严重，水灾旱灾频繁。凌道扬自述回国时的情形是："已有之林木，旦旦而伐之，荒芜之山麓，一任若彼濯濯耳，故所谓森林，遂未之见，所谓造林，尤未之闻。时至今日，直接则实业之母材缺乏，间接则地方之保安寡赖，膏腴大陆，沦为贫瘠之邦，有心人何忍漠然置之？"1915 年，凌道扬和韩安、裴义理等林学家有感于国家林业不振，"重山复岭，濯濯不毛"，上书北洋政府农商部长周自齐，倡导以每年清明节为"中国植树节"，同年 7 月报经大总统袁世凯批准，于次年实施。

"植树节"活动得以在全国各地推广，凌道扬不无欢忭。他在写作《森林学大意》时，特意翻译了《大陆报》。1916 年 4 月 7 日报道的杭州清明节植树活动："本年清明节，无异往岁，然可为今岁始有而往岁所无者，即省垣第一次履行植树之典礼也。人民既知植树为重大，必知保育树木为要务，故亦得谓之保育树木第一次也，对于将来一省实业之盛衰，殊有莫大之关系。近年来固有多数树木，散置于西湖沿岸山阜，每年内约播种 300 万种子，今更举行植树典礼，于众目共睹之前，所有学校代表，与夫各级官厅之长官，及声望素著之人士，咸莅山间，各植树数株，开通风气，殊非浅鲜，且有森林专家演讲，尤足鼓励人民之精神云。"

1925 年 3 月 12 日，孙中山先生不幸在北京逝世。南京国民政府成立后，将植树节日期改为每年 3 月 12 日，易名为"总理逝世纪念植树式"。在凌道扬等林学家的推动下，国民政府把孙中山陵墓所在地南京紫金山划为中央模范林区。凌道扬担任中央模范林区管理局局长期间，每年造林二三百万株，不仅大力推行植树造林运动，而且利用各种宣传展览、指导协助的方式，启迪民众的知识，增进人民造林、爱林之观念。在凌道扬的不懈努力下，昔年的荒山野岭乔木千嶂，浓阴苍郁，逐渐被改造成了闻名中外的风景区。

前事不忘，后事之师。1979 年 2 月，第五届人大常委会第六次会议决定，仍将每年的 3 月 12 日定为中国的植树节；1981 年冬，在中国改革开放总设计师邓小平的倡议下，第五届全国人大第四次会议通过了《关于开展全民义务植树运动的决议》。1982 年 12 月，邓小平为全军植树造林总结经验表彰先进大会题词："植树造林，绿化祖国，造福后代。"并于同年在农林部《关于开展全民义务植树运动情况报告》上批示："这件事，要坚持二十年，一年比一年好，一年比一年扎实。为了保证实效，应有切实可行的检查和奖惩制度。"邓小平、胡耀邦、江泽民、胡锦涛、习近平等党和国家历届领导人，每年都在百忙中参加植树造林活动，以为国人表率。

近些年来，习近平总书记多次强调"绿水青山就是金山银山"的新时代发展理念。习总书记十九大报告提出"加快生态文明体制改革，建设美丽中国"，指出："坚持人与自然和谐共生。建设生态文明是中华民族永续发展的千年大计。必须树立和践行绿水青山就是金山银山的理念，坚持节约资源和保护环境的基本国策，像对待生命一样对待生态环境，统筹山水林田湖草系统治理，实行最严格的生态环境保护制度，形成绿色发展方式和生活方式，坚定走生产发展、生活富裕、生态良好的文明发展道路，建设美丽中国，为人民创造良好生产生活环境，为全球生态安全作出贡献。"

四、发起创建"中华森林会"

"五四"运动前夕，以"科学""民主"为大纛的新文化运动已经躁动在母腹之中，各种进步社团陆续酝酿成立并出版学术刊物。凌道扬是"中国科学社（1914 年成立）""中华农学会（1917 年成立）"会员。为了大力推动林业科学的研究普及和植树造林运动，凌道扬与张謇、唐绍仪、史量才、梁启超、余日章、王正廷、陈嵘等于 1917 年在南京发起创建中国第一个林业科学研究组织——中华森林会（1928 年 8 月易名为"中华林学会"），并被理事会推举为首任理事长和中华林学会第二、三、四届理事长。中华森林会宗旨包括：提倡森林演讲，筹办森林杂志，提供林学咨询，建设模范林厂以及倡导科学的保林方法。1921 年 3 月，中国有史以来第一份林业科学刊物《森林》创刊（该刊后易名《林学》），由北洋政府大总统黎元洪题写刊名，凌道扬在该杂志上发表了《森林与旱灾关系》《中国今日之水灾》等一系列论文。凌道扬创建的中华森林会及会刊《森林》杂志大力宣传"森林救国论"，当时产生了较大影响。1922 年上海英文报刊《密勒氏评论报》作了一次"中国当今十二位大人物"问卷调查，其结果是孙中山等 12 人榜上有名，但在 195 位被选举人中，凌道扬得票 6 张，比蒋介石、周作人、赵元任、郁达夫、戴季陶等名流政客还多出两票。

1932 年 5 月，凌道扬代表中国赴加拿大参加泛太平洋科学协会第五届会议，当选该协会林业委员会主席，致力于太平洋沿岸各国林业调查工作。1946 年 8 月被聘为联合国农粮委员会林业委员，拟代表中国政府出席 8 月 22 日在丹麦召开的世界森林会议，商讨战后林业复原工作，终因身膺行政院善后救济总署广东分署署长一职，忙于灾黎救济和广东复原建设，分身乏术，无暇出席这一具有国际性的重要会议。

新中国建立后，凌道扬的同行老友姚传法、梁希、陈嵘、沈鹏飞、殷良弼等，在 1951 年召开的全国林业工作会议上提议恢复林学会组织，得到与会代表一致赞成。1997 年系凌道扬创立的中国林学会（"中华森林会"）成立 60 周年，江泽民等党和国家领导人纷纷题词祝贺，江泽民的题词为："发挥纽带桥梁作用，促进林业科技进步"，温家宝的题词为："发展林业科学技术，推进林业现代化建设"，宋健的题词为："发展林业科技，绿化祖国河山"……2007 年 7 月 12 日，中国林学会成立 90 周年纪念大会在人民大会堂隆重举行，国务院副总理回良玉出席纪念大会，中国林学会理事长江泽慧致开幕词，称赞凌道扬、陈嵘等我国近代林学的开拓者，本着"集合同志，共谋中国森林学术及事业之发达"的宗旨，在南京发起成立了我国第一个林业学术团体中华森林会，创办学术期刊《森林》，普及林业科学知识，开启了我国近代林学和林业社团发展的新纪元，"借此机会，我们向那些为林学会的创建，为林业科学事业做出历史性贡献的凌道扬、姚传法、梁希、陈嵘、郑万钧等已故的老一辈林业科学家，表示深切的怀念"……

饮水思源，慎终追远。台湾中华林学会组织同样奉凌道扬为开基祖师，近年来该会与中国林学会频繁开展学术交流活动——我们不妨视作凌道扬冥冥之中为祖国统一大业架设了绿色桥梁。

五、参与制订中国第一部《森林法》

凌道扬的林学思想对孙中山、黎元洪、张謇等民国要人产生了极大的影响，他参与协助孙中山完成了《建国方略》《三民主义》农林部分章节的写作。孙中山向国人呼吁："我们研究到防止水灾旱灾的根本办法，都是要造林，要造全国大规模的森林。"张謇在为凌道扬 1916 年出版的《森林学大意》所作序言中称道："凌君道扬，学森林而有实行之志，其所述林学大意，于世界森林状况言之甚详，且深知中国木荒之痛，其书足供有志森林者之参考。孟子曰：'七年之病，求三年之艾。'是书其求艾之径也夫？"应黎元洪之邀，凌道扬参与了《森林法》的拟定工作；黎元洪还为其 1918 年出版的《森林要览》一书题词："十年之计树木。"凌道扬虽然参与了《森林法》以及后来国民政府《森林法草案》的拟定、修订工作，但是由于内忧外患，民国时期《森林法》并未得到切实执行。

中华人民共和国成立尤其是改革开放以来，为了保护、培育和合理利用森林资源，加快国土绿化，发挥森林蓄水保土、调节气候、改善环境、保障农牧业生产、减少自然灾害和提供林产品的作用，适应现代化建设和人民生活的需要，政府十分重视森林立法。1979 年 2 月 23 日第五届全国人大常委会通过了《中华人民共和国森林法（试行）》。1984 年 9 月 20 日，第六届全国人大常委会第七次会议通过了《中华人民共和国森林法》，该法是中华人民共和国成立后的第一部森林法。《森林法》的颁布实施和不断完善，推动了植树造林运动，切实保护了森林资源及科学采伐利用措施，逐步改变了中国森林资源贫乏的现状。

六、推动农村经济改良试验

1920 年，青岛主权收回后，大总统黎元洪颁布《胶通商埠暂行章程》，将青岛定为特别市，凌道扬出任青岛农林事务所所长，从事农林事业建设。中国自古以农业立国，但是近代以降，一边是列强裂疆、战乱频仍、灾祸相寻，一边是人口骤增、田亩锐减、民不聊生，农业非但不能长足发展，而且远远落后于欧美发达国家。有鉴于此，1925 年凌道扬在《中国农业之经济观》一书序文中感叹："噫！吾国自黄农而降以农立国者垂五千年，而四万万人口中农又居三万万，舍此重且大者而不闻问，欲国之强，何可得耶？"为此，他提出了实施移民垦荒政策增加农田面积，消纳剩余人口，创设农事试验场，引导农民应用科学方法耕种，举办农产品博览会，组织农民赴国内外考察市场需求，以及普及农村教育，培养造就千百万懂得农业科技的人才等一系列农业改良计划，并在青岛加以实施推广。

凌道扬认为，"今后世界之能否永久和平，纯视乎经济问题能否彻底解决；经济问题之能否彻底解决，当以农业之能否发达为转移。盖战争之起因及最后之胜利，均决于粮食之丰啬"。20 世纪 30 年代的农村，经过灾荒兵燹，一片凋敝，民不聊生，"九·一八"事变后，战争更是迫在眉睫，在凌道扬等有识之士的呼吁之下，国民政府开始推动"农村复兴"活动。凌道扬在 30 年代初任国民政府实业部技正期间，组织"宁属农业救济会"，以互助和自治的原则办理农仓，通过储押的方式调剂市场粮价，不至于谷贱伤农。并请准中央推广委员会与宁属农业救济协会合办"中央模范农业仓库"，大力推动农村经济改良试验，此外，凌道扬还在江宁、句容、六合三县先后引导成立了"农产改良合作社"，"实验伊初，极见成效"，为濒于崩溃边缘的 30 年代中国农村经济带来了一丝生机。

1936 年奉调广东省农林局局长后，凌道扬反复强调："在战云密布的今日，世界各国除忙于扩充飞机、炮舰等武器之外，还亟亟准备着储蓄大批食粮……近代战争固有赖以锐利的武器，而食粮之能否自给，常操战争胜利之权，德国在欧战时期的失败，主要原因就是食粮缺乏。"他认为农村急待救济，发起成立广东农村合作委员会实施救济工作；鼓励垦荒，改良种子，创办《广东农讯》，普及科学化的生产技术。

不幸的是，随着日寇大举侵华，凌道扬以引导推广"农产改良合作社""模范仓库""乡村小额贷款"等方式推动"农村复兴"的试验被迫中断。但他当年提出的一些"复兴农村"理论和实践，对于我国目前实施建设社会主义新农村大政方略，仍然不失其借鉴意义。

七、水土保持理论与实践

民国初年水灾频频发生，凌道扬在其一系列著述中提出营造预防水患、涵养水源、防蔽风沙的保护林，已包括了他后来提倡的水土保持的部分理念，但由于战事连绵，政局动荡，并未得到实践。

黄河是中华民族的母亲河，但是由于森林植被多年来遭到破坏，水土流失严重，使得黄河变成了"中国的悲哀"。1933年9月1日黄河水利委员会成立，下设林垦组。凌道扬于战火纷飞的1939年奉调黄委会林垦设计委员会，主持黄河上游水土保持实验和西北建设工作，率先提出"水土保持"这一理念，1940年在《西南实业通讯》第二卷第五期发表《现时西南各番农林水利建设中水土保持事业之重要性》，并与他的学生任承统合著《水土保持纲要》《西北水土保持事业之设计与实施》等论文论著，1940年8月，林垦设计委员会改名为水土保持委员会。从此，"水土保持"这一名词不胫而走，作为一个近代专用术语被正式加以使用。美国学者罗德民还将凌道扬、任承统提出的"水土保持"一词介绍到了美国，后来连美国的《土壤保护学报》（The jounal of soil conservation）也更名为《水土保持学报》（The jounal soil and water conservation）。1945年，凌道扬还发起成立了中国水土保持协会，任理事长，他一直希望国民政府能够出台一部《水土保持法》，推动水土保持实验工作，但在那个内忧外患的年代这一想法只能化作空花泡影。

中华人民共和国成立后尤其是改革开放以来，西北水土保持和黄河治理开发工作取得了长足进展。1992年6月29日，七届全国人大常委会第20次会议审议通过颁布了《中华人民共和国水土保护法》。该法律颁布实施以来，对防治水土流失、保护水土资源、改善生态环境、促进江河治理和农业生产发展发挥了重要作用，取得了显著的成效。这里还要说明一下，凌道扬的侄儿凌宏焜、侄媳闫小云，中华人民共和国成立后也曾经在黄河水利委员会工作多年，继续前辈未竟的宏图伟业。

八、服务社会造福桑梓

"士生今世，不克宣劳为国，自当服务社会，本其学养，领导群伦，俾能景仰而心仪之，斯其风格，足以激世励俗，潜移默化，滋益社会，巩固国本"——凌道扬1936年悼念亡友余日章博士的这段文字，颇有几分"夫子自道"的况味。凌道扬学成归国三十多年间，不仅关注于国家的各项建设大局，同样热衷于各种公益慈善事业。1931年长江流域遭遇水灾，他在南京发起成立宁属农业救济协会，联络地方慈善团体和个人救助灾黎，实施农村复兴工作；1944年受美国援华会委托，赴西北考察指导难民救济和大西北重建工作……

八年抗战，敌寇降伏，百粤重光，满目疮痍。经国民政府行政院院长孙科、秘书长王宠惠力荐，凌道扬于1945年10月出任行政院善后救济总署广东分署署长，服务桑梓。为力求省内各种事业之善后救济及迅速复员起见，他聘请省内专家及社会名流，分别组设广东省善后救济调查委员会等九个专门组织，负责规划指导各部门工作。广东沦陷七载，灾黎遍地，善后救济工作至为艰巨，其中包括急振业务之广泛推展，输送难民回穗，资遣难侨出国，输运侨工返国，补助慈善团体，推展医疗，救济贫病，储运救济物资，筹办农林渔牧，扶助农业复兴，整顿工矿水利，修复铁路公路，平售面粉罐头营养品，以及各种善后救济事宜等等，凌道扬无不上秉总署指示，下顺灾民及社会舆情，先后拟具各项计划，分别具体实施，拯生民于水深火热，谋粤省复员建设发展大局，深受广东三千五百万父老乡亲感戴，例证之一就是，1946年8月23日，林煦、刘伯侯等90多位粤省革命老党员，联袂到沙面分署礼堂向凌道扬献上一面绣有"惠及老人"的锦旗。这里特别值得一提的是，他曾于1946年5月委派分署第一工作队赴故里宝安县调查协助指导救济工作，输送救济物质，并在《善后救济总署广东分署周报》刊发《宝安县救济工作视察报告》。顺便补充一下，凌道扬赴香港定居后，曾于1960年代任宝安同乡会会长一职。

由于种种原因，凌道扬于1946年11月14日奉准辞职，任行政院善后救济总署顾问兼黄河泛滥区农林水利委员会主任委员，负责办理黄泛区善后复兴，但是诚如他同年12月10日由沪抵穗交接工作时所言："本人现在总署服务，今后关于本省救济事业，一本过去精神，努力协助，以造福桑梓。"关于凌道扬任内的业绩，他的继任者李应林12月2日对全体同寅训词亦有云："几个月前总署以凌署长辞呈屡上……辞意坚决，挽留已是不及……兄弟在本署服务年余，过去得凌署长的领导及各同寅的能力合作，俾工作能够顺利推展，十分愉快，现在凌署长虽辞职，但已奠定了本署的基础，兄弟继长本署，唯有在凌署长所奠之基础上与各位同寅，共同努力，继续完成任务……"

九、一代杰出的教育家

作为一代杰出的教育家，凌道扬先后执教于金陵大学、青岛大学、国立北平大学农学院、国立中央大学等国内多所高等院校，为国家培养了一大批林业科学人才。

凌道扬赴香港定居后，任香港教育委员会委员，参与创建崇基学院并于1955年至1960年出任该校第二任院长，提出了"无间东西、沟通学术""有怀胞与、陶铸人群"的大学理念，倡导"通才教育"。1958年，他和新亚书院院长钱穆、联合书院院长蒋法贤等组织成立"香港中文专上学校协会"，并担任该协会主席，吁请香港政府设立一所"以中文为教学媒介的大学"；次年，港英政府成立香港中文大学筹备会，凌道扬任筹备会主席，积极参与筹备创建香港中文大学，并于 1960 年以 72 岁的高龄出任联合书院院长，为日后崇基学院与新亚书院、联合书院组成香港中文大学奠定了基石。

1957 年，麻省大学校董会授予凌道扬荣誉法学博士学位，表彰他"作为教育家、学者、科学家，他学贯中西，通过自己的生活和工作批驳了'东方和西方永不相会'的观念"，"作为爱国者、政治家和人道主义者，为母校带来了孜孜以求的巨大声誉"，而凌道扬则应麻省大学和其他文化团体之邀发表了题为《我之中国文化观》的演讲。他说："中国文化以孔子学说为主流，而孔子之学以仁为本，故中国文化亦可以说以仁为中心。博爱之谓仁"，他把中国文化主要特色归纳为四点：人与人的关系方面以伦理为本，政治上以正己利民为本，经济上以藏富于民为本，军事上以不轻用兵为本，总之，"中国人为真正爱好和平之民族。发扬中国文化，对世界和平确有巨大的贡献"。当时朝鲜战争刚刚结束不久，冷战的阴霾笼罩着东西方两大阵营。凌道扬在那种氛围里襟怀坦荡地为自己的祖国辩护，既出于良知使然，同时也需要一种勇气。中华人民共和国成立后尤其是改革开放以来的事实证明，中华民族是热爱和平的民族，中国始终是维护世界和平的坚定力量，始终不渝走和平发展道路，努力推动建设持久和平、共同繁荣的和谐世界，诚如凌道扬半个世纪前所预言："发扬中国文化，对世界和平确有巨大的贡献。"

凌道扬赴美接受荣誉法学博士学位后，曾经专程到普林斯顿大学参观爱因斯坦的实验室。他在 1957 年度崇基学院开学典礼训词中说："我觉得，我们崇基的设备，当然比爱因斯坦的实验室为差，但我们学校的环境，比之却无逊色。我们崇基的同学，既然有这样良好的环境来潜修学问，加上我们逐渐充实的设备，将来一定可以产生许多像爱因斯坦一样的人物出来！"（《崇基校刊》第十六期）1960 年凌道扬由崇基学院院长职位上任满荣休，前港督葛量洪特函致意，表彰他在任内的诸多建树："阁下对于崇基，已有非常之建树……阁下已铺平道路，所有阁下之历届后任所应致力者，将循阁下所铺道路，步武前进"。

凌道扬 1960 年由崇基学院荣休时感叹，"香港三百万居民所渴望的一所中文大学还没有在今日正式诞生。须知一所中文大学的成立，不仅增加了本港青年光明的出路，同时也是发扬中国固有文化和沟通东西学术的重要步骤"。经过凌道扬等社会贤达的多年努力，1963 年，新亚、崇基、联合三所学院组成香港中文大学，凌道扬辞去联合书院院长职务，继续保有中文大学崇基学院、联合书院校董荣誉称号。

弹指之间，香港中文大学成立迄今快 50 年了（作者按：此文作于 2008 年），该校已发展成为远东的一所著名高等学府，该校前校长高锟荣获 2009 年诺贝尔物理奖的消息，更是轰动全球。但是外间罕有人知，凌道扬在 1957 年曾预言自己的学校"将来一定可以产生许多像爱因斯坦一样的人物出来",罕有人知中文大学崇基学院礼拜堂附近有座"凌道扬园",一块黑色的纪念碑竖在纪念园内,简单地镌刻着他的生平事业。这应了"桃李无言,下自成蹊"那句老话。

2013 年,香港中文大学金禧校庆;同年,中华人民共和国教育部正式致函广东省人民政府,同意批准设立香港中文大学(深圳)。香港中文大学(深圳)由香港中文大学和深圳大学合作办学,由广东省人民政府依法进行管理。其时,罕有人知凌道扬当年推动香港中文大学建设之功。

十、潜入深处的名望

民国肇基,政局动荡,军阀混战,天灾人祸,生灵涂炭,国无宁日,随后是日寇大举侵华,中华民族面临着亡国灭种的危险,抗战救国成了一个时代的最强音。在这种时代大背景之下,凌道扬提出的诸多方略和试验无法得以具体实施。但是就像斯宾诺莎所言:"如果有人打算做一件事,并且已完成这事,则他的工作,便被称为圆满,不仅他自己,只要任何人确实知道,或相信自己知道,做那事的人的主意和目的,都会称他的工作为圆满……任何事物,不论其圆满的程度如何,总是永远能够具有那物开始存在时同样的力量以保持其存在。所以就此点而论,万物莫不等同。"知其不可为而勉其力为之,虽九死其尤未悔,凌道扬为后人留下了人格风范和学术风范。

我们今天还能够记起凌道扬先生,是因为尽管他们那一代人胸怀报国热忱,纵有满腹经纶,偏偏生不逢辰,实在令壮士扼腕,英雄浩叹。至于凌道扬的功勋建树和赢得的荣誉或名望,我们愿意引用《马克·吐温自传》里的一段话:"一个人也许很有名望,但限于表面,后来便失掉了名望,被人们所怜悯,所轻视,然后被忘掉,彻底忘掉——表面的名望往往走的是这条路。不过,讲到潜入深处的名望,那就是另一回事了——那是潜入深水的。一旦受欢迎,便永远受欢迎;一旦被热爱,便永远被热爱;一旦受尊敬,便永远受尊敬,受推崇,受信赖。因为,不论评论家说些什么,永远不会传到那平静的深处;报纸上嘲笑的议论,以及在上面吹起的诋毁之风,也到不了那里。在下面,这些事他们从没有听到过。浮在上面,他们的偶像可能是泥巴做的,上面涂了颜色,然后褪了色,剥落了,弄碎了,刮跑了,因为那里风云变幻。可是在下面深处,他还是黄金一般,坚硬无比,摧毁不了。"

追溯凌道扬先生的百年人生逆旅,搜集编纂凌道扬先生 1915 年以来出版的著作、发表的论文,我们发现,他所获得的正是马克·吐温所称道的那种"潜入深处的名望"。而在我们今天看来,他在 20 世纪提出的森林救国论、振兴农村经济的实验、水土保持理论实验、教育思想,及其从事的公益慈善活动等等,至今仍然不失其先进的时代意义。

追忆凌道扬先生*

张楚宝

南京林业大学

中国林学会从它的前身——中华森林会于 1917 年创立时算起，至今已经历了 65 个春秋，它的前半期是在多灾多难的艰苦岁月中度过的，只是进入后半期才迎来了中华人民共和国成立后的美好时光。在纪念林学会成立六十五周年时，我们不禁油然地怀念首创本学会的林学家诸位前辈们。他们大都是早年留学美、日、英、德等国攻读林学，怀着科学救国的抱负，把从东西洋学到的林业科学技术，带回国来广为传播。他们中的一些人从事林业行政或业务工作，为我国的林业建设、经营管理打下了初步的基础。他们更多的是在国内一些大专院校开创了林科教育，逐年培养造就了一大批林业专门人才。他们是开拓我国林业教育、倡导林业科学研究的先驱者。他们中也有不少人通过撰写文章、讲演等形式，宣传普及林业科学知识，启发教育群众和政府当局，起到振聋发聩的作用。他们还多数是倡议组织中国林学会的发起人、组织者或赞助人。

19 世纪末至 20 世纪初，由清政府派遣与教会选送或是自费出国留学的人数很多，其中以前往日本的最多。林学界的梁希、陈嵘、侯过、锺毅、吴恺、林骙、吴桓如、金邦正、张海秋、余季可、黄范孝、杨靖孚等都是早年留学日本的。最早留学欧美等国攻读林学的有凌道扬、金邦正、陈焕镛、韩安、姚传法、李先才、沈鹏飞、叶雅各、程复新等。现略述他们当中与创建林学会关系较密切的几位先生的业绩点滴，籍以表示对他们的深切怀念之情。

凌道扬教授：早年留学美国耶鲁大学，回国后历任北京农业专门学校、金陵大学、中央大学教授，并曾在青岛森林事务所、华洋义赈会、中央模范林区管理局担任领导职务。他是最早向国人介绍林业科学知识的宣传鼓动家。他编写的

---

*原文为张楚宝先生在中国林学会成立 65 周年时撰写的文章《纪念中国林学会成立 65 周年忆故人》，收录本书中改为现名。内容有删减。张楚宝先生中华人民共和国成立前曾任中华林学会总务副主任、编辑委员会委员、理事等职，中华人民共和国成立后任中国林学会理事、秘书长等职。

《森林学大意》，通俗易懂，他善于利用一切机会，宣传森林的直接和间接效益。据说，孙中山先生在《三民主义》《建国方略》中有关森林的一些论述，不少还是采纳凌道扬提出的意见写的。他于1917年春，首先发起组织中华森林会，这时南京金陵大学刚设置林科两年。在凌道扬的主持下，中华森林会于1921年至1922年编辑出版《森林》季刊共七期，这是我国第一份林学杂志。按当时的条件，他在内容、版本、印刷等方面都相当出色。凌道扬还为《森林》和后来的《林学》撰写过《振兴林业为中国今日之急务》《森林与旱灾之关系》《中国今日之水灾》《水灾根本救治办法》《大学森林教育方针之商榷》等几篇文章，大声疾呼要发展我国的林业。

可惜由于军阀连年混战，经济无法维持，中华森林会陷入困境，停止活动，《森林》也因而夭折。在1928年重建的中华林学会中，凌道扬多次被选为理事长，并组织出版了《林学》第1~6期。1930年9月，他曾代表理事会吁请教育部在小学教科书中加入森林课程。抗战期间，他继续当选为常务理事。虽然他后来长住在国外，却还经常为国内林学界所称道。

缅怀林学会奠基人——凌道扬[*]

张楚宝

南京林业大学

中国林学会的前身中华森林会和中华林学会先后成立于 1917 年和 1928 年，凌道扬是中华森林会的创始人，他和姚传法又都是 11 年后重建的中华林学会的组织者和领导者，他们不仅对林学会有不可磨灭的功绩，同时对我国的森林事业也有一定的贡献。兹值纪念中国林学会成立 70 周年之际，仅将他们的事迹，记述一二，借表缅怀之情。

凌道扬系广东省宝安县（今深圳特区）人，1888 年出生。晚清时留学美国，毕业于麻省农学院，复入耶鲁大学林学院攻读，获硕士学位，是我国最早取得耶鲁大学这项学位的人。1914 年回国后，初在北京政府农商部任职，与韩安等对当时我国规定清明节为植树节促进甚力。后转到上海在中华基督教青年会全国协会，主持讲演部森林科，致力于林业宣传普及工作，曾在上海、浙江、南京各地多次进行宣传活动，同时展出各种照片图表和实物模型，并作通俗生动的示范表演，收到了较大的宣传效果，启迪了一部分青年立志从事林业工作，叶培忠就是受他的影响选学林科的。《美国林业》杂志在 1916 年 2 月 22 卷 266 期上曾刊有凌道扬撰写的《在浙江进行演讲》一文，并附有一幅他在展览厅演讲时的照片。同时他"就美国耶鲁大学曩年诸师之教我者，参酌亲历各省调查之情形，辑成《森林学大意》一书"。该书阐述森林的直接和间接效益；各国林业成绩和中国森林缺乏之状况；外国人对此的评论；主要造林方法等内容。张謇为该书写了序，称赞凌道扬"学森林而有实行之志，深知中国木荒之痛"。这本作为初级农校的教科书，至 1930 年已六次再版，1936 年又两度再版，可见其影响之广。他还有另一本通俗著作名《森林要览》。更值得一提的是他的爱林思想和热忱，对

---

[*] 原文为张楚宝先生在中国林学会成立 70 周年时撰写的文章《缅怀林学会两位奠基人凌道扬姚传法》，收录本书中改为现名。内容有删减。

孙中山先生的一些理论也有一定的影响。在《三民主义》《实业计划》等著述中，有不少处谈到森林作用和植林问题，其中就采纳了凌道扬的某些论点。凌道扬于 1929 年 9 月参加农矿部林政会议，他在闭会式演说时曾说他自己"办理林政将 20 年，其间有两事至感愉快，一为帮助总理拟定实业计划中关于林政计划部分……"。他和孙中山先生的这段不平凡的关系是很可贵的。1930 年他曾代表中华林学会理事会吁请教育部在小学教科书中加入森林知识课程，使学生从小即养成爱林思想，也是深有远见的。

金陵大学早在 1915 年即设置林科，翌年，凌道扬受聘为主任，时在江苏第一农业学校任林科主任的陈嵘与过探先等发起组织中华农学会，于 1917 年在上海成立，得到凌的赞助并加入为会员。凌道扬为了更有利于林业的发展，倡议另组织中华森林会，也得到陈嵘、金邦正等人的支持，于 1917 年春在南京（原文如此—编者注）成立，与农学会形成一对孪生兄弟。森林会初期人数少，无力出版刊物，暂时与农学会合编《中华农林会报》，直到 1921 年，金陵大学早期的林科学生相继毕业，森林会才开始创刊《森林》杂志，与农学会分别出版各自的刊物。在既无政府补贴，又少会费收入的情况下，《森林》季刊竟能连续出版了 7 期，实应归功于凌道扬的锐意擘划有方。其后终因军阀混战，经济陷入困境，不得不停止出版，学会解体。1927 年，政局发生巨大变化，国民党执掌政权，姚传法等在南京集议，于 1928 年重新成立中华林学会，凌道扬自次年 12 月起直到抗日战争前夕，多次连选担任理事长，并主持出版了学会第二份刊物——《林学》凡 6 期，学会活动大为频繁。他于 1930 年 2 月曾以学会理事长的名义致函立法院院长胡汉民，请早日审议公布《森林法》，另函考试院院长戴季陶，请在考选委员会各组中添设林学一组。他对中华林学会耗费了无穷精力，是值得称道的。

凌道扬于 1920 年离开金陵大学，转任山东省长公署顾问、济南林务局专员、青岛农林事务所所长等职。接管经营德日两国侵占期间营造的森林，他为山东的林业建设是尽心竭力的：1928 年他受聘任北平大学农学院森林系主任，次年改任中央大学农学院森林科主任。与李寅恭、张海秋共同开拓这块新的教育园地。他此时发表了《大学森林教育方针之商榷》一文，主张根据我国地大物博，各地土壤气候之不同，宜因地制宜，有适合国情及实际上恰得适用之课程，课程简单切要，不鹜高深之学理。他拟定课程分为林政、造林、经营和利用四门。其中对林政门他提出应设林业政策学、林业史、森林法等课程，在今日尤值得引起重视。

凌道扬自 1930 年起，先后在农矿部、实业部、中央模范林区管理局任技正、局长等职：他曾于 1932 年 5 月代表我国前往加拿大温哥华出席泛太平洋科学协会第五次会议，并被选为该协会的林业组主任，致力于太平洋沿岸各国林业调查工作。他历来重视林业推广普及工作。每年春季，他总是积极投入植树造林宣传活动，中央模范林区管理局辖有南京附近的银凤山、汤山、钟汤、小九华，龙王山、牛首山 6 个林场，每年造林二三百万株，另备有大批树苗，免费供应志愿植林的农民群众领取，1936 年因小九华林场场长被工人指控贪污工饷，实业部派我前往密查属实，场长被撤。凌道扬亦因此调离，改任广东省农林局长。抗战期间，他在黄河水利委员会林垦设计委员会任职，经 3 年在西北勘查之结果，认为水土保持应为西北建设之根本，他和任承统于 1943 年 4 月在《林学》上联名发表《西北水土保持事业之设计与实施》一文，今日依然具有参考价值。1943 年 1 月他充任善后救济总署广东分署署长。1949 年离广州去香港经营农场，晚年境况不知其详。

凌道扬为人豁达，英语流畅，平日常用英文写作和用英语与人交谈。他的体质健壮，酷爱体育运动，常着西装猎袴，活跃奔驰在网球场上。他给人留下最难忘的印象是他那永远充满朝气、不知疲倦地为发展我国森林事业顽强奋斗的精神。

参考文献

布吉凌氏家族崇文重教英才辈出［N］. 深圳特区报, 2017 年 11 月 10 日.

布吉凌氏族谱（二编). 2008. 凌氏后人凌宏孝提供.

长江水利委员会水土保持局. 长江志·水土保持［M］. 北京: 中国大百科全书出版社, 2006.

陈德懋. 中国植物分类学史［M］. 武汉: 华中师范大学出版社, 1993.

陈荣梅. 有一种家风是"书香"这个家族因重视教育屡出人才［N］. 南方都市报（深圳）,
　2017 年 8 月 10 日.

陈嵘. 历代森林史略及民国林政史料. 自序.

陈嵘. 中国森林史料［M］. 北京: 中国林业出版社, 1983.

陈天锡. 戴季陶先生编年传记［M］. 台北: 中华丛书委员会刊行, 1948.

陈学溶. 中国近现代气象学界若干史迹［M］. 北京: 气象出版社, 2012.

陈遥, 聂朦. 布吉老街走出中国林业奠基人［N］. 深圳侨报, 2017 年 7 月 28 日（A11 版).

陈寅. 先导: 影响中国近现代化的岭南著名人物（中)［M］. 深圳: 深圳报业集团出版
　社, 2008.

崇基学院校史档案馆编辑. 培芳植翠道悠扬［M］. 香港: 崇基学院出版, 2015（第二版).

狄侃. 记凌道扬先生演讲森林学. 复旦, 1916, 1（2): 148.

第十三届中华农学会年会在青开幕. 载《申报》1930 年 8 月 27 日.

董兆祥等. 西北开发史料选辑（1930-1947)［M］. 北京: 经济科学出版社, 1998.

方维因. 方维因条陈中国北部治水计画及水灾原因与其救济方法（上编). 河务季报, 1921
　(5): 1-19.

方志钦, 蒋祖缘. 广东通史（现代下册)［M］. 广州: 广东高等教育出版社, 2014.

高诗雅. 教育司高诗雅在崇基第三节毕业典礼演词. 见: 凌道扬全集. 377.

高翔宇. 寰球中国学生会早期史事考述（1905-1919)[J]. 兰州学刊, 2015（8): 81-90.

葛量洪在崇基新校舍落成仪式上的演讲稿. 华侨日报, 1956 年 11 月 24 日, 转引自《凌道扬
　传》第 198 页.

广东省地方史志编委会. 广东省·林业志［M］. 广州: 广东人民出版社, 1998.

广东省地方史志编纂委员会. 广东省志·体育志［M］. 广州: 广东人民出版社, 2001.

广东省社会科学院历史研究室, 中国社会科学院近代史研究所. 孙中山全集［M］. 第 1 卷.
　北京: 中华书局, 1981, 10.

广东省政府公报. 1937（387): 13-14.

广时务报公启, 时务报. 第 15 册, 1896-12-25.

郭思嘉（NicloeConstable). 基督徒心灵与华人精神: 香港的一个客家社区［M］. 北京: 社会
　科学文献出版社, 2013.

黄河水利会林垦设计会首次会议昨闭幕. 前线日报, 1940 年 8 月 2 日第 1 版.

黄河水利委员会黄河志总编辑室. 黄河大事记（增订本)［M］. 郑州: 黄河水利出版社, 2001.

黄炎培. 著黄炎培日记（第 8 卷)［M］. 北京: 华文出版社, 2008.

江庆柏. 江苏地方文献书目（上）［M］. 扬州：广陵书社，2013.

江苏省地方志编纂委员会. 江苏省志·林业志［M］. 北京：方志出版社，2000.

江苏省第一林区林务局月报（创刊号）［M］. 南京：江苏省第一林区林务局，1929.

江泽慧在中国林学会成立 90 周年纪念大会上致开幕词［EB/OL］.［2009-05-22］. http：//
　　www. csf. org. cn/html/zhuanlan/zhongguolinxuehuitongxun/2009/0522/2749. html.

胶澳商埠督办公署关于农事试验场业务移交凌道扬的训令，存青岛市档案馆，档号：B32，全
　　宗 1 目录第 514 卷.

李良明，钟德涛. 恽代英年谱［M］. 武汉：华中师范大学出版社，2006.

李卫红，严耕，李飞. 近代青岛林业法规评介研究［J］. 北京林业大学学报（社会科学版），
　　2014，13（1）：9-13.

李文海. 民国时期社会调查丛编（文教事业卷1二编)［M］. 福州：福建教育出版社，2014.

李仪祉. 治理黄河工作纲要［J］. 陕西水利月刊，1934，2（1）：4-5.

李约瑟. 中国科学技术史［M］. 北京：中国科学出版社，2003.

梁希. 读凌傅二氏文书后. 见：《梁希文集》编辑组编. 梁希文集［M］. 北京：中国林业出版
　　社，1983.

林莲仙. 马料水的垦殖者——凌道扬校长访问记（节录）. 崇基校刊，1979（61）. 另见：如画
　　清谐见匠心——早期崇基校园名家建筑设计回顾展. 42-44.

凌道扬，任承统. 西北水土保持事业之设计与实施［J］. 林学，1943（9）：85-90.

凌道扬. 崇基第五届毕业典礼院长演词. 崇基校刊第 20 期，1959 年 7 月 10 月.

凌道扬. 崇基学院一九五六年开学典礼训词. 崇基校刊第 9 期，1956 年 11 月 23 日，转引自
　　《凌道扬全集》，第 298 页.

凌道扬. 大学森林教育方针之商榷［J］. 林学，1931（4）：37-47.

凌道扬. 对于美国近年林业孟晋之感想［J］. 中央周报，1936（407）：30-32.

凌道扬. 芬兰林业推广之情形［J］. 林学，1930（3）：33-36.

凌道扬. 华北造林浅说［J］. 合作讯，1929（47）：6.

凌道扬. 建设全国森林意见书［J］. 建设，1930c（9）：44-52.

凌道扬. 建设中国林业意见书［M］. 北平：北平大学农学院，1929.

凌道扬. 近年来中国林业教育之状况［J］. 真光，1927，26（6）.

凌道扬. 林业与民生之关系［J］. 进步，1915，7（6）：13-16.

凌道扬. 凌院长开学典礼训词（二）. 崇基校刊，16，1958 年 7 月 9 日，转引自《凌道扬全
　　集》第 308 页.

凌道扬. 凌院长开学典礼训词（一）. 崇基校刊，15，1958 年 5 月 1 日，转引自《凌道扬全
　　集》第 306 页.

凌道扬. 论近日各省水灾剧烈缺乏森林实为一大原因［J］. 东方杂志，1917，14（11）：
　　183-184.

凌道扬. 论近日各省水灾之剧烈缺乏森林实为一大原因［J］. 东方杂志，1917a，14（11）：
　　183-186.

凌道扬. 论森林与教育之关系［J］. 约翰声，1917，28（4）.

凌道扬. 森林学大意 [M]. 上海：商务印书馆，1916a.

凌道扬. 森林要览 [M]. 上海：商务印书馆，1918a.

凌道扬. 森林与国家之关系 [J]. 东方杂志，1916b，13（11）：19-20.

凌道扬. 森林与旱灾之关系 [J]. 中国气象学会会刊，1925（1）：47-58.

凌道扬. 森林之对于中国水患问题. 南洋学报，1922，4（1）：44-49.

凌道扬. 森林之利益 [J]. 环球，1916c，2（1）：50-52.

凌道扬. 设立林业专门学校的意见 [J]. 农矿公报，1929b，（15）：102-105.

凌道扬. 水灾根本计划书 [J]. 农商公报，1918b，（43）.

凌道扬. 水灾根本救治方法 [J]. 林学，创刊号，1929a.

凌道扬. 水灾根本救治方法 [N]. 顺天时报，1918，1，18（3）.

凌道扬. 为本岁各省水灾事敬告国人. 国际公报，1924，2（41）：40-47.

凌道扬. 我国及广东之荒地问题 [J]. 新粤周刊，1937（3）：8-13.

凌道扬. 我们，崇基的使命——在崇基学院就职典礼上的演讲. 崇基月报，第 10 期，1955 年 6
月 15 日.

凌道扬. 我之中国文化观. 崇基校刊，第 11 期，1957 年 7 月 10 日.

凌道扬. 无间中西沟通学术 [EB/OL]. [2017-07-20]. http：//blog. sina. com. cn/s/blog_
5361fc7b0100gyca. html.

凌道扬. 西北林业计划 [J]. 建设，1931b，（8）西北专号.

凌道扬. 西北森林建设初步计划 [J]. 建设，1931c，（11）：34-46.

凌道扬. 现时西南各省农林水利建设中水土保持事业之重要性 [J]. 西南实业通讯，1940，2
（5）：3-5.

凌道扬. 学校行政的几个重要原则. 崇基校刊，第 2 期，1956 年 1 月 1 日.

凌道扬. 由旱灾说到造林 [J]. 中央周刊，1935（355）：216-221.

凌道扬. 油桐之研究（续）[J]. 湖北省农会农报，1923（1）：63-72.

凌道扬. 油桐之研究 [J]. 湖北省农会农报，1922b.（12）：46-50.

凌道扬. 再述水灾根本救治方法. 新苗，1929 年 10 月 21 日，第 2 页.

凌道扬. 造林防旱 [M]. 南京：首都造林运动委员会刊印，1930 年 3 月.

凌道扬. 造林防水 [M]. 南京：首都造林运动委员会刊印，1930 年 3 月.

凌道扬. 造林与民生 [J]. 国立中央大学农学院旬刊，1930d，（49）：1-3.

凌道扬. 振兴林业为中国今日之急务 [J]. 森林，创刊号，1921a.

凌道扬. 植树节之缘起与造林运动. 广东农讯（广州 1937），1937，1（3）：3.

凌道扬. 植树式的意义 [J]. 广州青年，1937，（24）8：29.

凌道扬. 中国北部造林浅说（续）（第六章，树木各论）[J]. 河北建设公报，1929c.（8）：
192-197.

凌道扬. 中国今日之水灾 [J]. 森林，1921b，1（3）.

凌道扬. 中国今日之水灾 [J]. 森林，1922，1（3）论说专栏：1-4.

凌道扬. 中国农业之经济观 [M]. 上海：上海商务印书馆，1925.

凌道扬. 中华林学会致函考试院院长戴传贤，请在考选委员会中添设林学组. 1930a 年 2 月 1 日.

凌道扬. 中华林学会致函立法院院长胡汉民, 请早日公布《森林法》. 1930b 年 2 月 1 日.

凌道扬. 中央模范林区工作概述 [J]. 中国实业杂志, 1935b, (3): 501-510.

凌道扬. 种黄金树桉树之刍议 [J]. 森林, 1922a, 2 (1).

凌道扬关于发起募集华群纪念基金交由金陵女子文理学院奉办社会服务事致大业贸易公司总
经理李桐村函 [Z]. 上海: 上海市档案馆, Q367-1-18-4.

凌道扬先生所办之胶澳农林试验场每年暑假均有同学前去实习. 载《清华周刊》第 349
期, 1925.

凌道扬先生在青期间事迹及其故居情况. 青岛市南区文化局, 2018 年 4 月 24 日.

凌公启莲家谱并莺迁龙村略史.

凌宏琛. 履行盐与光的使命 [EB/OL]. [2017-07-20]. http: //blog. sina. com. cn/s/blog_
5361fc7b0100le89. html.

凌宏孝. 凌启莲和他的子孙们 [M]. 深圳: 深圳布吉, 2009.

凌宏孝. 凌宪扬传 [M]. 香港: 公元出版有限公司, 2008.

凌宏璋. 凌道扬园开幕典礼致词. 凌道扬全集, 第 336 页.

凌宏璋. 凌氏嫡长玄孙: 宏璋 [M]. 香港: 公元出版有限公司, 2008.

凌欢扬口述, 凌宏英整理. 凌公振泰家谱并迁徙布吉 (老墟) 居记简史 (打字稿).

刘东生, 丁梦麟. 黄土高原·农业起源·水土保持 [M]. 北京: 地震出版社, 2004.

刘丽川. 深圳客家研究 [C]. 海口: 南方出版社, 2002.

刘书龙. 胡适先生的 3 次济南之行 [EB/OL]. [2016-12-29]. http: //www. sd. xinhuanet.
com/sdsq/2006-12/29/content_ 8917629. htm.

刘艳杰, 刘宜庆. 一战青岛: 日军两月战败驻青德军四处烧杀抢掠 [EB/OL]. [2014-08-19].
http: //qd. ifeng. com/xinwenzaobanche/detail_ 2014_ 08/19/2785743_ 0. shtml.

刘中国, 刘鸿雁, 余俊杰. 外科医生凌宏琛传 [M]. 上海: 复旦大学出版社, 2012.

刘中国, 刘鸿雁编译. 凌道扬全集 [M]. 香港: 公元出版有限公司, 2009.

刘中国. 洪仁玕韩山文与中国第一部口述回忆录 [J]. 南方论丛, 2008 (01): 4-15.

刘中国. 凌道扬: 从深圳走出来的中国近代林业科学先驱——纪念凌道扬先生诞辰 120 周年
[J]. 南方论丛, 2008 (4): 122-128.

刘中国. 凌道扬: 中国近代林业科学先驱 [N]. 中国绿色时报, 2011-04-06 (4).

刘中国. 凌道扬传 [M]. 香港: 公元出版有限公司, 2008.

龙岗凌氏诗书传家后世族人贡献卓著 [N]. 深圳晚报, 2017 年 4 月 28 日.

卢广锋. 培芳植翠道悠扬. 崇基学院校史档案馆编. 培芳植翠道悠扬——崇基校园植树回顾展.
崇基学院出版, 2016: 5-6.

卢广锋. 哲怀深致立崇基. 香港中文大学崇基学院校史档案馆展览筹备小组编. 哲怀深致立崇
基——创校文物展 (1951-1963). 2006 年 10 月, 转引自《凌道扬全集》第 359 页.

鲁海. 青岛泰晤士报. 载鲁海《青岛老报故事》. 青岛: 青岛出版社, 2016.

鲁继勇. 青岛万国体育总会. 青岛画报, 2010, 12.

罗香林. 香港与中西文化之交流 [M]. 香港: 中国学社, 1961, 134.

梅伯英. 教务要闻凌君道扬抵赣开演讲森林大会 [J]. 兴华, 1917, 14 (13): 23.

明妮·魏特琳. 魏特琳日记 [M]. 南京：江苏人民出版社，2000.

莫世鳌. "水土保持"名词的探究——纪念"水土保持"定名50周年. 见：阎树文. 水土保持
科学理论与实践 [M]. 北京：中国林业出版社，2002.

穆家修，穆伟杰，柳和城. 穆藕初年谱长编（上）[M]. 上海：上海交通大学出版社，2015.

南京YMCA百年历程 [EB/OL]. http：//www. njymca-ywca. org/about. php？cid=13.

南京林业大学校史编写组. 南京林业大学校史（1952-1986）[M]. 北京：中国林业出版
社，1989.

南京农业大学史校史编委会. 南京农业大学史（1902-2004）[M]. 北京：农业科技出版
社，2004.

农矿部设计委员会特种会议秘书处. 农矿部林政会议汇编. 1929年10月，第172页.

批凌道扬据呈请将林业专门学校设在青岛已转咨教育部酌办文. 农矿公报，1929年第15期.

钱一群. 历史不会忘记——记我国林业先驱凌道扬先生. 载：本书编委会. 穿越时空的记
忆——我和南林的故事 [M]. 北京：中国林业出版社，2012.

秦仁昌. 忆陈焕镛教授. 见：中国科学院华南植物研究所编. 陈焕镛纪念文集 [M]. 广州：中
国科学院华南植物研究所刊印，1995，290-291.

青岛第一公园概况. 胶澳商埠农林事务所. 1924.

青岛农林事务所二十七年三月份工作报告书. 青岛农林事务所. 1927.

青岛市史志办公室. 青岛史志·园林绿化志 [M]. 新华出版社，1997：75.

（清）舒懋官主修，康熙《新安县志》卷，广东省教育出版社3："都里"；嘉庆《新安县志》
卷2"都里".

邱海明. 中国植物育种学家——叶培忠 [M]. 文汇出版社，2014.

人民政协网. 广东省政协委员凌国强：好家风才是真正的传家宝 [EB/OL]. [2016-2-14]
http：//yw. rmzxb. com. cn/c/2016-02-14/696886. shtml.

上海新开六先书局专售格致各书启. 申报 [N]. 1897-10-24.

孙中山. 三民主义 [M]. 北京：中国戏剧出版社，1999：111.

汤志钧. 康有为政论集，上册 [M]. 中华书局，1981.

万康民. 草拟黄河水利委员会林垦组初步工作计划大纲. 中华农学会报，1934，129/130：
260-269.

汪洋. 凌道扬君之森林演说 [J]. 兴华，1917，14（10）：19.

王桂云. 凌道扬：青岛绿树美景的功臣. 青岛新闻网 [EB/OL]. [2017-03-11]. http：//wb.
qdqss. cn/html/qdzb/20170312/qdzb230788. html.

王贺春. 中国林学会史略. 中国科技史料. 1984年第5期.

王栻. 严复集. 第3册 [M]. 中华书局. 1986：559.

王希群. 德国籍林学家芬次尔年谱 [J]. 北京林业大学学报，2017，16（2）：21-28.

王希群. 美国林业教育的创始人——伯纳德·芬 [N]. 中国绿色时报，2011-8-12.

王一桂. 谈林业教育. 农林新报·森林专号，1937（14）：14.

王正，钱一群. 凌道扬的教育兴林思想及其贡献 [J]. 中国林业教育，2002（2）：51-52.

威尔伯·施拉姆，威廉·波特著. 李启，周立方译. 传播学概论 [M]. 北京：中国人民大学出
版社，2010，57.

吴瀰陵. 香港年鉴（1965）［M］. 香港：华侨日报出版，1965，42.

吴国基. 香港年鉴（1986）［M］. 香港：华侨日报出版，1986，55.

吴贻芳. 金女大南京校友会会史大事记（代序. 金陵女子大学 25 期（校友通讯）［EB/OL］.
　　http：//ginling. njnu. edu. cn/wzattach/210937_ 532073. doc.

习近平讲话确立的中国特色大国外交系列理念［EB/OL］. http：//world. people. com. cn/n1/2016/
　　0219/c1002-28135391-2. html.

校训详释. 崇基学院：《崇基意蕴》，2012，14-21.

《新京报》编. 辛亥风云（100 个人在 1911）［M］. 太原：山西人民出版社，2012.

熊大桐. 中国近代林业史［M］. 北京：中国林业出版社，1989.

徐增娥. 30 年代青岛民间慈善组织：狮子会专注盲人服务［N］. 青岛日报，2015 年 9 月 7 日.

许增华. 百年人物：1905-2005［M］. 北京：中国农业大学出版社，2005.

寻找瑞士宣教士来华足迹. 基督教周报，第 2123 期（2005 年 5 月 1 日）要闻［EB/OL］.
　　［2005-05-01］. http：//www. christianweekly. net/2005/ta10566. htm.

杨豹灵. 全国水利局技正杨豹灵察勘直隶水灾报告书附呈文. 水利，1918，3：11.

杨宏海，彭魏勋. "滨海"客家人的深圳故事［N］. 人民日报，海外版，2016 年 11 月 23 日.

杨瑞. 中华农学会成立初期的史实考述［J］. 中国农学通报，2007（10）：11-14.

杨绍章，辛业江. 中国林业教育史［M］. 北京：中国林业出版社，1988.

杨天宏. 密勒氏报"中国当今十二位大人物"问卷调查分析［J］. 历史研究，2002（3）：
　　65-75.

姚传法. 林学，序. 创刊号，1929.

姚传法. 森林法之重要性［J］. 林学，1944，3（1）：2.

姚远，亢小玉. 中国文理综合性大学学报考［J］. 中国科技期刊研究，2006，17（1）：
　　161-165.

余约翰. 教务要闻：青年会凌道扬君演讲森林之纪盛（南昌)［J］. 兴华，1917，14（13）：19.

曾宇石，吴元厘，黄侃如. 抗日战争时期的中央农业实验所［J］. 中国科技史料，1992（03）：
　　59-65.

翟广顺. 旅寓青岛教育名人现象研究［M］. 青岛：青岛出版社，2014.

翟广顺. 试述凌道扬在青岛的治林事业及其林学思想［J］. 青岛职业技术学院学报，2015，28
　　（4）：13-19.

张楚宝. 缅怀林学会两位奠基人凌道扬姚传法. 见：中国林学会主编. 中国林学会成立 70 周年
　　纪念专集（1917-1987）［M］. 北京：中国林业出版社，1987.

张钧成. 中国林学会的先河［J］. 学会，1990，4：25.

张添喜. 申报（广东资料选辑 十四 1934. 1-1938. 7)［M］. 广州：广东省档案馆，1995，
　　303-305.

张文艳. 植出一片绿，留住一份情［N］. 半岛都市报（2015-03-10B2）［EB/OL］.［2015-03-
　　10］. http：//bddsb. bandao. cn/data/20150310/html/26/content_ 1. html.

张文艳. 植树节创始人凌道扬：青岛绿化、公园规划的使者［N］. 半岛都市报，2015. 03. 16.

政协广东省委员会办公厅，广东省政协文化和文史资料委员会. 广东文史资料精编 下编（第 5

卷 广东人物篇 上）［M］. 北京：中国文史出版社，2008.

中国第二历史档案馆. 中华民国史档案资料汇编第 3 辑农商 1 ［M］. 南京：江苏古籍出版社，1991.

中国近现代史大典（下）. 北京：中共党史出版社，1992.

中国科学技术协会. 中国科学技术专家传略：农学编：林业卷（一）［M］. 北京：中国科学技术出版社，1991.

中国科学社年会先声. 载《申报》1930 年 5 月 6 日.

中国林学会. 中国林学会成立七十周年纪念专集 1917-1987 ［M］. 北京：中国林业出版社，1987.

中国气象学会. 中国气象学会史 ［M］. 上海：上海交通大学出版社，2008.

中国人民政治协商会议全国委员会文史和学习委员会. 文史资料选辑（合订本第 5 卷、总第 17-19 辑）［M］. 北京：中国文史出版社，2011.

中华森林会记事. 申报 ［N］. 1917-03-06（10）.

周川. 中国近现代高等教育人物辞典 ［M］. 福州：福建教育出版社，2012.

周雷鸣. 凌道扬与太平洋科学会议 ［J］. 北京林业大学学报（社会科学版），2012，11（3）：28-33.

竺可桢. 竺可桢全集（第 6 卷）［M］. 上海：上海科技教育出版社，2005.

下篇

凌道扬著作选录

森林学大意（节选）

凌道扬

绪　言

中国自地官守禁之政令不讲而后，已有之林木，旦旦而伐之，荒芜之山麓，一任若彼濯濯耳，故所谓森林，遂未之见，所谓造林，尤未之闻。时至今日，直接则实业之母材缺乏，间接则地方之保安寡赖，膏腴大陆，沦为贫瘠之邦，有心人何忍默然置之？此中华基督教青年会全国协会演讲部所以有森林科之设也。余应其任，年余以来，到处讲演，不外本所学以献诸国人，期尽天职于万一。第以森林问题，泰东西各国，学校列为专科，政府目为重政，国人视为要图，国计民生，关系甚大，学说理论，自属纷繁，不佞于会场中，以数小时之讲述，为单纯之理论，顾此失彼，惟能做概括之谈，挂一漏万，诚知不免。愿国人之持森林之问题以质疑者，日环吾侧，犹聆吾言而怵然动心者也。若夫未聆吾言者，脑府贮有森林二字，殆寥寥不可多得，兹故就美国耶鲁大学曩年诸师教我者，参酌亲历各省调查所得之情形，辑成《森林学大意》一书，一以释疑问，一以诏来兹，庶几国人稍稍知所藉手焉。尽当握管之初，曾请求美国政府林务处之辅助，旋得种种图表。以资印证。爰是分别诠次，多所发明。其诸，有投袂而起者乎，则中国之幸也。

目　录

林之与雨水；（五）森林之与川流；（六）森林之与地土；（七）森林之与流砂磂土；（八）森林之与水灾；（九）森林之与风灾；（十）森林之与水源；（十一）森林之与卫生；（十二）森林之与风景

第一编　通论

林学者，专门之科学也。其作用虽与他项科学不同，然皆有一定之原理。与矿学、化学、农学、数学、气象、动物、土壤、地质、物理、地理、植物、经济学等尤有密切之关系，林学大意者，采取各方面至深至确之原理，节论其纲要，俾主办森林之人得收其实效，且永远有益。与夫依托林业为生活之人，临近森林之地主，及治农业者，均获远大之利益。夫利益为森林家唯一之目的。但欲其速成，固不可得，谨为子孙计，而不为自身计，亦殊非森林家之本旨。观夫瑞士国京城诸耳喜之森林场，盛名震于全球，创办千余年以来，由初及今，所获利益，绵延不绝。不大可歆羡耶。然而，中国只知农业为要务，不知森林与农业同为立国之要素，同是取利于地，其区别不过出产与种植之法不同。谷类或春种而秋收，或冬种而夏收，非本年即隔年可享其成，或有时开始一二年收效甚微，获利较薄，越数年而成熟，则五谷丰盈矣。至于森林动经数十年之培植方成巨大材料，惟既成巨大材料累年获利，有加无已。况农产供人之饮食，林产供人之器用，同为人生之所必需，乌可畸轻畸重哉。独惜森林利益，既大且远，又非若逐什一之利，一朝夕立收其效者之可比。吾国上下拘拘于目前浅近之利，逐弃此远者大者而忽之耳。若夫造林与务农尚有不同之点，则林业不需肥料，农业必用肥料。林业何以不需肥料，以林地所植之树，其叶复坠于地，浸久腐败靡烂，即可资助地土之营养质。农地则不然，其所植之禾苗，迨其成熟，而拔其根茎，而刈其叶茎，粒米不使狼庚，寸株无有遗剩。土地之营养质自然减薄，所以必须肥料辅助。矧以植物之营养质，林产所需，不及农产之多，为各国农人之所公认，兹固不待赘言。虽然，树木生长之迟速，与土地之肥瘠固大有关系，更以森林之工作，较减于农业之工作，尤为尽人皆知。考森林之工作，德国业经考验详确，谓此项工作，每亩所需之时间，与农业比较仅十分之一。且森林工作之范围无限，农业工作之范围有限。以无限之故，而能俾多数人之职业，得自由作息。以有限之故，则必操劳，则必缚束。观夫农夫于服田力穑时，不能擅离陇亩，春夏秋三季皆然。即偶有余间，或畜牧，或樵苏，均无息间之日。惟森林则不然，栽植以后，听其天然之继长增高，无待耘耕，即伐取之时，工作亦不多于务农，故泰西各国，为农者恒于余暇而治森林。殆以森林之工作，既减于农务而又无限故耳。夫造林工作之期，原系冬末春初，正农人仅有之余暇。务农与造林并举，与时间不相抵触，于利益可以兼收，于生计则必充裕，此固不可不急急讨论也。

总之，农林二事，其所以同为一国之首要者，因森林所利用之土地系山丘，而农业所利用之土地多半系平原。一国之土地既非尽属平原，农业又不能利用山丘，岂可坐令其荒废耶。赵太祖云：寸土寸金。西哲云：因地取利不可旷其寸土。是森林一事未可须臾缓也明矣。考中国森林之地较多于农业之地，不止倍蓰。无如吾国自古号称以农立国，而于森林不讲，任其荒废，为各国所讥笑。况无森林节制川河，增加雨水，捍止泥土，防避风灾，则农业未必操丰收之成算。余之所以言森林者，其前提在于免地土之荒废，利用农业所不能利用之地，并保护农业是也。

第二编、第三编、第四编、第五编、第六编（略）

第七编　森林实施方法之建议

夫森林之事，体大效宏，完全实施之方法，非此篇之所能尽也。兹谨择其事小而易践资轻而易行者，略举数端，以备当局者之采纳焉。

（一）注重教育

教育为万事之母，欲使国人注重森林，必先使之知森林之利益，与夫造林之通识。但教育又必分为通俗教育、学校教育两种。

（甲）通俗教育

1. 森林讲演。讲演为直接输灌知识，鼓动人心之利器。中外各国政府与社会，凡一事业之设施，莫不假讲演为起点。惟讲演而用各种仪器图表模型，一面阐其理论，一面证以事实，使听者之耳目，双方同时接受。既易了解，又能经久不忘。余于此事，屡验而效焉。但讲演之人，非徒学识精通，要在熟悉各地方之情形，凡有执疑问难者，须一一精细解述。且必须与各省农业学校相互联络，互相提携，相互赞助，方可以收实效。

2. 森林杂志及新闻。杂志及新闻，为通俗教育之中坚。中国森林荒废之原因，国民通常披阅之书籍报章，几绝无森林二字，以故不知森林为何物。况一国事业之兴废，全在上流社会之向背。上流社会之心理，又必赖文字为转移。近者南京金陵大学，刊布森林学说，邮寄各省报章转载，颇受社会欢迎。此种办法尤为费廉效广，甚愿有识者三致意焉。

（乙）学校教育

泰西各国教育，皆注重森林学科。除设森林专门学校外，并于普通学校附带教授。中国今后之主持教育者，宜设森林专校，并于各等学校之课程，增补森林学一门，使学子能知森林与国家之富强，人民之生计，地方之安宁，社会之经济，日用之取给，如何重大。且教授地理时，必须详解森林与地理若何关系，土质何以瘦，河流何以泛溢，何以提防，山岳何以崩颓，何以保护。沙漠何以成，何以免。风景何以荒凉，何以美观。气候何以严寒，何以温暖，何以酷热，何以清凉。空气何以新鲜，何以污浊。何以不愁水旱，得扫除从前之种种苦痛，俾之一一明悉而后可。于是既有专门之人才主办，复有全体国民协赞，则此事当可以日臻发达。

（二）因势利导

吾国为数千年之文明古国，流风遗俗多寓古先圣哲之善政得意于其间。兹就关于森林旧有及现在之风俗言之，甚愿国人留意。于森林前途，不无裨益。

美俗须推行。闽省延平之间，凡人生子，必择山一方种植树木，待二十岁后婚娶之时，即伐此树为聘礼及婚礼用费，意至深，法至善，以故该地山林俊秀，人口繁盛，诚宜推而行之，以及全国，庶乎森林振兴，不劳而获。

迷信。中国堪舆之学，由来已久。秦火未焚，蔓延全国。虽属谬妄，可资利导，故茔墓之地，栽种树木，固葱郁而壮观。在后裔显达者，竟视为发祥之地。即贫困者，亦因孝道所关，以坟山为禁山，山中树木为神圣不可侵犯之物，祭义云树木以时伐焉，断一树不以其时，非孝也，以故中国森林遗迹，尚可于坟山获睹一二焉。

窃惟今后中国土葬之法，骤难变易，风水之说，又不可破，何如引申其义而利用之，造成社会上一种舆论，而曰植树保护先人之茔墓者，孝也。植树愈多，地脉之保护愈佳。先人之茔墓得可安全无恙着，大孝也。不植树以保护先人之茔墓，致使风雨飘零，成为沟涧，土中之元气耗丧，先人不安于地下，逆子也。甚或伐树取柴，将山中原有之树木而削伐之摧残之，如是则竟称之为大逆不道可也。

佳节须保守。民国四年七月三十一日政府通令各省定清明日为植树节，示森林为国家之要图，此亦因势利导之美意，未可以人而废言。今后全国各界，届期郑重举行，永远弗绝，则为益殊大。

本年四月七日大陆报记载杭州清明节。兹特译之如后（省略）。

（三）政府提倡

中国森林之缺乏，源于林政之废弛，固已无可讳言。今欲振兴森林，端赖政府之提倡。但中国今日，百废待举，政府固未可以全力注此。惟余今所云，固为事小而易践，资轻而易行，可以不劳而获者。

矿产铁道之旁须植树。政府除特别规定县知事之考成，注重森林一门外，无论国有民有之矿场铁道，呈请立案注册之时，必先规定矿场之旁须植树若干方里，铁道左右，须植树若干丈，各因地势而定。俾十五年后，矿场之撑木，铁道之枕木，须更换添补之时，可以就地取用。既免购运等费，又能需用灵便。

凡属机关均须植树。无论官立私立营业与夫公益各种机关，凡属接近山麓者，其组织之初，宜一律规定，植树若干方里。或为地方之保安，或为机关巩固基础而谋永远之经济，或自行预备将来之材料。在在均有莫大之裨益。

森林警察。各县宜设森林警察。中国各省山麓虽欲植树，每因火灾之不虞，与私伐之难防不得不坐令荒废。故急宜各按县分之大小，添设森林警察，专司保护之责，逐日巡视。但此项警察必须先由各省授以相当教育，再行派赴各县，庶能尽职务而无过失。其最要之职务如：

甲：巡行各地。视其地之森林应为若何之保育随时商诸该地绅董，指示人民。

乙：布散及县贴各种提倡及保护森林之告示，捕拿放火焚林及偷采林木之罪犯。

丙：调查各地荒山之多寡林木之情形，及其地主之姓名，并有无违犯森林法令者，报告本县长官。

此为森林警察职务上必具之三大要领。其他一切详细规则，当须另订。

至于瞭望上台等事，为防减林灾之必要，固非中国此时所能言及者也。

余于振兴森林实施之方法，分为注重教育、因势利导、政府提倡三种。其法最为简易。甚愿我国人民与政府切勿置之脑后，则森林之发达，当可拭目而俟，中国前途庶乎有豸。

第八编（略）

森林要览（节选）

凌道扬

目录

缘起及第一至九（略）

十、森林利益

各国之所以注重森林，余之所以聒而不舍者，诚以森林利益至广而大也。考森林利益，大别之则为两端。曰直接利益，曰间接利益。自直接利益论，谓之生利森林。自间接利益论，谓之保安森林。生利森林者，为取地利之必要，供吾人日用所需也。间接利益者，减免地方灾难，所以保护农业，即所以保护人民之公安也。直接利益即材木一事，居则房屋桌椅，出则舟车桥梁。在在须之，以故美国森林博士福络氏言缺木料之荒，等于乏粒食之荒。据各国之调查，英国每年每人平均用木 14 立方尺，法国每年每人平均用木 25 立方尺，德国 37 立方尺，加拿大 200 立方尺，美利坚 230 立方尺。美国 1909 年一年间全国所用之木值银1440 兆元。同年由森林内所取之造纸贫，计银 6800 余万。造硝皮质之木皮，计银 4400 余万。1910 年，松油出产，获价 7200 万元，是森林直接之利益。即此可见其巨矣。至于间接利益，调和寒暑，增加湿气，时降霖雨，节制河流，障固泥土，减免水灾，栖息禽兽，添多氧气，增益美景，尤为立国保安之首要。森林之于土地，既如阴篷，又如被絮，以故夏较凉而冬较暖。其枝干根叶生长呼吸，吐出多数水分，则空气中湿气所以增加。空气中既多湿气，遂易凝结成雨下降。法国南色地方，分区试验，有森林之地，其雨水超过无森林之地，为 24%。此其所以调和寒暑，增加湿气，时降霖雨也。若夫节制河流，据德国巴哇连人之调查，每遇雨水，其根干与枝叶，并林地发生之新枝，平均须饮润雨量约 23%，林内积存之残枝败叶，平均须涵蓄雨量约 25%。其蟠根蔓须，横瓦土中，如有蛛网，致使土之内层孔隙，仿若蜂房，平均须贮容雨量约 20%。根干枝叶，同时生长，平均须蒸化雨量约 8%，因此数端，每百分不过流及河地 24 分之谱，其积存林间及林地者，朝夕涓滴下注，河流则干旱不涸，淫雨不溢。虽地势之高低，森林之疏密，雨量之多寡，树木之种类，各有不同，未可概论。总之，森林之与川流，能保无涸绝之虞，少泛溢之害，则为不易之理矣。雨之倾注也，地面愈裸赤，则打击之力愈大，水之就下也。地势愈倾斜，则冲刷之力愈猛，况地土之本体，缺乏森林之庇护，干阳亢燥，一旦遇雨，骤然膨胀，则结合力失去，复加最大之打击，最猛之冲刷，非特轻土随水下流，沙砾岩骨，亦必崩溜。苟有森林，其蟠根蔓须及由森林构成之地被物，既能内外坚固泥土之结合力，又以枝叶交互披于其上，残枝败叶遍布于其下，作地面之重重掩护，无论若何狂风暴雨，地面均不受直接之打击。此森林之所以障固泥土也。以节制河流，障固泥土之故，水势无骤增之事，河身无填塞之虞，河流自少泛溢之患。试观《美国森林公报》176 号，论 1890 年至 1907 年波多麦等地，因森林砍伐愈多，水灾愈增。瓦拜西等地，因森林蓄植愈盛而水灾愈减。当即明夫森林减免水灾之确验也。至于栖息禽兽，供人之肉食，添多氧气，有益卫生，增益美景，构成锦绣山河，亦为理之至显，无俟多谈。森林直接间接利益之大概，有如此。若夫国无森林，则将何如。

十一、中国缺乏森林对于直接利益之损失

中国因缺乏森林，损失林之附产。如各种油、樟脑、造纸品、硝皮质等，与夫林业上之人民生活，固难尽计。即材木一端言，固有之收入既尽失，又复岁岁

购木，多至 875 万。现时各商埠所用材木，大多购自日本、美利坚、俄罗斯、南洋、加拿大、菲律宾、印度诸国。此外则为瑞典、西比利亚、澳大利亚、朝鲜等处。闻购自澳大利亚之铁路枕木，每根约费银 4 元左右（此依川粤汉沪宁两路局所调查）。此近时材木缺乏已如此，将来商埠之建筑，人民居室之改良，以及采矿撑木，铁道枕木，工业原料，尤不知何所取材也。若仍购自外国，又必因缺款而借债。借彼之债以易彼之木，是所借者直为木料。所偿者则为金银。人则两得，我则两失。日复一日，其何以堪？

十二、中国缺乏森林对于间接利益之损失

中国缺乏森林直接之损失固已约略言之。间接之损失何如，尤吾人所当知也。曩者美国威斯康辛大学洛史氏，遍游中国各省，曾著论一篇，专述中国各处森林缺乏之弊害。其论黄河流域，曰黄河界乎南北各省，国人视为祸水，每遇霪雨，两岸居民生命财产不保。此明明无森林节制河流，障固泥土，致使泛溢。国人愦愦不察，祸患实无穷极。洛史氏之言如是，本年直豫鲁晋各省，被此奇灾，其能一思洛氏之言乎？查本年被灾之区，以天津一域为剧，淹毙人口，沉没财产。虽无确实之调查，即就红十字会所摄之影片观之，亦殊令人痛心不已。我国人苟能于创巨痛深之余，一察直隶如阜平县各山斗峻荒芜之状，当即明夫水灾之惨剧，实以森林缺乏为最大之一原因。在国人之言水灾，不曰山水暴发，即曰天灾不测。天津今次水来时，水头有高至数十尺，势极凶猛，且在夜半，猝不及防，诚为暴发为不测。要知苟有森林，容积雨量，缓滞其流，山何能暴发此水？天何故必为是灾？今者惩前毖后，出赈灾之余力以谋造林，方为来日防暴发防不测之道。若谓水灾由霪雨而致，吾敢断言之曰，有森林则必无重灾，否则他国岂无大河？岂无霪雨？何绝不闻有此等水灾也。惟法国 1911 年，仙河水灾最重，识者亦谓系森林缺乏之故。盖法国办森林较晚，近虽林政猛进，然荒而未植、植而未盛之处尚多，以故减免水灾之效果，一时未能尽收。我国今日，谈虎色变，试一考察法国前者水灾之原因，与今者森林之成绩，庶恍然于洛史氏之言，实为远大之嘉谟，平允之公例。而初非以此轻相诟病也。于是乎急起直追，林政日修，水灾日减，国家地方并受其福矣。

十三、中国振兴森林之办法

今中国之森林缺乏极矣，因缺乏森林所受之损失大矣。宜如何亟亟经营以图振兴，无待多论。第森林利益虽多，若以振兴之责尽归之人民，则我既贫且弱之国民，救目前之不暇，遑论远大。弱尽归之政府，则以今日国库支出，人才未兴，兹事体大，谈何容易。然则如何，非规效泰西各国，结合举国上下有识之士，群策群力，以图进行不可。图之之道维何，组织公共机关，拣选专门林学人

才，分付任务，一面提倡，一面造林是也。苟事提倡而遗造林，无事实之模范，提倡终属空言。苟事造林而遗提倡，势将拘于一隅，难期普及，惟其务提倡也。则奔走各省，讲演森林，编辑森林杂志，散布全国，陈设标本模型，供人研究，细考造林科学，以备造林者之咨询，皆为应有之事。惟其务造林也，则调查树类土宜，以免林业之失败，造成模范林场，以资国人之观感。蓄植苗圃，以供国人之取求。随地制宜保护固有林木及新造幼林各种方法，皆为应有之事。或谓今日国势濒危，安能务兹迂缓。试思此次水灾，岂可以国事方殷，风雨飘摇，而辞之不理，置之不办耶？而况森林种种利益如前数篇所言者，明效大验，历历不爽，而犹谓非当务之急也。吾知善为国为民者，必不忍出此矣。

中国农业之经济观（节选）

凌道扬

目录

绪言

管子曰，仓廪实而知礼节。谚语曰，足衣足食，天下太平。是农业之盛衰，关乎国民经济之消长。国民经济之消长，影响于国际之安危。一日无农，则微论国内多事，而世界亦将不能久于承平矣，故今后世界之能否永久和平，纯视乎经济问题之能否彻底解决。经济问题能否彻底解决，当以农业之能否发达为转移，盖战争之起因及最后之胜负，均决于粮食之丰强。而农业对于世界之大贡献，有调剂贫富不均之功，减免国际因困于经济问题而取利于他国之弊，近世列强各国，自欧战告终巴黎和平会议后，而有全世界农会之组织及檀香山世界粮食大会之举者，亦系认农业经济为先决问题也。

我国历史上农业之关系至深且厚，其农民之刻苦勤劳，时间经济，实为举世所无，自神农传授至今，历数千年而仍能保持其地利，维持其产额，使不失为良田沃壤之处，尤可惊叹。故美国麻省农业大学校长兼世界农会会长白德斐博士有言曰："举世大邦，除中国外，再无能耕种其土地若是其永久者，故世界人类在农业上之成功及优胜，将专属于中国农民。"惟其保持力之长久原因，固由历代重农主义之力，而农民之生活与社会之安宁，要亦一大原因。吾国社会组织，农家居四分之三。从前政争，仅属高级人物，占社会之小部分，其影响尚不及全体，勘定亦较易，故不能摆脱其鼓腹而歌之范围也。由此观之，农业潜势实为立国根本，故我国为求国民之经济发展计，为维系社会秩序之安宁计，除积极的图农业之发展外，别无良法。

顾吾国今日农业之不能充分发展，虽由于农田少而农户多，人浮于事，农民之泥古迷信，乏研究心，而政府旁观，社会漠视，要亦一大因由。吾国政府终日政争，对于农业改良，固早已置于脑后，即农业教育亦不暇顾及，社会上对于工商业之研究，颇极一时之盛，惟对于根本立国之农业，独鲜精详之著述，且农业教育及农事劝导各机关，又未当有系统之组织，无最高最有力之总指挥，使全国趋于一致，故各机关开办至今，其改进成绩，加惠于农民者几何，贡献于社会者几何，不特均在不可知之数，即各机关自身亦无相当之设施，结果所在，终至国自国、民自民、机关自机关、农民自农民而已，以此而图国民经济之发展，俾收农民模仿农业改进之实效，殆南辕北辙也。

处今日经济竞争时代，而求国民经济之发展，不可不先求农业之整顿。至整顿之道，须一方从事于种种之救济，如移垦实边以扩张田产，整顿交通以辅助民力，注重农村小学之教育，以期提高农民地位，组织有系统之农事机关，以期农业之促进；一方宜积极提倡，如应用科学方法以增加农民之利益，改良农具与农产，发展畜产与森林，以期增加收入。鼓吹资本家投资，兴办殖边事业，以期提高农民之生活程度，使逐渐发展国家农业之全部，转移社会之趋向，夫然后始可期国民经济之发展，而能与诸农业国同立于水平线上，永享世界承平之福也。兹值政权统一，凡百待举，对于此根本立国之农业问题，应在解决之列，爰就鄙见所及，并参察十余年所调查之农业情形，谨拟数端，藉供政治大家将来关于建设事业中参考之一。惟篇中陈述，臆见不少，尚望海内农业诸公进而教之。

第一章、第二章、第三章、第四章、第五章、第六章、第七章、第八章（略）

第九章　中国农业上之问题

关于我国农业上之问题甚多，兹特举水灾问题、林业问题及荒地问题三端分论如下：

甲：水灾问题（略）

乙：森林问题

林业之目的，在于利用土壤以生产经济物，故亦可视为农业之一部分。顾中国虽号称为农业国，而其对于林业之观念则极淡薄，数千年相沿成风，遂于今日实受缺乏森林之害矣。今试举林业与农民之利益如下：

（一）供给农民以多量木材

（二）可多利用农民之劳力

（三）为保护之用

现在中国农民最感困惑之问题即为木材问题，在农民之生活上，如器具房屋车辆、桔槔、家具等，无不有需要木材之处，而近年来木材之缺乏，几使农民感受木荒之苦痛，如近日人民对于木材之重视，其屋宇之建筑，除栋梁门窗外，其余几全为泥土而成，至所用之燃料，如草根牛粪碎纸等，几为其大宗，此皆足以表现木材之缺乏也。故为救济农民此种困难计，造林实为必要之急务。

林业之于农民，不特供给木材已也，更可利用农民之劳力焉，如在美国之西部，其人民中有40%从事于林业，德国人民中从事于林业者，亦有百分之十。设使将来我国林业振兴，是亦减少农户人口负担之一道也。且林业工作与农田工作不相冲突，林业工作大都皆在冬季，而冬季实农民闲暇时期也，故林业之兴与我国农民之生活关系亦甚大也。

林业之直接利益除上所述外，尚有极大之间接利益，即森林能吸收水分，庇护土壤之流失，维持河道之变迁及保护农业上之各种利益是也。欧西农民之田产较我国农民之田产为安全者，即职此之故。故欲维持农民田产之安全，亦惟有取法欧西造林而已也。

丙：荒地问题（略）

森林与国家的关系

凌道扬

　　吾国为亚东膏腴大陆，环球各国，啧啧称誉。独是荒山之多，触目皆是。此固有心人所难忍于言也。宾菊德氏长美国林务时，曾派员至中国，将各省荒山凄凉之惨状摄影携回美国，到处讲演，以戒国人。英国皇家植物会会员溥唐氏，来中国调查森林，其言曰：中国各省皆有天然森林之故址，大都不外松杉之类。细考之，诚为世界上极良美之种子。在外国所有佳种，无能过之。但中国不知林政，已有之处，任意斩伐。蕃盛知林，固已斫丧无余。未有之地，不知种造。良美之种子，自属靡有孑遗。外人之行事与言论如此，吾人能不介于心耶。

　　德国土地面积，不过吾中国 1/20，而其国之办林政人员计 9000 余人。我国则 36000 余人。日本亦 2800 余人。中国近年始委用林政人员 70 余人。土地如此广袤，而林政如此不讲。是明明弃利于地而不知惜矣。吾国筹办林政之经费，计共银币 18 万元，较之前此则为绝无而仅有，似可少慰。然而对照欧西各国，德意志关乎林政经费计银币 46 兆元，美利坚约 10 兆元，印度亦 9 兆元。回顾吾国，诚大有望尘莫及之势。

　　百工之事，用木极多。国内既无所取才，势不能不购诸外国。故近来香港上海天津汉口等处所用木料，多由日本高丽美国菲律宾运来。据最近关税统计表观之，民国 3 年输入木料之数，值银 6251000 两，较知民国元年值 2617000 两，约多 3 倍。两年之间，增加如此。日后漏卮，岂堪设想。铁路桥梁及屋宇等建筑，大概在北部者多用日本木料，在南部者多用澳洲南洋木料，经费既繁，耗时又久。中国一事未兴，外人之厚利已获。由是可知中国林政之废弛，为害实非浅鲜。振兴即在今日，乌可须臾缓耶。况各国工业之发达，倚赖林木出产者居大多数，苟使木料缺乏，工业何能独为无米之炊。有如松油桐油樟脑软木树脂纸张硝皮质等，均皆产自森林，在在为所必需之品。林政不兴，试问何所取给，反是则必获利靡涯矣。

　　以土地论。吾国已耕种之面积不过 2147 兆亩，荒废之山郊面积约计 7254 兆亩（蒙古西藏尚未在内），是荒废之土地较已耕种之土地反多 3 倍有强。然以其中不农之地居多，固难树艺五谷。若以之培植森林，当可野无旷土。试就 7254 兆亩计知，设皆种造成林，每岁亩入平均即以银币 1 元计，为数已属甚巨。吾国财政，岂不因之裕如耶。

以生计论。吾国生之者寡，食之者众。民穷财尽，危象日臻。使林政振兴，生计必呈活泼之象。美国全局实业资本，关于林政一途，约占 1/5，综计 4500 兆元。此项巨金，国人倚之为生计者，计数百万人。德国森林占全国 1/4，办理林政职员 9000 余人，伐木运木工 375000 余人。其他与森林有密切关系者，如炭商木工及制造木板厂车厂船坞玩具纸厂等，为数即难屈指。衣木为业之工人，有不下数百万人。盖德国全国，每百人中，以森林为生计者，计有 12 人。吾国森林未兴，游手之民，随在皆是。是林政影响于国计民生如此，吾人当亟亟注意也。

森林直接之利益，如上所述，略具梗概。而森林间接之利益，其关系亦复甚巨。森林繁盛之区，较知森林缺乏之地，空气新鲜，是森林之有益卫生。森林繁盛之区，较森林缺乏之地，能使雨水常多，寒暑调和，是森林可以增加雨量、转移气候，且能使河流不息、无泛滥涸竭之虞。至于保存山岭泥土，不致冲去以阻塞河流，而减少水灾。尤为纾内乱丰民食保民卫乡之要策。外此增益地方美景，构成锦山绣河，当亦必不可缓。泰西森林专家，对于上述种种。几经调查，确有实验。苟能悉心推测，自知余言之不谬也。

振兴林业为中国今日之急务

凌道扬

近十数年来，森林事业渐引起国人之注意。这可从中外报章及名人言论者甚多。鄙人为此问题讲演、著书，进而与海内人士商榷者亦数年于兹。惟以政局忧扰，国家多难，十年大计迄未见诸实行，殊甚悲痛！迩者欧战告终，世界趋势群以经济政策为竞争之具，我国幅员辽阔，百业待兴，森林政策实为目前当务之急，爰不惮重絮。再以森林与中国之关系，为我国人言之有投袂而起。驱群策群力以实行提倡者乎，是则中国前途之幸也。

木材乃森林主要之产物，为人生日用所必需。不惟房舍器具，即工业矿业以及铁路邮电等等，需要木材之途，尤难数计。据美国最近报告云，全国所用较大之木材，除去燃料、板条、屋顶板不计外，每年共值金洋七亿三千二百万元。木材消费如是之多。我国人口较美国多4倍有余，则每年消费木材之价值，思之当可警矣。按《远东时报》云，1914年日本北海道输出之木，为松橡等类，价值六百五十一万九千二百二十二元。其用途几全为器具及枕木。销于中国内地及满洲者，约占全数三分之一。更据农商部统计所载，自民国元年至民国5年，总计5年内输入木材共计价银五千一百一十四万多元。漏卮之大，骇人听闻！当此百业竞进之时，木材需要有加无已，来日方长，其将持何术以塞漏卮而免穷困耶。据西人罗斯博陆氏祥查我国现在每年所用木材之数，计24亿料（每料长宽一英尺厚一英寸），价值钱六千四百万元。中国人以4亿人计，将来百废俱举，即使节省用之，至少亦需300亿料。其言如此，吾人即折半而言，仅需150亿料，以每千料35元计算，其总数亦达五亿二千五百万元之多。若夫林政不讲，林业不兴，此项木材，何由供给。西人福洛氏有曰，无木之荒等于无粟，我国人亦知所惧乎。

且森林产物之需要，尚不仅木材已也，桐油、松油、樟脑、软木、果核、药品以及造纸、硝皮、染漆等料皆为实业中各种制造必需之品。据最近报告，美国每年造纸用木，计值金洋六千余万元。造硝皮质之树皮计值金洋2200余万元。又松油出产计值金洋36万元。即以我国产出之樟脑桐油漆等而论。虽无确实之统计，其为数当亦不少。然则居今日之中国不欲振兴实业则已，果欲振兴实业，

175

以图经济力之发展，则对于供给实业上种种需要之林业若不积极提倡，岂非舍本逐末，缘木求鱼耶？

由上所述，则森林产物之需要，已如是其急矣，而细考吾国宜于造林之荒地矿土所在多有。据《远东时报》所记载，中国本部18省及满洲新疆已耕种垦殖之地约计204690万亩。使其言而确也，则吾国未经耕种垦殖之地，当有724600余万亩，而蒙藏之万里榛莽，尚不兴焉。设利用此广阔之荒地，以广求种植，即平均每亩以获利1元计算，则国家有何贫之足患耶。法国南部昔多流沙废地，乃自19世纪之初，法政府锐意造林，迄欧战之前，其已经恢复之荒地，计达300万英亩。此300万英亩，当60年以前，全国人民尚多视为必废之地，绝无生利之望。今乃事出意外，获利甚巨。宜其政府人民对于森林特别重视，而法国之造林政策，为世界各国所极力称赞者也。夫荒芜之地，多系贫瘠土壤，用之以业农桑，劳力甚多，成效难必。故山陵丘壑，独宜造林，吾国荒地已如是之多，自应求所以划地利而裕民生之道。宋太祖云：寸土寸金。西哲云：因地取利，不可旷其寸土。森林一事，足不可再须臾缓矣。

今之论者，动曰中国人满为患，夫人满安居以为患耶。土地资本劳动力为经济之三要素。人工愈多，劳力愈充实。而一国之经济，当愈亦发达。欧美各国，有患人力不足而特招华工者矣。未闻以人多为患者。吾国不患人满，特患人满不能利用之耳。试观今日匪患之烈，流民之多，实皆生计穷迫之所致也。林业已能占据广阔之土地，自能利用多数之人工。造林伐木以及运木需人极多。而木商炭商木工木厂车厂船坞纸厂及硝皮质染漆料，桐油松油枕木木箱棺椁牙签等工作需要人工，更较造林、伐木、运木为尤多。德国人口约6000多万人，其造林、伐木、运木及依木材相依为生活者已720余万人。德国林政为世界之冠，以全国平均计算，每百人中有12人从事林业。美国西部华盛顿阿尼基埃达河3省，山林最多，其报告所载，谓百人中以林业为生活者，竟有60人。其各种事业共用之工资共金洋7500万元，用以林业者，有4500万元之多，是每百元中即有59元入于从事林业者之手。设吾国林业发达，则国家之殷富，民生之充裕，直操券偿耳，又何人满之足患哉。

水灾之患为中国近数十年最大之问题。生命财产之损失，国帑公款之耗费，俱不可以数计。即以直隶水灾而论，迄今河工尚未止息，而用款已不少矣。海内外名达之士皆云根本治水之策，非广植森林，不足以收一劳永逸之功。盖森林者，可以防止雨水之暴流，故河水少突涨之患。可以障固泥沙之冲洗。固河身无壅塞之虞。此经多数科学家考核证明而绝无疑义者也。且森林效用，不惟足以防水，而且足以救旱。因森林与雨水之关系，经各国历数十年之调查，确知森林增加雨水之量，较无森林之地常多25%。法国南色之地，尝分三区试验，以比较雨量之多寡，一为森林地，二是近森林地，三是无森林地。森林地雨水之多，超过近森林地者7%，而超过无森林地者24%。美国科学家窗氏谓，如沿美国大西洋沿岸或南亚普拉曾山林木之全部或一部分除去之，则美国中部及低原之地雨量必然减少，万物必易枯槁。斯言一出，而美国政府即规定大西洋沿岸及南普拉曾山两处森林为保安林，永禁采伐。即此已足以证明森林防旱之效用矣。吾国西北省童山连亘、一望千里，此实水患之源、旱灾之由，黄河流域洪水凶荒之灾屡见者，职是故也。设广求林业，使黄河两岸诸山地悉变为蔚然青葱之森林，其影响于水旱者，绝非浅鲜，而国计民生利赖者多矣。

铁路轮船飞艇电线为国家必需之物。常时借以便交通，战时借以固国防之数者，皆大部分仰赖木材以成之者也。此次欧战中，美国林务督办格雷夫氏云，法国与此次大战中最大之牺牲，为协约国所不能忘者，即其森林木材之消耗是也。盖战时用木之处极多，战壕也、兵房也、军用铁路也、转运炮位之临时木道也、加之军医营房及一切用具，无一不消耗木材之地。他如兵栈枪柄、桥梁、电杆以及日用之薪柴等，其数之多，可以想见。兹就飞艇一项之制造而论，据确实调查，英、美、法年应需枞木二万万料。美国所规定之飞艇经费六亿四千万金元，亦多数用于枞木。再以吾国铁路而论，已成之路约一万八千里，每年修路之枕木费，需银已 670 余万元。新建之路，其需用枕木费，更不可胜计。我国现用之枕木均来自日本、美国、澳洲等处。与夫日人之运自满洲者，今当铁路逐渐修筑之际，各种工业竞进之时，长赖外木，讵能有济。由此观之，欲维持国力于不败，必须借重于森林者，实有不可轻视之处也。

总观以上所言，则振兴林业为我国今日实业中极不可缓之问题。且振兴之道有先后本末之不同，苟不先齐其本而漫然行之，非特无益，且失其效。窃以为我国林业之不兴，由于林政之不讲，林政之所以不讲，又由于林务机关之废弛。溯自林衡官废而后，举国上下对于林业皆置之于熟睹无闻之列也久矣，于是提倡者无人，负责者无人。人民滥伐，国无禁例。致使利益宏富之林业日就颓败。可惜熟甚，据理而论，非绝对之不幸也，盖亦势之所必至者耳。我国今天不欲振兴林业则已，苟欲振兴林业，非中央特设林务总机关，管辖全国森林不为功，此何故乎，盖中央无林务总机关。一则主持林政者无其专人，而林政之规划自难以有条不紊。二则办理林业者，无所标准，而林业之进行亦难免不背道而驰。三则是有森林识学者，怀才莫展，而专门之人才渐至改事他途。四则管理林政者，非其专责，而林业之实效自难则以考成。有此四大原因，则中央林务总机关之不能缓办者明甚。查林业发达之各国，其中央政府均设有林务专司，欧战以前，日本中央总机关任用专门林学之人员 2800 余人，美国 4000 人，印度 1 万人，德国 9300 人。其林政经费则美国每年 950 万元。印度 853 万元。德国 46368000 元以上。各国以若是其多之人员，若此其巨之经费，以从事林政，其国力之富，良有以也。我国既贫且弱，岂可不急起直追，速设中央林务机关，为国家树根本之大计，开无穷之利源，以充欲我国计，补救我民生也。

建设全国森林意见书

▎凌道扬

一、绪言

训政时期，需努力建设，方可为将来宪政之预备，方可期三民主义之实现，方可达到国民革命之最后成功。虽然建设事业千端万绪，孰先孰后，孰缓孰急，乃为目前急应先决之问题。总理于《建国大纲》第二条即指"建设之首要在民生"，以昭示吾人。又于三民主义讲演中反复说明"要解决民族问题，同时不能不解决民权问题，要解决民权问题，同时不能不解决民生问题。"由此可见建设之唯一目的，在求民生问题之解决。良以吾国民众受帝国主义者及军阀之敲剥已久，生计艰难，建于极点；加以天灾流行，水旱交至水深火热，急待救济，若不急图物质上之建设，以发展民生，则政治及国际上虽获有相当解决，而经济仍未能达到自由平等也。民生问题，包括衣食住行四大需要。欲满足此四大需要，舍遵总理之实业计划以发展实业，别无他途；而森林之建设，亦实业之一端，为总理所极端注意。除于民生主义第三讲中，将森林对于民间之关系反复说明外，复于实业计划中特别规定"于中国北部及中部建造森林"，其明证也。国家统一，实施编遣，被裁士兵，将从事于生产事业，而造林亦其一端。中央且有强制造林提议，可见举国上下，咸以提倡林业为急不容缓之图。不才从事林业多年，主张森林救国，宣就研究所得，参以经验略陈管见，供建设新中国者之参考焉。

二、森林对于民生之重要

森林之有关民生，总理言之详矣。夫木材为人生日用之需，居则如房屋几榻，行则如桥梁舟车，以及一切机械用具，在在需木；推之工业上之制造，矿场铁道之用材，又无一可以缺木。需木之途既伙，用木之量自增。西人福络氏有言，"无木之荒，等于无粟。"据最近报告，美国全国每年所用较大之木材除原料板条屋顶板不计外，共值银 1462 兆元。全世界消耗木材年约 560 亿立方尺。中国人口占全世界人口四分之一，较美国多至四倍以上，则每年消耗木材之数量及价值，不亦大可惊人耶？森林之产物，不但木材一项：桐油、松油、樟脑、软木、果核、药品以及造纸、硝、染漆等料，皆为实业中各种制法必须之品，而无一非产自森林。据最近报告：各国每年所产之纸浆，约 300 万吨，用木 23 亿立方尺。即以美国一国而论，其从事造纸及纸浆工厂，凡七百余处，投资达九亿金元。其造硝皮质之树皮计值银 4400 余万元。又松油出产，计值 7300 万元。至吾国每年年产樟脑桐油染漆等之数量现虽衰落，倘能加以统计，当亦不少，足见森林利益之大，非他种事业可比，况铁路轮船飞艇电线，为国家必须之物，平时籍以利交通，战时赖以固国防，而其构成之大部分皆仰赖木材，始克有成。欧洲大战时，美国林务督办格雷氏有言：法国于此次大战中，牺牲最大而为协约国所不能忘者，即其森林木材之消耗是也。盖战地用木之处甚多，战壕也，兵房也，军用铁路也，转运炮位之临时木道也，加之军医营房及一切用具，无一不消耗木材之地。他如兵栈枪柄、桥梁、电杆以及日用之薪柴之类，又多赖于木材。即以吾国铁路而论，已成之路约 2 万余里，每年修路之枕木费，需银已达 750 余万元。今后欲实现总理之实业计划，则所需枕木，自更不可胜计。我国以往及现在所用枕木，均来自日本美国澳洲等处。今后不惟我国木材，久陷于枯竭之境，即现在世界之产木，亦已供不应求，木荒之患，行将现实。据最近调查：世界林木之产额，每年仅 310 亿立方尺，而木材之消费，每年已达 560 亿立方尺，二者相较，每年消费之数，已超过生产 18 亿立方尺。故欧美各国，近已设法向赤道一带人迹罕至之地搜求采伐。各国自用木材，尚患不足，安有剩余供给于我。我国在此时期，如欲挽回外溢之金钱，救济世界之木荒，实现总理之铁道计划，非从速自行造林，不能成功。此不能不尽力经营森林以解决民生者一也。

吾国荒山旷土所在皆是。据调查所得，中国本部 18 省及满洲、新疆等处，已经耕种者，不过十五亿七千多万亩。使斯言而确，则吾国未耕种垦殖之地当有八十七亿五千多万亩。至所谓十五亿七千多万亩者，仅指 22 行省总面积的 15% 而言；之外尚有 85% 土地未用也。至于榛莽万里之蒙藏，则不与焉。亟应利用此 85% 之荒地，以讲求种植，高瘠者用以植树；稍平者用以植樟桐及漆，平均每亩以年获 1 元计算，则国家已无患生产之落后，与财政之艰窘；而况获利尚不止此乎？且此等荒地多系瘠薄之土，与其种植农作物，致劳力多而成效少；不若改植森林，用力少而生效宏。孰得孰失，必有能辩之者。况将来编遣实施，退伍者众，非利用此等荒地，实属无法销纳以裕其生计。此不能不尽力经营森林以解决民生者二也。

近来，各国人士见中国之盗匪充斥，辄鳃鳃以人满为虑。但一读总理之民族主义，必恍然觉其前言之失当。总理调查中国人口之生产率，不惟不见加多，反觉其渐见减少。以土地、资本、劳力为经济上三大要素言，一国之人工愈多，非特一国之劳力愈充实，即一国之经济力亦更易发达。欧美各国，曾以人力不足，特来招致华工，未闻以人多为患者。吾国今日之患，不在人口之增加，乃在地利不兴，民力不尽，平日习于游荡，一遇凶荒，谋生乏术，至老弱委于沟壑，壮者铤而走险。今日各地土匪之多，虽系受军事之影响；其主因所在，都从生计窘迫有以阶之历也。注重林业，不惟能化广袤之荒地为沃壤，抑且能化多数之游民为职工。造林固需人，伐木亦需人，运木又需人，其他如木商、炭商、车厂、船坞以及造纸、硝皮等工作，无不样样需要许多工人，且造林伐木运木所用之人更多。德国人口6000余万，其造林伐木运木及与木材相依为活者，已有720余万人，即每百人中又12人从事林业。此德国林政所以冠于世界也。美国林业居于农业之次，投资总额40亿金元，工人达100万，工资每年约12亿金元，直接依赖林业为生者约500万人。至其西部华盛顿阿尼根埃达河三省，山林最多，其报告所载，每百人中依赖林业生活者，竟达60人之多。其各种事业共用之工资计150兆元，中间用于林业者，竟占89兆元之多，即每百元中有59元入于从事林业者之手。可见我国如能发达林业，则国家之殷富，经济之充欲，不难与列强并驾齐驱；又何人满为患之有？此不能不尽力经营森林以解决民生者三也。

洪水为灾，为中国近数几十年来之最大问题。生命财产之损失，国库币银之耗费，俱不可以数计。海内外明达之士，金谓根本治水之策，非广植森林，不足以收一劳永逸之功。总理于民生主义中，言之尤详。概森林可以防止洪水之暴流，故无河水突涨之患；可以减少泥沙之动刷，故少河身壅塞之弊。此经多数科学家于学理事实两方面证明，而绝无疑义者也。且森林之效用，防水之外，又足御旱，因森林与雨水亦有关系。经各国历数十年之调查，确知森林繁密之地，其雨量之增加，较诸无森林地带，常多25%。法国之南塞，尝分三区试验，以比较雨量之多寡。一为森林地，一为近森林地，一为无林地。森林地之雨水多于近森林地7%，而超过无林地24%。美国科学家窗氏谓：如将美国大西洋沿岸或南蒲拉会山森林之全部或一部除去之，则美国中部及低原之地雨量必然减少，万物必易枯槁。斯言一出，而美国政府即规定大西洋沿岸及南蒲拉会山两处森林为保安林，永禁采伐。此亦已足以证明森林防旱之效用。吾国西北诸省，童山石田，一望千里，此实水灾之源，旱祲之本。黄河流域屡患洪水，即以此故。倘能于黄河两岸一带山地，努力造林，使童秃悉变蔚然，则山土得所捍蔽，不致为雨水动泻而淤高河床，即有旱年，森林亦有由根须吸收地下水分，蒸发为云雨之功用，其影响于水旱者，当非浅鲜。此不能不尽力经营森林与解决民生者四也。

三、振兴森林之办法

振兴森林为今日建设事业最切要之问题，已如上述；然振兴之道亦需先定方针，不可贸然从事。我国林业之不兴，由于林政之不讲，由于林务机关之废弛。溯自林衡官废以后，举国上下对于林业皆置于熟视无睹之列，于是提倡者无人，负责者无人，人民滥伐国无禁例，以至林业日就颓败。时至今日，不欲振兴林业则已；苟思造林，非由中央设一林务机关不可。否则，主持林政既无专人，一切规划，自难有条不紊。流弊所及，一则办理林业者无所遵循，林业之设施亦必背道而驰；二则有森林学问者，以怀才莫展而改事他；三则管理林政既无专责，自难则以考成。有此三因，中央林务机关不早日筹设，无待赘言。

世界林务发达之国，其中央政府均设林务总机关，延揽林业专门人员，管理全国林业。其所用之人员，美国有 4000 人，印度有 1 万人，德国有 9300 人。其林政经费，则美国年支 950 万元，印度 850 万元，德国之支出亦称是。以如此众多之人才，巨额之经费从事林业，宜其国民经济日趋发达也。我国贫弱，于今为烈，自应急起直追，设置中央林务机关，提倡森林事业；中央机关成立后，各省亦需次第设置分管机关，庶几森林事业，可望逐渐发达。至于中央机关如何组织，如何进行，先进各国，皆随其历史而异，我国应兼取众长，庶可事半功倍。兹就平日研究所得，略举林务机关之组织大纲，以备采择。

（一）中央林务机构宜设造林科

今日国内人工林既不多见，即天然林亦滥伐几尽，童山濯濯，所在皆是。于是水旱之灾相因而至。北京政府时代，曾定有奖励造林条例，人民造林，予以重赏，宜若可以振兴林业，然而环顾四野，荒山依旧。直至今日，成绩毫无。推原其故，虽人民生计维艰，无力造林，而政府之放任腐败，亦属咎有攸归。森林为国家之事业，而不明定政策，不加提倡与干涉，乌能有效。总理有言："我们讲到了种植全国森林问题……还是靠国家来经营"。诚以国家之命运无疆，森林利益，自可计年而待；非若蚩蚩之氓，只顾目前之利，不能计及久远也。故中央极宜设置专管机关，一方面提倡造林，促人民之奋起；一方面实行造林，欲国家之财源。然其事甚繁，其责綦重，非设造林一科，专司造林事业，断难循序而进，收圆满之效果。造林科之职务，当按全国情形，分成若干林区，每区每年限定造林若干亩，遴选确有林学经验之人员，前往管理，并随时考查成绩，以定奖惩。按事实之需要，各区并得设立苗圃，以免采运幼苗之劳。此皆应受造林科之指挥监督者也。诚能如是，则造林既有专职，必能循序渐进，实现总理之造林计划。

（二）中央林务机关宜设保护科

实施造林，首重保护。保护一有不周，非特葱郁难期，即资本亦将虚掷。是以造林之先，必须筹划所以保护之道。欧美各国，无不注重此事，由官府特派防火专员,并由社会组织防火班或救火队,以防意外之焚毁。诚以未造林之前,间接受害,虽属不资,而资本尚在;既造林之后,一有意外,则资本虚掷,而林主之生计亦尽。是以森林之保护,公私两方,莫不重视。吾国森林之衰落,保护不力,亦其最大原因。荒山旷野,非无萌蘖之生;徒以人民不知爱惜,随意采樵,与茅草同为灰烬。于是人造之林既无由发达,而天然之林,又不能产生,到处童山,复何足怪!故今日提倡造林机关宜设保护一科,俾专责成。对已成之林,则需限制斫伐,防止火灾;对于无林荒山,则只许其割草,而不准其伐树,庶几保留野生之苗木,蔚成天然之森林,不费资本,不劳人工,而大利之来,与年俱积。

(三)中央林务机关宜设指导科

我国自林政废弛,即无所谓林家,亦无所谓林业,古来虽不乏种植之方,亦不过吉光片羽,散见于农书之附说而已。《汉书·艺文志》详记九家源流,不闻列有林家,即可见中国森林衰落之由。人民既无森林知识,一旦责以造林,自难得其同情,总理知难行易之说,良有以也。故今日欲振兴林业,必先普及林学教育,中央专管机关,更须设指导一科以司其事。日本提倡造林之初,以人民不加注意,乃设立山林局,组织森林游行演讲队,四出劝导,并设森林专校,使人民皆憬然于森林之利益,与其种植之方法,迄今未20年,其森林遂占世界中重要之位置,可谓盛矣!我国人民之耐劳勤勉不逊于日本,果能仿而行之,则林业前途希望无穷。欧美森林之盛,殆莫与京,考其至此之由,大都收功于学校教育。德意志于19世纪,即设森林专门学校,法美印度等国,亦莫不设置专校以培植造林人才。我国农业学校,虽设有林科,学额既不众多,设备亦欠完善,宜其不能供给全国之需要,是须由中央林务机关设立指导一科,从事培植人才。

(四)中央林务机关宜设伐木科

伐木一科在我国虞衡未废以前,定有专条,何时宜伐,何地宜留,周礼所载,班班可考。其学理经验,按之今日伐木之学,两相符合。惜自虞衡废后,斧斤入山,多不以时,滥伐既盛,森林随少,政府置之不问,人民贪其小利,于是童山濯濯,到处皆是,水灾旱魃,亦且随之而来,可惜孰甚!林木成才,当然可伐;惟须取之无伤,不可巨细不遗耳。我国川、湘、滇、黔等省,尚多天然森林,满洲天然林之面积计有六亿二千余万亩,为我国各地之冠,惜乎国人不加注意,致为日俄两国所滥伐,每年损失不可胜计。倘能设立伐木一科专司其事,一则可于伐木之中筹措造林经费,二则砍伐合法,可保护原有森林之发展。

以上四端或为根本大计,或为救急要图,按诸国情,参诸林政,皆系中央林务机关必要之组织。虽挂一漏万，设计未周，而千虑一得，或有利于林业前途。兹更就振兴森林之简易办法，条陈于左：

1. 制定森林法规

我国原有森林法规，语焉不详，急应参考各国成法，重行修订。如伐木一端，为森林法中最重要之点，各国皆详定专条，于伐木方法，伐木时期，伐木种类等等，莫不加以限制，以发展林业，保护林相。我国原有法规，此等要点皆付阙如（补充条款）。且防止火灾为森林法中最大之事，亦有详细之规定。至森林邻近铁路，最易发生火灾，故各国森林法此点亦殊重视，如何保护，如何防范，如何赔偿，皆列有专条，双方遵守。我国亦无一言提及。又如铁道矿务等公司，其事业皆与森林有关，各国于铁路穿过森林，或于森林区内开探矿藏，其损失应如何赔偿，争执应如何解决，皆有章则可循。我国亦无此条文。余如国有森林，则未定经理之方，妨害森林，则处以轻微之罚，亦宜详为改订，以利林业之进行。以上所举，为关于森林法之荦荦大者。今欲建设森林，首宜制定森林法规，俾共遵守。

2. 规定森林税则

森林税则，我国向无规定，即国家收入，亦不以正税视之。当此提倡造林之始，须将新造林区免其赋税，以示奖励。惟山地多属人民私有，政府苟不先是调查，则造林之地与荒旷之区同受免税之实惠，未免不平。宜将全国荒山逐一调查，定其等次，已造林者免税若干年，未造林者收归国有。人民虽愚，未有肯坐失其地者。如此办法不特收强制造林之效，抑且增加国库之收入，一举两得，莫善于此。抑有进者，我国旧日税制每见地有优劣之分，而税无轻重之别，甚至领劣地者税较重，领良地者税反轻，既失体恤民艰之意，复背税则公平之道。欧美各国税则，财产税与生产税并重，一面按其财产之多寡，一面查其生产之丰耗，以定征税之标准。我国当此建设之始，森林税则亦极宜本此原则订定。

3. 应先实行调查森林并拟定造林计划

我国森林区域以及荒山荒地，从未切实调查，更无造林计划可言。今欲提倡造林，需先于各省设置专员，详细调查某省林地若干，荒地若干，土地若何，可造何种森林。皆使之了如指掌，然后拟定计划，次第进行。

4. 厉行造林奖惩章程

我国近年对于造林，虽间有提倡，而各种规章则从未实行。此由于无人负责，互相推诿所致。盖造林奖惩之责，委诸地方官吏，则政务纷繁，无暇兼顾；委诸地方士绅，又以获利无期视为具文。故非另设森林警察，俾负专责，一面宣传，一面保护，则难收实效。此其一。以前人民请领荒地从事造林，虽有此条文，而手续纷繁，束缚太甚，如县长必请示于道尹，道尹又请示于省长，辗转延期，荒地尚未领到，而金钱先已虚糜，因之人民灰心却步，中止进行。今宜剔除此项弊实，人民请领荒地可径向一省主管官厅，以省手续而免延期。此其二。其他阻碍造林之事尚多，惟以上列两项为最要，甚望政府及早改良。

5. 造林必须继续进行

各国人民，对于造林往往不甚踊跃，良因森林为最费时日之事业，今德法美日诸国，森林之所以若是畅茂者，皆其全国上下惨淡经营之功。我国幅员辽阔，濯濯童山，所在多有，造林之成绩，自非一蹴可就。需预定计划，本总理之革命精神，努力前进。虽经困难，不因之而稍有间断，则森林之建设，庶几有望。

以上所陈，皆为建设时期之急务，解决民生问题之要着，甚望负建设之责者对于森林建设，三致意焉。

林业与民生之关系

凌道扬 ▌

举世闻明各国莫不注重林业，以林业关于一国之生计，实大也。我国人尚不知培植森林之法，以故国中童山赤土一望无际，各国森林学家每举我国与土耳其相提并论以警戒其国人，如吾人欲一雪斯耻并解除将来生计之困难而惟有合群力以振兴林业为当务之急耳。

兹篇取森林学之最重要者述之，引起我国人对于森林之兴趣，分别直接利益、间接利益二项析言之如下。

林业直接之利益。人生社会间，除食品以外，木之需用为最多，我国人因不讲求林业，故需用木材时常以缺乏而致恐慌。今日市肆所用之木强半购自外洋，漏卮已不可思议，而内地荒芜满目无人经营甚至柴木鲜少，有越数十里而采薪者建房屋因木而纯用土泥。即棺木亦需费数十金。因此西人当为滑稽语曰：欧美人之生也不易，因生活之程度高也。中国人之死也亦不易。因木材少敛具价昂也。其言足动吾人之深省矣，夫吾国木材既见其少而市廛间之木炭行储炭甚多。此正为不知培养森林之证，盖凡业烧炭者，恒取小木燃烧之以应急用。小木既斩伐已尽又何能蓄之以成大材，不亦至可惜乎。如山东一隅，以不殖森林变为硗瘠之地，民间采用柴木以不敷取求，更今童子登山掘树根以济用。现在如此，将来何如耶。

美国森林学大家斐洛有言，国家之文明以木材为基本旨哉。斯言吾人试思当前百物多由木材而成，其尤广者为铁道。今者我国以成之铁道约 18000 余里，所需枕木约需 1260 万支，加以每年修理，约需 250 万支。用数若是如此之巨，此后尚不可以亿计，如此巨数之木非皆由外洋输入乎，且外洋制就枕木之工人，每日工资约得三四元逾，于我国之工人数倍，此项外溢之金钱不皆由于无森林之故乎。不第此也，国中需办之电杆矿场之垫木，船厂以及建筑家需用之木，不知凡几吾人尚依赖外货，必非久计，谓宜亟起种植山顶及荒旷之区，尽可辟为利薮，化无用之地为有用。其裨益于民生实大，所收获者，木材之外，有桐油、松油、

185

硝、药品、纸料等，取之不虞，告匮诚实业中之不可缓者也。如彼美国凡与林业直接相关之业，总资本约为 445000 万元，工人约有 150 万人，其出产总额有 600000 万元。观于此，可知森林影响之大，我国与美较人数多 4 倍，土地亦超越甚巨，将来森林发达则各种实业之扩张尽未有涯也。

林业之间接利益。 考欧美各国之历史无不在经历患难之后始协力以兴办森林者。奥国于 1850 年水潦为灾，国人始悟无森林为之抵御也。于是政府与人民乃亟起从事，至今遍处森林，不虞天灾矣。法国亦然，其国中多肥沃之田畴，皆昔日之荒陬僻壤也。一经培植森林，却得最良之效果。吾人能弗艳羡乎，然回视国中山陵高原若是其多以不兴林业，故灾害并至，某地山崩、某地河患，以致膏腴之地被水动没，变为石田者不可胜数。他如小河淤塞酿为疫疠，究其祸原皆由于森林之缺乏。其在他国偶经一二不幸事，莫不争先恐后出而整理，而吾国人遍受创痛可不急筹，所以消弭之乎。夫为地方谋保安之法莫如广植森林，此与泥土及河流二者均有最大值关系也，更分述之。

（甲）与泥土之关系　山无森林，天雨之时泥水俱下，与抵御物遇，其势即减，反是则奔腾而下，绝无植物为之间隔，则地面必受其损伤。据科学家之调查，植物之中以树木之抵御力为最强，其根杆甚固，既能杀急流之势，其枯枝败叶如海绒然，复可涵蓄流水，使不易涸，且其根蟠土中，尤可使土质坚凝，则谓森林为保护山地之最善法，未为不可不观之瑞士乎，其山谷之间皆为耕种之地，假非有森林为之掩蔽又焉能至此乎。至于吾国如广东山东等处，山谷间非惟不堪耕种，却天生之植物亦极稀，又如福建畴昔种茶之山，出产繁多，今则逐岁减少，且有不能续种者，其原因则由肥美之土质为流水所刷去，故瘠薄不能生利也，苟有森林何至于此。

（乙）与河流之关系　森林既有涵蓄水流之能力，则大雨之后不致洪水横流，旱干之秋尚有余沥可润，旁近之河流亦不虑其骤缩，为航行者之累。且山间寒季积雪，以有森林故不致融解过速而成急湍。尤有裨于川流也。间尝道出闽省，历延平、建阳、邵武各处，土人告余曰，闽江之水骤涨时，则汪洋四溢，低地皆成泽国。骤竭时，则河底砂石岸上人历历可数，缘自福州至延平，尚有森林，自延平而上，森林绝少，此闽江受病之由也。依此推之，吾国各省预防水灾为治本计，舍培森林殆末由也。

如上所述，森林为吾国亟须振兴者，其效甚显。我国四千年来，以重农为本务，然注重农业而无林业为之调剂，则农业亦未臻于安全。况于已僻之田畴，则置为世业，而于未僻者则弃之如遗。大地之利，不已减其过半乎，迩因政府颁布森林法，爰为申论如右。

论近日各省水灾之剧烈
缺乏森林实为一大原因

凌道扬 ▋

近日粤直湘鲁豫鄂等省暴水为灾。各处报章记载，有谓水势忽涨二丈数尺余者；有谓堤坝冲塌、坝基塌陷，越数县之远者；有谓村庄淹没数十处者；有谓城市沉水丈余者；有谓淹毙人口数百者；有谓田原禾稼俱成浩海者；有谓铁道桥梁多数冲毁者。呜呼！可谓惨，可谓劇矣！举国上下，莫不视为天灾不测。除修堤以防后患、筹赈以救难民外，无他策焉。岂知修堤不过为防后患之一种，而后患正恐无穷。筹赈不过为救目前之危急，而来日又将如何？这个山崩土陷，堤决川泛，虽属一时之暴雨所致，淫霖为患，而缺乏森林，实为最大之一原因也。试就森林保护泥土、节制河流之能力，与其减免水灾之确验，为吾国人述焉。

（甲）森林有保护泥土之能力　雨之倾注也，地面愈裸赤，则打击之力愈大。水之就下也，地势愈倾斜，则冲刷之力愈猛。又以地上之本体，缺乏森林之庇护，阳光直射，一旦遇雨，使之骤然膨胀，则结合力失去。再加以最大之打击、最猛之冲刷，于是始而沙土泥砾，随雨下注，继而岩骨土阜亦偕雨俱往。河底以之填塞增高，河水自必殷溢泛滥。此凡无森林之地，其现象罔不如是也。若夫地有森林，则大不然：（1）森林之根盘及其蔓须，并有由森林构成之地被物，能强固泥土之结合力，不畏雨水之打击及冲刷。（2）森林之枝叶，交互纷披，其残枝败叶遍布地面，亦与地被物作重重之掩护，无论若何狂风暴雨，不致直接受之于地面。（3）森林之新丛及所积存之残枝败叶，及深厚之地被物经雨水之渐渍，能使积水潜流于间隙之中曲折回旋，由舒缓之势徐徐而下，绝无冲刷之力。根据以上三点，可见森林有保护泥土之能力矣。

（乙）森林有节制河流之能力　森林之于川流，干旱使之不涸，大雨使之不溢。森林愈深，则功效愈大；地势愈高，则功效愈显。兹仅就泰西各国所调查，取其最为确定者略举如下：（1）树木之根干与枝叶并根上发出之丛枝，平均能吸收雨量约23％；（2）树上坠下之残枝败叶，遍布于地面，平均能吸收雨量约

25%；（3）树之根盘与蔓须，横亘土中，有如蛛网，使土之内层孔隙俨若蜂房，平均能吸收雨量约20%；（4）林木之枝叶及干部同时之蒸汽，平均能消失雨量约8%。因此数端每雨百分及地面流入河中者，仅存24%。余则积储林间及含蓄于林地，朝夕藉以滋润涓涓不绝而已。德国巴哇连人对于此种调查尤为明晰。虽地势之高低、森林之疏密、雨量之多寡、树木之种类各有不同，未可概论，然有森林之地，其河流断无水势陡增而横决泛滥，则为不易之理，此森林节制河流之能力也。

（丙）森林减免水灾之确验　既知森林有保护泥土节制河流之能力，即知森林可以减免水灾，毫无疑义矣。美国森林公报176号记载波多麦、孟路格黑拉、阿海阿、堪伯伦及瓦拜西、红等地调查之表：一为森林砍伐愈多，而水灾增加；一为森林培植愈盛，而水灾减少。其表如下：

水 灾 之 增 加								水 灾 之 减 少							
河流地	水涨尺数	水退尺数	年期	泛滥次数	泛滥日数	水退次数	水退日数	河流地	水涨尺数	水退尺数	年期	泛滥次数	泛滥日数	水退次数	水退日数
波多麦	12	3	1890–1898	19	33	54	1351	瓦拜西	19	3	1890–1898	21	351	38	1395
			1899–1907	26	57	76	1693				1899–1907	19	279	44	1160
孟路格黑拉	20	7	1886–1896	30	55	66	912	红	20	4	1862–1899	16	17	49	826
			1897–1907	52	100	90	979				1900–1907	16	60	8	2080
阿海阿	22	5	1882–1894	46	143	79	1333								
			1895–1907	59	188	110	609								
堪伯伦	25	3	1890–1898	32	89	61	1261								
			1899–1907	43	102	65	1576								

就森林砍伐愈多水灾增加之表观之，波多麦一地，1890—1898年河流泛滥，仅19次。1899—1907年，增至26次。就森林培植愈盛水灾愈少之表观之，瓦拜西一地，1890—1898年，河流泛滥有21次之多，1899—1907年，减至19次。其水灾增加减少一原因分两地调查，前后经17年之久，可知绝非空谈妄论者可比。此森林有减免水灾之确验也。

或者说水灾之至，生于变化莫测，无可防御。周流空中之湿气，而河流之涨，又随雨水之多寡而定。斯言也。固未可以厚非。要知森林有保护泥土之能力，不使崩溜之泥土填塞河身，有节制河流之能力。不使盛大之积潦溢入川流。即属霪雨，当亦不致成剧烈之灾矣。

予自归国数年以来，本所学森林，赴各省讲演。每论间接利益，如减免水灾一项，尝作最浅显之比喻，以期国人易解。如手中挟持木板一块，以喻荒山之峻坂，淋水其上，以喻大雨行时随注随倾，不稍留滞。继取毛布一段，铺于板上，以喻山有森林，仍如前法淋水，则仅涓滴徐下矣。然听者尚多不察，未能急起厉行。今者灾像大显。嗟我同胞，亲尝苦境，目观惨状，未审能回忆余言，幡然觉悟否也。考各国森林之历史，类多因受水旱灾难，始图振兴。吾国所受旱灾姑置不论，仅就今次水灾言之，当亦足为促进我国急办森林之当头棒喝矣。不辞觇缕，谨再述大略，以告邦人君子。

森林与旱灾之关系

凌道扬

民国六年冬，余因直隶水灾问题，曾赴灾区调查。当时被灾区域有百余县之广。而难民之饥饿流离无所归者，计有 500 余万之多。其在津皋一带，冻馁交迫、奄奄待毙之灾黎，触处皆是。而水面浮尸，尤所习见，其惨状实令人酸鼻也！余于调查后，特著水灾根本救治方法一书，公诸海内。是书内容为就科学历史及事实各方面，以表明永久减少水灾之法，非造林不足以为功。盖以北部诸水发源各山，若无树木盘根错节，固结土壤，涵养水分，平缓水势，难得根本防止水患之术，此三年前事也。

余本年又因事过津，而目睹往岁洪水泛滥之区，今则赤地千里，饿殍载道。曾几何时，患水之地竟一变而为患旱之地矣。嗷嗷待哺之民，缕指难计。树皮树叶，采食殆尽。甚至合家自杀。古以民有菜色，为荒年之像，今之民并菜色亦无望矣，惨何堪言！据各方面报告：灾民之多逾 4000 万；灾区之广延及五省；政府之连电筹赈，慈善家之分头募捐，各报馆各团体一致呼救，声浪所宣，复呈直隶水灾时之现象；而灾民之多，灾区之广，且尤过焉。呜呼！何我中国之不幸若是？何我同胞之不幸若是？

社会中谈及此次旱灾者，多以为此天灾也，不可逃也。然世界各国同存并立，何吾国独为天灾流行之国耶？何吾国之土地较他国为不适耶？就事实言之，则吾国位置适宜，土质肥沃，固最美之地也。焉可归罪于天？西谚有云，天之所助者，皆能自助者也。吾人试反复自问曰：天假我以良好之土地，吾得尽加意维护之任否耶？若是，则恍然大悟，知吾国屡遭之不幸，皆非天灾使之然也。

余于水灾根本救治办法中，详言森林有节制水灾之功用，足以减少其为害程度，乃为害之次数。今与此论中，所欲为我国人告者，亦特就森林一方面言之。

盖森林与旱灾实有密切之关系。据科学上之研究，实际上之试验，敢为自信之言曰：设北五省诸山脉，全为森林所郁蔽时，纵有旱灾，亦断不致如是之烈也。今遇此 40 年来未有之奇旱，仅就所知所信者缕述森林与旱灾之关系敬告国人，俾从此惩前毖后，急起直追，群谋根本防御之法也可。

北五省山脉绵延、弥望童濯，此等荒山危害于国土之安宁，久为世界所公认。美国前总统罗斯福氏曾用中国北五省荒山之影片，作最痛切之讲演，以警戒其国人，使知森林事业之不可轻忽。迄于今日，虽美国幼龄学童，犹记其言，而未之或忘。余于前 6 年中，对于北省缺乏森林之危险，屡著论详述。加之旅行者之记载，各国宣教士之证验，此种缺乏森林之状况，已成一尽人皆知之事实，兹亦不在赘述。今特参考东西各国对于森林与旱灾关系之名论，及诸中证明之实例，为我海内同胞言之。

夫预知森林与旱灾之关系，当先知森林与气候之关系。气候所包有的要素有四：即地位、温度、风、雨是也。这四者实左右土地之寒暖，空气之燥湿，水分之蒸发及关于气候中种种物理上变化之作用者也。

森林有低落空气中温度之能力，一因其叶面蒸发水分有生凉之作用；二因树木之蒸发作用，可减杀太阳之势力；三因树木有遮蔽之本能也。森林变化温度之力，莫著于热带及热带附近之地，如南美洲亚马孙河流域，其气候温和适人，为世界所称道，论者莫不谓该地之森林繁盛，实有以致之。

空气中之湿气，在有森林之地，较无森林之地者为多，其差为 4% 至 12%。森林地湿气较多之故实因树木叶面蒸发之水分足以增加空气中之湿气。据理化家之试验，每一磅体质滋生于土地上者，如玉蜀黍则需蒸发水分 233 磅，萝卜则910 磅。按耕作适宜之地每英亩足产植物体质 7 吨。设按蒸发水分之量仅为其生产之体质 500 倍计算，则每英亩农作物于生长期内约需蒸发 3500 吨水矣。然此仅就茎叶微细之普通作物论，其给予空气中之水分，及发生相当之生凉作用尚如是，若夫体干伟大之树木，其蒸发力量又何止倍蓰也耶。

以上为科学上根本之原理，明乎此则森林对于雨水之影响可不问而知矣。森林增加雨水量数及次数已经德法瑞士诸国证明之。谓有森林地超过附近无森林地之雨量，多至 25%，即四分之一也。

考森林影响雨水之研究，始于 19 世纪中叶。能为有系统的研究者实在近 50年以前。在法国南塞之地，历卅三年，尝分三区试验，以比较雨量之多寡。一在森林之地，一在森林近地，一在无森林地。森林地雨量之多，超过森林近地者7%，而超过无森林地者 24%，此乃确切之证明也。

夫雨量之多寡，常以地方之高低而异，此人所易知者。高山既影响于雨水，而有林之高山其影响于雨水尤大。今就科学方面言之，森林地雨水之所较多者盖含有水分之空气迁流经过森林之地时，与林内发放之凉空气相遇，易于冷缩而下落为雨，一也；近森林指空气含带湿气之量常较不毛之区域及耕作之平原为多，此久经科学家乘气球于空中试验证明者，二也；森林有机械的作用，故遇有云沿山林而过之时，树木之枝叶足以阻碍其行动，故其中游泳之水点，遂以凝结者，三也。且森林机械之作用与雪尤有特殊之关系，其例于俄国最显。因在俄国之地方有雨水 30% 为雪者，历累年之试验，于幼龄落叶树林内之小孔隙考查其积雪之量，较无林之地多至两倍。此等机械作用于我国北部有最要之关系。设北部诸山全成森林，自能获多量之积雪，待至融化之时，其有利于附近之水源者又岂浅鲜哉？

夫森林影响于雨水，不仅森林所在地已也。空气流动而成风，风由森林经过，自收取多量之湿气，携诸内地，以调和大陆之气候。此种现象虽尚无科学方法测验之数量，而科学界阐明森林与大陆气候相关之理，类皆有明确之见解。现各国专门试验者，正在进行考察之中，其所得之结果足以证明此说之非虚者亦不少矣。

杭柏尔博士为欧洲气象学家之领袖，其言曰：瑞典森林所发之水蒸气，为量甚大，设其国境内无此繁茂之森林，其水蒸气必不能如是之多，惟此项特多之水蒸气，却不能常于林内，又不能全数降而为雨落于该森林所在之地。盖风力常摧之以散布各处，故此种水蒸气，给予瑞典之影响如何，则殊难考量矣。博士之言论，极为明确。嗣即证明瑞典森林影响于其东部诸国之雨水甚大，因平常风向，系由瑞典而东，各国之居其东部大陆者，虽距海较远，而湿气雨水并不缺乏者，即赖有瑞典吹来之湿风也。

更观美国科学家窗氏关于美国中部雨水之言曰：森林供给空气之湿气，利益殊大。设美国春夏两季之南风及东南风，不于其经过之区域，与沿墨西哥海湾大西洋海岸及亚蒲拉曾山之森林相接触，绝不得含带多量之湿气。而美国中部之雨量，当不如今日之充足。盖从大西洋沿岸及墨西哥海湾而来之风，固摧有湿气，然一入内地，温度渐减，水蒸气却渐凝为雨而下降。风愈前进，湿气却依次减少，此必然之理也。若中部雨水，全恃风所摧来海中之湿气，则雨水所及，亦不过限于接近海岸之一带，焉能及于中部？惟风所经过之地，皆森林繁盛之区，不惟摧来之湿气，无渐进渐减之虞，且随地皆有森林发出之湿气，以增助之，故美国中部雨量，适亦于农业卫生，居民安享此绝大之利益者，良有以也。

美国中部雨水之来源，既经各方面研究证实而后，窗氏遂大呼曰：如美国大西洋沿海及亚蒲拉曾山一带之森林毁败时，则中部雨水当蒙不良之影响。盖森林一去，不惟地土之蒸发增加，雨水之流亡增速，湿气减少，植物枯干，而由海吹来之风，将无湿气以便于取携，若是则美国中部之雨量，安得不减少耶？此言一出，美国政府遂规定亚蒲拉曾山为国有保安林禁止采伐矣。

此种学理上事实上之研究引证，见于德法瑞士等国者极多，然只此数端已足以表明森林与天旱之关系。固早经科学家精细研究，不必相疑矣。盖泰西各国昔亦常有水旱灾厉。惟各国于考察确实之后，其政府人民即一致实行，用种种方法为种种设备以改良其气候，而所用金钱，动辄巨万，故其国民得免气候不良之患，安享幸福，而逐渐进化，此皆为谋及久远之国家也。

天旱成灾，其原因不外二端，即雨水缺乏与地下水缺乏是也。以上所述，皆森林与雨水之关系。至森林与地下水之关系，昔曾详言于水灾根本救治法中，今不惜重复言之。盖有森林之地雨水下降之后其流亡也缓，不惟河水无暴涨之患，亦且无容易枯竭之虞；纵遇旱魃为灾，而水源之供给不绝，泉井池沼，皆足充农家灌溉之用；故天虽旱而亦不致酿成巨灾也。北五省童山遍地，雨水之消失流亡，极形迅速，绝无森林以涵养之保存之，此所以一遇天旱，地下水源同时干枯，而灾像立见也。

综观以上科学之研究及各国之例证，吾人得简列之如下：森林可低减其内部及上部之温度；森林地湿度较无林地高；森林可增加雨水之量数及次数。森林地至雨水，超过于无森林地者多至25%，即四分之一；有森林之山岳，影响雨水之力尤大；森林因叶面蒸发，共给空中多量之湿气；森林发出湿气，可借风力以调和大陆之气候；森林能涵养水源，纵遇天灾，而泉流不竭，可供给农业上之急需。

既知以上诸端为世界各国证明之学理实验之结果，即可据以讨论我国之旱灾问题矣。但于讨论此问题以前，试再援引外人对于中国无森林影响气候雨水之言论，择要述之。

美国植物家威尔逊氏曰：中国缺乏森林之状况，最足引起友邦之注意。滥伐林木，滥掘山田，以增加气候恶劣之程度，设不急图禁止之术，中国必受水旱荒灾之患。

美国科学大家邵氏云：中国北部森林之摧残，实为水旱之原因，其在北部平原之地，干燥之程度，日甚一日，沙漠侵入，日进一日，岂非鲜明之表示乎？

美国森林家柯来威兰氏云：中国木材缺乏，不仅为其无森林之恶结果也。农业缺乏水源，水灾遍于各省，东部荒山，为雨水逐渐冲刷，土壤日薄，石骨毕现，举凡农田村落镇市，皆蒙无量之危险。地下不能存水，故水面低落，土壤井泉，皆乏水源之供给。质言之，则水灾旱灾为中国可虑之两大患。亦中国人自作之两大患也。

又英国科学家蒲当氏云：中国除木材缺乏外，尚有极大之危害，即北部沙漠之沙，渐次走向内地是也。延长城而南数十里，飞沙为害，长灭绝植物之生存。凡旅行中国北部平原者，无不苦于无浓荫庇护之烈日，及无树木障蔽之狂风。周视四境，则童山濯濯，积数百年荒废之结果，已变为不毛之区，设此等久废之荒山，尽成苍翠之林野，遮蔽日光，涵养水分，蒸发湿气，增加雨量，而沙漠之患将可以免矣。

关于以上援引诸说，实甚明晰，不待吾人重叙矣。时至今日，不幸外人之言论，句句证实，殆不啻吾人之警钟也。

今日北五省之旱灾问题，与昔日直隶水灾问题，居今日之中国，皆不能以科学方法精密研究。其困难之点即无处搜索有系统之气象记载是也。盖政府平日无暇为此项之设备，而亦无心为此项之设备。质而言之，政府固特许人民频年处危险患难之中而毫不过问也久矣。遇到水旱为灾之时，徒迫于伤亡流离之惨状，为施惠目前之举动；捐款放赈，能事已尽；而患灾之源既不研究治本之法，更不计及；以此等苟安目前虑患不深之国家，专讲头痛医头脚痛医脚之方法，言念前途，不胜危惧。盖以施财放粮，仅为治标之术，绝非治本之道。设徒以施赈为救济之唯一方法，而探本索源，弭灾于无形，防患于未萌。吾恐待赈之灾，将屡见不已，施赈之事，将屡行不止矣，不是大可哀乎？

试思今日之被旱灾民，为数逾四千万。据各方面调查，其中之垂毙者，已有数十万之多，是此次灾民之数，实已十二倍于瑞士全国之人民矣。此等灾患，犹不速圆根本救治之方法，则将来重见，确敢断言。盖此距直隶水灾，时不过三年耳，其旱灾之后，将又继以水灾乎？准诸各项之考征，实亦不足奇也矣。小水小旱为中国所常见，数小水旱之后，必继之以大水旱，已成中国恶劣气候中之惯例，直不啻冥冥中时以小灾作警告，屡警不觉，则继以大灾为惩戒也。今而后吾人当彻底觉悟，勿再俟警告惩戒之来，而悔之无及焉则幸甚。

今试举五省中之山东，依科学上之原理及吾人所知之事实言之：山东人口稠密，为各省之最。人数逾 3800 万，而面积仅 55900 英方里有奇。东南两部，山脉蜿蜒，由内地以达海岸，层峦叠嶂，尽皆荒芜。凡旅行于山东多山之地者，此等无森林之状况，恒刺入眼帘。设沿东南海岸而北或西北行，以植物生长之现象观之，则雨量湿气之度与由海之远近适成反比例，其差别显而易见。故沿海经营农林，较易为力。若由海岸而西北，则造林业农，逐渐困难，水量缺乏之景况，恒见不鲜。村落居民，必凿深井以求水，并作蓄水池以积水。而井池易干，且较他处为甚。外国教士避暑于泰山者，常言求水于三十里之远地。既无泉源，又乏雨水。空气干燥，热如火炽。冬夏之风，干燥逼人，非惟不适于公共之卫生，几至不适于人类之生存。即以济南省城论，使无天然之七十二泉，以供给水量，势将有缺水之患，或一变而为不宜居民之区。例如省城西南 20 余里之村庄，今春旱时，购水每担，价至铜元 30 枚。水之困难，亦可想见。是以济南附近之农林业，渐变困难，实在不如东南沿海之易也。

山东绝对无森林之可言，童山实况，为吾辈所尽知，故结果影响于气候。各部温度，不适于雨水。夏季烈日，炙热异常。空气干燥，含有水蒸气之量极少。由海而来之东南风，固携带湿气，而泰山山脉，罗列其前，俨若干松之海绵，亦若涸辙之鲋鱼，湿气之来，正可以润其体而饮其渴，极力吸收，尚恐不足，安能舍之不取，让其远扬，故东南风至沿海诸荒山，其中之水蒸气，却渐次失落，渐进内地，湿气渐少，而风亦渐干。及其能越泰山主峰而往西北，则已成干燥之风矣。是以东南沿海之区，雨量较足，农林事业，尚易经营。今年旱灾虽如是之大，而沂州一带尚庆丰年也。反之则由泰山而西北，雨水渐难，旱灾频仍，东南之风，绝无输运湿气之希望矣。故欲使泰山西北各平原之地雨量增加，则由黄海而来之东南风，实有最堪注意之价值也。

若山东东南诸山遍植森林，既足以增加所在地之雨量，而东南海风吹入之时，所带湿气不惟无渐行渐失之虞，且可于行经之地逐渐增加，与由墨西哥海湾及大西洋沿岸吹向美国中部之风，其势相同；则西北平原雨量应受之影响，亦当与美国中部相同；是山东东南之森林不啻为引渡海风湿气之桥梁之宝筏也。且以山东气候论，夏季东南风最多，其影响于北五省之雨水，实非浅鲜，故欲增加中国北部之雨量，供给农业上使用之水源，是非尽山东东南诸山，实行造林，不足以渡东南海风之湿气，而旱灾终未有已。夫天予山东以土地，山东不能完全利用之，已负暴弃天物之罪，况复听其荒废，变为减少雨量之主动力，阻止海风之障碍物，而造祸生灵，遗患邻封，不更可罪耶？然则转祸为福，舍造林外，实无妙术。故吾对于山东东南部造林之希望，尚不仅在供给木材、利用人工调理河患之种种利益已也。吾政府吾国民其亦特别注意乎！

山东无森林之实况及造林之必要，既略如上述。他之四省，亦复相同。设北五省荒山，尽植成林，不惟增加森林所在地之雨量，而冬季风向，北风最多，此由北而来之干风，经过林地之后，必能吸取多量之湿气，以传布他处，恰如瑞典森林能增加其东部各国之雨水也。否则山荒如故，北风之干惨亦如故，旱灾之来，宁可止息？故此次旱灾，吾虽不能谓全系无森林之所致，然敢断言曰：使有森林时，则旱灾必灭，万不能如是之烈也。

西人有言：文物兴隆居民繁盛之景象，不见于无森林之场所，此言在中国为最验。尝思中国北部昔为极繁盛之区，今以水旱屡见之故，竟有无人居住之处甚多，此等败落之状，殆与小亚细亚相同，可不惧哉！

森林对于土壤水源，有保守之能力，有调护之效用。文明先进各国知其然也，故不惜以累万金钱，保护森林。盖土壤水源等，为国力民生之本，保护森林，即所以保护其天然之富源耳。时至今日，中国水旱之为灾不为不多，亦不为不甚，其乃醉梦如故，苟且如故，一捐一赈，即了了事耶？抑将效法曾有经验如美法德瑞士等国，筹集巨款，为长治久安之计，以减轻再来之灾难耶？

呜呼！今日之旱灾，已惹动全国注意矣。中外团体曾已募捐救济矣；交通部决议修筑路政以工代赈矣；国道局成立将于直隶山东修路以救济灾民矣；各河工又皆提议修堤掘河矣；此皆极良之政策，亦皆与灾民有莫大利益之政策也。而吾对于救济旱灾之主张有三，虽缓急轻重有不同，实认为缺一不可：第一为救命，救命无二法，当速办急赈，以拯灾民于饥馁待毙之余；第二为救灾，即施行工赈，以收养灾民，供给种子，以及时播种，禁贩耕牛，以维持农力，举办平粜，以调剂缓急，务使灾区之原状恢复，灾民之生活永续，不至徒费金钱人力，而尚不能救命到底也；第三为救旱，盖垂死之民命，既因急救而得生，已成之大灾，亦因补救而得免，痛定思痛，医病求原，推其所以成灾，之故为何，推其所以使吾人悲痛惊悯募捐助赈者又为何。灾之本在旱，救灾之术亦当在旱。旱之为灾，旱之当救，实吾人决不可或忘，亦不可再缓者也。森林范围，占地最广，用人最多，不仅为根本救旱之要术，实亦容纳灾民最多之事业。北省荒山既如是之多，实不患无造林之区，设立用之以作 10 年之计，则将来之水旱，可以减少，惨苦之灾民，可不复重见，而林产收入，利益无穷，尤足以欲国计而利民生，顺天应人，兴利除害，其此之谓欤！

对于美国近年林业孟晋①之感想

凌道扬 ▍

一国森林之多寡，于其经济建设文化以及卫生风尚等，均有密切关系。我国近年以来，提倡林业，亦可谓不遗余力，无如国家之财政既尚无暇及此，而社会情形，又极呈复杂凋落之现象，居此种状况之下，虽日日倡言如何植树兴利，如何强制造林，亦徒空言，无补实际，然则我国森林将无发展之希望乎，曰：否否！夫林业者，乃一广大长期之事业，既非一部分之人力货力所可期其有成，亦非一朝一夕之功所能责其有效，在政府必须统盘整个之计划，而以相当之财力辅助之，在人民亦要有确切之认识，而以完善之政策倡率之，简言之，既政府与民众合作，经费与计划并施，苟能达此目的，又何患林业不获振兴哉？不佞曩常游美，对于彼邦之林业情形，辄私志之，先后观感所得，颇有足资吾人借鉴者，而其政策之伟大，经费之充足，尤非吾国所可几及也，兹就印象所及，撮而写之，以征彼邦林业建设施概况，与夫森林发达孟晋之原因，藉为我国林业作一当头棒喝，仅亦国人所乐闻欤。

美国国有林，在1908年前，属农务部林务局，直接经营管理。后因感觉处理业务迟滞，至1908年，划为六大林区，复于1914年，扩充为7个营林区，其主管林业行政之机关为农务部林务局，该局局长受农务部部长之命，掌理林务行政事宜。局长之下，置有副局长，并分设林务、土地、放牧、研究、土木、林业公共等课，各专职责，其各区营林局之各课，则属营林局副局长掌管，而受营林局局长之统辖也。

国有林之管理，于营林局长监督之下，设森林监督指挥之，森林监督，负计划国有林业务及实行之责，但业务遇多时，其权限之一部，得委托副监督办理之。

美国国有林面积，连阿拉斯加计之，共18600万英亩，然该项面积，并非完全为森林地带，尚含有岩石及其他原野等分布于该国阿拉斯加等处，成为148集

---

① 孟晋：努力进取。

197

团，其次尚有若干森林，如森林公园，或属于土人保存区域者，置于中央政府管辖之下，前数尚未计入。

美国国有林经营，其数目之大，实觉惊人，除各州之经营不计外，其归农务部林务局使用者，规定为3633万余金元，比其他任何局处为巨，至其总数之支配，如用于行政及保护方面，约占1/3弱，用于购地或其他费用者，约600金元，其余1600余万，则为修筑林道防火线等用。

美国森林官吏之任用，除特别者外，必须经试验合格，方可甄录。据最近之报告，该国中央直辖之林务人员，约有4000余人。此数目与我国相较，实觉差殊甚大，但与德国较之，仍为少数，据伯烈恩先生游欧考察时，道经德国，于某省举行一森林讨论会，而到会之森林人员，有1200余人之多；可谓盛，美国之林务人员，虽有上数，但仍有继续增加至1万人员之意向，以期工作进行，更较便利，其成效将必更增也。

美国总统罗斯福，以受1932年之旱荒，当即议定沿国西境，造一伟大之森林，作防沙防旱之保障，北起坎拿大，南止墨西哥，计长3000余里，广300余里，预计投资7500万金元，期于10年完成，即时开始进行，加紧工作，当1933年6月1日，美总统罗斯福，改变昔日初定十年完成之森林计划，在两年内促成，足可令人惊奇钦佩，其法为召集18岁至25岁未婚青年30万余名，组织1500青年营，每营200名，分派各山场林地，实行保护森林及经营森林副业等事业，并派军事训练官3000名，分住各山场林地内，从事训练，失业青年营第一年经费预算美金25000万元，除负担各个失业青年之生活之费外，并每月津贴其家庭美金30元至45元，此项津贴，由政府直接寄交其家长，考罗氏此种政策，虽为促成森林计划而定，但于失业青年之出路，及农村经济实施惠至厚焉。查美国自罗斯福颁布促成森林计划之政策后，全国各部相继成立失业青年营者，计东部及中部各300营，西部450营，南部325营，复查美国全国森林面积61500万英亩，中央常年林业经费美金36325323元，此外再加17375失业青年之帮助，其施业之成效，当几倍于昔时。今考察其一年施业之状况，确有在两年内完成计划之可能，兹将1933年青年营工作成绩列左：

（一）开筑救火大道26226英里，此种大道，均与各森林救火相关，互相联络，设或森林内任何部分，一旦发生火灾，各救火团体，可以极短时间内集合于灾区，同施灌救。

（二）开筑巡逻道5733英里，以利巡视，防止灾害。

（三）于全国国有森林内，装设电话线15241英里，与原有之629座瞭望台，互相呼应，以增工作上敏捷之效。

（四）开筑普通大道17053英里，步道3563英里。

（五）伐除林内高大桔树及易于引火之矮生植物，工作面积542659英亩。

（六）扫除沿林道引火之物，长远 18521 英里。

（七）处理森林病虫灾害面积 9033320 英亩。

（八）整理林地面积 978468 英亩。

（九）采集松类树种 16966 浦斯耳，阔叶树种 259591 磅。

（十）植树 240066 英亩。

（十一）建筑房屋 6430 所。

（十二）开辟公园面积 16006 英亩。

（十三）装置水管长 208865 英尺。

（十四）测量水灾区域长 11512251 英尺。

（十五）测量地形面积 48138059 平方码。

（十六）疏浚河流长 53640 码。

（十七）治理河岸 110020183 平方码。

（十八）建筑堤闸 420633 座。

（十九）建筑桥梁 15072 座。

（二十）清理胡泊池塘 1170 处。

（二十一）饲养鱼类 1220989 尾。

美国林业之发达，可谓已至极盛时代，政府方面，除本身经营之国有林外，对于私有森林，亦颇重视，必要时常加扶助。如美国近年来虽受经济不景气之影响，而森林之经营，未遭动摇。中央政府为稳固此项事业计，更进一步以协助民营林业筹妥巨款，开设林业信用银行，筹足资本 2 亿金元，完全以信用贷给林业经营人，作为活动资本，以为事业扩充之应用。

纵观以上所述，美国政府当局促成森林计划之政策，其所以能施行于短期内而成绩斐然者，实为其全国上下以极诚恐之心意实地做事，不尚空言，而尽其全力以促其成之结果，盖此种政策，依表面观之，仅为完成国有林之计划，但实际上则寓有长久之大计，更附有解决事业青年生活，恢复农村经济，采取土地保护政策等诸伟大事业，人民深受其惠。因此事业得以猛进，而有经今日之成绩。诚可谓林业中尽善尽美之良政也。

今再就我国中央林业经费与林务人员观之，关于经费一层，总计年支仅 15 万余元。而临时费则更属少数，至林业从政人员，亦不过数十人，尚与美国比较，相去何止千倍。常语有云，经费为办事之母，以此项极少数之经费，作林业广大事业，而欲责其有若何成绩，夫人皆知不可能也，是以我国林业第一问题，不患无发展办法，而患无实用经费。经费充足，则其他困难问题，不解决泰半矣。近有一般关心林业者，对我林务人员，期望过高，频劳督责，庸亦知林业实际情况及其需要，有非他人所能深悉者在也。现惟有尽一分力量，期获一分成效，有一人工作，即负一份责任，区区微旨，敢以质诸关心林业之士焉。

西北森林建设初步计划

凌道扬

　　森林之重要，先总理在其遗著中言之甚详。森林缺乏影响之民生，吾人亦知之审矣。试观西北各省山野之状况，足以证明其重要。近今陕西旱荒，吾人耳闻目睹，触目惊心，推厥重要原因，未始非森林缺乏所致也。据办理陕赈者云，陕西除北山老林（即秦岭）荫天蔽日，尚有可观，宁陕南山之梨木，黄帝陵之香柚木，得称天然林外，其余各处山野树木寥寥可数，其或途径六七百里，遥见之山岭，路过之村庄，奚只百数，竟未见一树一木者。此种情形实堪骇异。夫山无森林之屏蔽，冲刷必甚，川无森林之含蓄，泄流尤速。故在山多裂痕，或显沟状之处，其未经风化之岩石，必奔落于山麓，使肥沃之地顿成石田，或挟山麓土壤，阻塞川流，更有改道旁溢之危。年代愈久，冲刷愈甚，今日若不急图补救，实足以为来日之隐忧。此种状况，西北山野，类都若此，不独陕西而已也。

　　次证以绥远。沿平绥路西行，自察哈尔人绥省境内，西至包头，计420余里。铁路轨道与大青山并行，群山万壑，蜿蜒巍峻，几近童秃无一树。市村聚集，泥围茅舍，绝无南方烟林丛翠气象。树木之稀少，已可概见。查绥远东西广1300余里，南北裹900余里约计面积117万余方里，与江、浙、皖三省全区面积相埒。中间山岭约占全境35%，沙漠约占25%。绥远之山岭，古为大林菁，秦汉而远，历代用兵，焚烧摧残，无法保护。加以边民鄙塞，不晓树艺，旦旦采伐，以供材薪。大青山固童秃，他如狼山、青山、乌拉山及其他阴山支脉之所盘旋，莫不濯然，芽稚无遗。以致土质崩离，石骨暴露。每届雪溶雨下，瀑泉涌壑，一泻千里，村落毁为邱墟，良田变为砂砾。试循阴山之麓，缘黄沙之滨，沧桑几易，陈迹了然。前者政府人民上下放任都未经意，寻至水旱频仍，气候不调，风沙狂飞，木材缺乏，弥望黄沙，人烟寥落，逐沦该境于半开化之城，岂不可耻，而复可哀耶。

　　他如宁夏，在南部六盘山脉，略有天然林，其他各部不过仅有水草杨本。甘肃平凉以西，六盘山脉一带及南部岷山山脉，西接青海之西倾山脉，天然林较多。青海柴达木以产蓝靛著名。新疆天山之东部则有大森林，延长几200里，产各种木材，惟以矮小之杨柳为多。北麓产桦、松、枞等良材不少。至天山北路蓬草丛生，不过供蒙人之畜牧而已。

据上述陕西、绥远、宁夏、甘肃、青海、新疆之山野状况，类皆濯濯，间有天然林，亦为土人所采伐，取以为薪。故该六省之森林建设实有刻不容缓之势。夫森林建设，本非难事，而在我国，则实不易言。盖民智未开，民生凋敝，加以人民无意识之摧残，故提倡林业垂20年，成效绝少。年来公私林业投资多年，一旦毁于纵火盗伐者，时有所闻。全国旧有林业，日呈衰落之象，此西北森林建设之所以刻不容缓也。考北美洲旱地，初属不毛，美人经营只数十年，今已臻为乐土。丹麦瘠地，寒苦甚于塞北，而其农林事业之发达，可为列强模范。非洲之沙漠，即蒙古之瀚海也，而德人卒能利用科学方法经营之，山岭树木，平原艺农。英营香港，德辟青岛，日俄经营旅大，莫不先在荒山，广种树木。是西北森林建设虽难，要视政府之有决心否耳。窃不敏，目击或耳闻西北各省地方之荒芜，林业之急需，爰拟陕、甘、青、绥、宁、新六省之森林建设初步计划，以就正于同志，幸垂教焉。

本计划分林政及林业两缀。兹分述如左。

（甲）林政

（子）筹设林务局

（丑）厉行森林保护政策

（寅）广设苗圃

（卯）奖励民有林业

（乙）林业

（子）确定造林树种

（丑）林业试验场

林业试验林场经费预算书（略）。

西北水土保持事业之设计与实施

凌道扬　任承统

一、西北水土保持事业之根基

开发西北，年来渐由宣传过渡到实施。农林部成立以来，对西北之林垦水利，已有通盘之计划。黄河水利委员会之林垦设计委员会，更以推动西北之林垦水利为建国计，林垦水利应为经济建设中急切机宜之部门。谚云：民非水土不生活。先圣亦云：有土兹有财。惟据各专家考察综得之结论。中国各部之主要生产问题，华北为有土缺水，华南为有水缺土，据作者在华西调查及参考之结果，华西水土皆有，惟地势高峻（如康青藏及甘川滇相连处，海拔高均在 3000 公尺以上），气温过低，故谷物皆难于生植。至于西北各黄土山坡，垦殖迨尽，惟以雨量较少，水土流失现象又极严重，致水土渐少，生产渐减。水旱问题，土地问题，治安问题，民族问题，均由是以产生。

西北土壤，木都为深厚之黄土层，其组织异常疏松，其所涵有机肥料，颇感缺乏。其性质难便于雨水之渗透，但其保持水土之能力，较腐质土为薄弱，以致不独不能年收两季。尚须采用休闲制度，三年只收两季，或两年只收一季，且单位面积之生产量，亦较诸华南华中各省相差甚巨。加以西北地势，大部崎岖，而昔日之森林富源，大部已因人民之放火烧山，垦种山坡，摧残殆尽，是以每届雨季，不独将少许宾贵之雨量，打扮沿山坡流泻。同时地面上之土壤肥料，或为雨水所冲刷，沿山坡而下流，或为河水所冲，循沿河岸而崩塌，以致黄河中之淤泥量，平均竟有 15%，沿黄河下游各省，竟有达 50% 者，无怪河身淤塞而泛滥为灾。故西北之水土保持问题，非但后方增产问题，实亦治河之根本对策。

按资源委员会陕甘宁青绥五省农垦调查统计，五省可耕面积，平均可耕面积约占全面积 12%。按卜凯先生所著之《中国土地利用》统计，在春小麦区内（包括晋陕甘北部、察绥宁南部及青海东部），其已垦面积，计占全面积 18%，在冬麦米区域内（包括晋陕甘南部及豫西），其已垦面积占全面积 21%。而据甘肃省财政厅梁厅长《调剂工商业金融会议报告》，甘肃全省，在民国 16 年耕地亩数为 2.6 亿多亩，而至民国 26 年，耕地数只有 1.7 亿多亩，是十年中，甘肃全省耕地面积竟减少有 8000 多万亩，较十年前耕地面积竟减少 32.3%。按作者前参加甘肃省科学教育馆主持之榆中县小学教师讲习会，据知该县有农牧林相当生产能力之面积，仅占全县面积 15%，其余占全县面积 85% 的荒山、荒地。稽诸县志，顾皆有农牧林之生产能力，其荒芜之原因，仍不外已住人民滥伐山林、防火烧山，与垦种山坡等工作使然。再考该县昔日所有制泉源，多已干涸，昔日源泉混混之长流，今皆日变为山洪冲刷之沙沟，有利之水量日减，有患之水量日增，估计可资利用之河水，仅占全河水量 30%。余尽有生产之害，至于今日水土冲刷之情形，更形历更，其见此种情形，经作者三年来在西北勘查之结果，几于随处皆是，甚之有过之而无不及，结果生产面积日渐减少，生产量逐年减低，人口随呈相对的过剩问题，而演出马雨隆斯所称人为淘汰之惨酷现象矣，作者前在甘肃考察时，据沿途所闻及县志所载，以前清同光年代为烈，但垦种山坡情形，据当地人忆所及，亦以在同治年间为最烈。闻当时人口剧增，不独平川及漫坡皆已垦种。从陡峻山地，直至山顶，亦均垦种。因此，甘肃流传有"铁牛上山顶，快反乱了"之谚，于此可知西北土地问题与民族问题之由来矣。

其次，甘肃各县之农户，多系客籍，大都因祖宗流充而来，当时来时，遍地荒芜。川地因土壤肥沃，灌木丛生。不如山坡垦种较易为力，放火烧山之举，遂随人之增加而日剧。迨土壤薄瘠业之而他，于是下游之河槽川地，亦因无含蓄水源之森林，每逢夏秋，山洪暴发，冲剧遂日以严重，结果水害日增，土地日少，人民之生活日艰。凡涉甘肃内地者，即可见妇孺冬不衣袴，宿无被褥，人畜共居之贫苦惨状，无怪地方不靖，零匪肆扰。社会问题，终无解决之良法也。此外燃料问题，在今日西北亦相当严重，剧调查所及，已存天然林，砍伐殆尽，旁之灌木，亦逐年剥削，外强中干，至一般贫民，则尽皆将地上之矮木草皮，完全刮去，童山濯濯，平地光光，如何能不令水土流失现象日益严重也。所以西北水土保持问题，费唯抗建期间之经济建设之核心，亦为整个西北社会问题，民族问题解决之唯一途径。

二、西北水土保持事业之设计

水土保持事业，在中国仍为创举。其在美国，则特设水土保持局，专司其事，成绩斐然。但欲图水土保持事业之成功，首须林垦水利工程二者之并举而合作。以往林垦与水利不合作，工程与林垦不合作，各行其是，绝不相谋，后水利无由兴，工程多失败，林垦更因长期而遭人冷视，此其一。经济建设系一整个的机体，必须各部门目标一致，步调齐协，通力合作以赴，始可克奏肤功。以目前西北言，农林与水利委员会，须有密切之合作而后可，此其二。理论与实践，木不可分，犹以林垦工作，绝非掉以轻心，或纸上谈兵者，所好担负，理应合室外市内与一炉，博取中外以借鉴，乃可收互助之功，此其三。以往国人对西北无正确之认识，嗣亦鲜有实地之勘查，终乃难得通盘之筹划，致或不落实际或言过其实，或枝节不全，结果遂难握得整个西北问题之核心，此其四。作者不敏，奉命主持西北林殖设计以来，不数年实地勘查之结果，认为水土保持应为西北一部建设之根本，而成功之途径，应里力祛以往诸病，详为设计，兹略揭其大纲，就正与国人：

（一）农牧区域之划分

按照美国水土保持局之规定，凡山坡倾斜度在15%以下者，为农区；倾斜度在15%以上至45%者，为牧；倾斜度在百分之四十五度以上者，为林区。乃吾人履入西北，即察见应为农牧区域，皆经垦种；即宜农区域，亦因垦殖不合理，不能继续保持其生产能力。因此本会林垦设计之原则：一曰，因地制宜。划分农牧林区以期生产面积之逐渐扩大。一曰以森林控制河漕，防止冲刷，藉以保护农田，开垦荒滩，收保持原有生产面积之功能。在此大原则下，于宜农区域，则本铲高填低原则，使每段水沟间之山坡，逐渐变为梯田，则是区之水土，可以保持，农田可以增加，于宜牧区域，则沿饮水沟下坡，用直接播种法，或用移植草根法，选择深根多年生富养分支牧草。如苜蓿寸草真箕草等培养繁殖之。如是牧区之水土可以保持，畜牧事业，可以发展，其于宜林区域，则就土壤之饶瘠，分别建设经济林，或普通树木。技术方面，兹不赘，仅就西北造林之规模较大者分别性，以为设计。

（1）绥陕宁放沙林；（2）陕甘保持水土林；（3）甘青陕宁绥天然林之管理及利用。

（二）林垦水利工程之密切联系

以治河经验，如仅在下游作土石工程，不能解决下游之淤淀与溃决，故应从事于上游之整理与林垦工作之兴办，因下游之水，均来自上游各支流。各支流之水，又来自其流域范围内之山坡地面，必需设法管理此广大之山坡地面，使雨水渗透于地下，以减少地上之径流。各支流之水，更设法使上游土壤多具蓄水功能，使地面沟涧两旁坡地，少受流水袭击，以减轻其冲刷，始能减少下游流量之体积，而此项整地筑堤控沟建堰等工事又非工程与林垦合作，不为功。水利之星，更其余事，故本会推进林垦工作之方式，则采工程与林垦合作，林垦与水利合作，兼容并顾，期收实效。业于去年六月间经黄利会先会议决议通过成立黄河上游修防林垦工程处，规定暂以晋陕甘宁绥青六省有关黄河治本计划之地域为范围，一保持水土为中心，从事于水利农田林垦畜牧等工作，其工作纲要为：

（1）选择宜林地点，建筑谷坊蓄水库及拦洪堰坝，藉以节制决流，防止泥沙，并利用蓄水，以调剂航运，便利灌溉，经营水电等事。

（2）指导当地农民，平治田畴，开辟沟洫，栽植畔柳，改善梯田，以保持水土，防止冲刷。

（3）栽植森林，播种草秧，垦殖荒地，改进农牧，以增加生产，防止风沙。

（4）计划开辟新渠，指导改善旧渠，以利灌溉。

（5）修缮堤坝，养护堤岸，以减除灾患。

（6）整理航道，改进航运，以发展交通。

（7）计划利用水力，发展工业，并筹办灌溉吸水站。

（8）择地举办各种试验与示范工作。

（9）协助地方政府，规划一切防灾及水利工程建设事项。

（三）理论与实际之合一

为促进我国黄河上游水土保持工作起见，由黄林会（黄河水利委员会林垦专业委员会）与金陵大学农学院，商定合作办法，由金陵大学指定专人，黄林会聘为专员，背负收集中外文献，并寻求我国水土保持之适当办法。其中外出版材料如土壤管理，森林保护水土保持及水利改进等。分册编成索引及摘要，以让黄林之设计参考及实际工作之指导；其在黄林会实际工作所生之难题，可提送金大农学院研究分析，此外黄林会所需要各项技术人才，可特开高级中级初级干部训练班，由金陵大学农学院选派教师，代为训练。现在由金陵大学译成"水土保持文献索引"多册，以付印三册，均系外国有关水土保持之名作。如此，不独黄林会可以吸纳中外最新之保持水土方案，作为借鉴；即金大农学院，亦随时间可以得到各地实际之问题，学其所用，用尽其学，理论与实际，从此可以相得益彰。

三、水土保持试验区之勘定

按黄河上游之自然环境，经实地勘查，且须加以改进者，计可划分为关中、兰山、陇南、陇东、洮西及河西六区（陕北、宁夏、绥远及晋西，将来亦可划为试验区），在工作开始之初，更在各试验区中选定一冲刷最烈之地，为各该区之中心地点，以小范围内之实地研究与示范为起点，以就地训练人才，并普遍推广全区为终点。兹将已选定六试验区之范围内中心地点及中心工作，列表如下：

区别	范围	中心地点	中心工作
关中区	陕境沿渭干支流域	西安	以森林防止冲刷，控制河漕，藉以保护农田，开殖荒滩
兰山区	兰山附近黄河干支流域	兰州	园艺及水利之改善
陇南区	甘境沿渭干支流域	天水	保持水土改善河道及农场管理之改进
陇东区	泾河干支流域	平凉	土壤冲刷之防治及水利之改造
洮西区	洮河及大夏河流域	岷县	天然林之合法管理与畜牧事业之改造
河西区	庄浪河及大通河流域	永澄	水利改善与森林保护管理

各试验区工作纲要（省略）

四、结论

本会林垦设计与实施现况，具体如上述，按卜凯先生统计，西北已耕之土地面积，仅占全面积 20%。以往政府与人民，均未注意此 80%公有土地，人人摧残，遂至荒地面积日增，生产量日减，水利日少，水害日多。以至今日，形成西北整个社会问题之核心。理应本建教合一原则，由当地各行政、教育、建设及金融机关，本自力更生公有公营公享之原则，对当地公有土地，予以合法之管理。同时，对于私有土地之经营，则应予以合法之指导与保障，如此则可以将该地事业财产之收入，发展该区内各种公益事业，如此则不独可以达到保持水土永久生产能力之目的，兼又可以自给自养而达自卫自治之理想，是政府与国人所注意西北各种问题，当可迎刃而解，是则作者之理想与本会最终之目标也。

大学森林教育方针之商榷

凌道扬 ▌

森林利益关系国计民生，至为重大，中国林政失修由来已久，影响所及直接缺乏林产，岁购洋木漏卮之巨数累千万，间接缺乏保安水旱天灾频仍不已迩者，黄河以北各省饿殍遍野，即为明证，是以为今之计非振兴林务不可。而振兴林务之前提尤非发展高等森林教育培养林学人才不可。兹将森林教育应采之方针条列于后。

查世界各国大学森林教育课目繁多，且尤注重山野实地试验，将学理与事实作一贯之研究。而其所以能行此高深广博汛应曲当之教育者，固因其校内种种设备应有尽有，然尤以其林场与林产制造厂经二三百年之改进，一切布置获有科学上之价值，足供研究，且其教授人才济济，亦足以分课支配，所以能各具精湛透明的逻辑熔炼成为一种结晶体之教材。居今日之中国而言，森林教育究应取何标准乃一极有研究之问题。盖以我国土地如是之大，天然物产如此之博，各地土壤气候不同，事实上既缺乏相当之林场与林物制造厂之实习，科学上又无研讨已得之生理可资考证，故欲造就一种学识圆满之人才，其所取之课目似应较欧美更为繁密，今查现有林学课目非但不能繁密，反落简略者，实因目前教育环境及教育经费之状况也。夫森林教育本应注重试验，今则多无试验之地，加以十数年来教育方针无准确之规定，经济无稳固之准备，教育之责任不能专一，如此欲求中国林学上完全，人才不缘木而求鱼也。

吾国森林教育既处此绝对不良之环境，为今之计宜采何种教育方法，余意林业生命久远，宜由国家经营农矿部对于农业有密切之关系，自应有相当之主张，比如土木工程教育既可由交通部及铁道部主持。按此前例，则农林教育可由农矿部提出主张，当然不能以越俎代庖，而非论之是以今日林学教育方针及组织之规定，应由农矿部与教育部切实磋商合作。

我国森林教育既如上云种种原因，不能骤至欧美之设备完善，但又未便因陋就简，敷衍从事，使林业前途永无发展改进之可能，势必宜有适合国情及实际上恰得适用之课程，以授学生，俾得收实益之效，所谓适用课程必须具有下列条件：

（一）课目简单切实；（二）不骛高深之学理；（三）根据中国现在林务状况。

除课程本以上三种方针规定外，尚有因地制宜问题，须切实注意试观。总理建国方略实业计划中规定，中国北部及中部建造森林，以北部与北部比较其土壤气候已属不同，若以南部与北部比较，其土壤气候则更有天壤之别。南部气候土壤宜于植物之滋生，大气与大地有一种自然合作之能力可以代人造林，且自然所生出的树种极适于所在之土壤，生长最快又少病害，只要不加斫伐斧斤以时入山林，则天然森林自然可以丰茂。故在南部首宜注重森林管理及森林保护，暂不必急急于人工造林。若在北部及中部，气候土壤既有径庭且又缺乏天然森林之空利，是非专用人工造林不可。有此种种原因，中国森林学校实宜分南部、北部、中部，就地位设立庶无南柑北枳之弊，而收实地经验之效。其他如东北天然林茂盛之地，更可设一森林学校专门注重森林利用学，尤为适应需要也。

查中国现有高等森林教育如金陵大学及北平大学近年课程之规定，虽已详加考虑，不为不善，但时间之分配与分级次序尚有讨论之余地。兹本管见，拟定课程分为四门：

1. 林政，2. 造林，3. 经营，4. 利用。如下：

林政——林业政策学、林学史、森林法。

造林——森林植物学、造林学本论、造林学各论、苗圃管理、造林实习。

经营——森林管理学、森林保护学（病虫害在内）、森林经理学、森林测量学、森林工学、森林数学（测树学、林价算法）。

利用——林产学、伐木学、制材木质学、木材防腐学、森林化学、林木商况。

林政固为普通森林家之所必习的课程，宜可谓之为普通经济学之一种，造林经营利用各门尤为林学之主要必修课程。再课目中如管理保护经理等若于造林门内亦无不可。今所以如此规定者原欲纲举目张，使学生不感林学繁难，循序渐进，耳至于注重中国北部中部造林学之方法即于授课钟点分配为之以造林学占60%或50%以上之标准，试拟中北部必修课学，分表如次。

森林科必须修课学分表（略）

上表所列系满大学二年级以后课程，要知管理保护经理等三课虽列于经营门内，而实际使用为造林必不可缺之学，故其钟点仍不归造林门门内计算，对于森林测量或其他测量列于经营门，固可列于造林利用各门亦无不可。

各门授课共定全学分为54，则造林门（包括管理保护经营三项在内）占28分，超过全学分半数以上。经营门（包括测量）仅12分，利用8分，林政6分。

再实习时间之多寡，以学校之设施，若何为标准？但以愈多为愈好。因林学为一种实用学术，兹将必修课略拟学程表如下，倘学生遇有最好之校外实习机会，此种课程次序可临时酌夺变更。

森林科必修学程表，第三学年（略）

至于选修课一门亦须酌夺地方情形规定，但近时不宜超出下表所列森林工学、木材防腐学等八种范围以外。

以上八种学科或者完全不习或者定为必须均视地方情形如何而断。

林学教程既主实际应用，则对于教员方面或因经费现状，既不便单以一课为任务，拟以分门担任课程为宜。惟造林学主讲教授因授课时间过多，则当别论。其他教授最好亦不可一人超出三种课目。以上授课时间每星期尤不宜越过十点钟。以外，应有充分时间研究收集适当教材中国有森林教育垂二十年所有教材，非译自东籍即购自欧美，均有生吞活剥，不适国情，不切实用之弊。今后均应加以彻底之改革，庶几林业前途方有发展之可能。以上理由及办法，是否有当，敬候公决。

中华林学会关于提请早日公布《森林法》的函*

展堂先生院长钧鉴：

敬呈者，《森林法》一项，为林业行政之基本标的，关系至为重要。从前政府所颁布之《森林法》，不但失之简略，亦且历时已久。按之现代潮流以及本党主义政策，俱有未合，是非另行制定，实不足以资遵率而利施行。去岁报载，钧院为适应时会需要起见，业经派员起草，交付审查。遐迩问讯，莫不引领。同人等从事林学林业，泪采企盼。用特渎恳。钧座，早日提交审议公布，以宏树木之规，而慰舆情之望。冒昧陈词，不胜展营之至！肃此，敬叩钧安！

中华林学会理事长凌道杨谨上
中华民国十九年二月一日

---

* 原文题目为《中华林学会致函立法院院长胡汉民，请早日公布森林法》，收录时改为现名。

中华林学会关于提请在考选委员会中添设林学组的函[*]

季陶先生院长钧鉴：

前阅报载，钧院考选委员会设立法学、教育学、理学、工学、农学、医学、军事学等8门，将以计划各种专门考试及设计事项，树立百年治人之宏规，拔取专门科学之英俊，造福党国，策进文明，凡在国人，畴不钦仰。惟查分组所列，有缺林学一门，同人等不无稍涉怀疑。或谓，钧院以我国林学时方幼稚，不妨暂纳于农学组内，留待他年之扩充。此种揣测是否有当，不得而知。然以同人等之愚，窃以当此励行造林运动之时，需要林学人才虽较诸他项人才，不敢谓为更加紧急，实不可以等闲视之。今特就管见所及，不揣冒昧，谨为钧座陈之。

一由立国之要素而言，林学与农学既有同一之价值，亦有分立之必要。诚以农学经营之对象，在开发平原，而林学之经营对象，在开发山地，工作各有不同，目的因之亦异。据调查所知，我国土地之面积及其荒废之程度，皆以平原为少，山地为多。是今后不欲开辟地利则已，如其欲之，则非激励林学人才之努力不为功。此若不特设专组励行考试，不但无以鼓舞全国林学之人才，抑且不足以唤起国人重视立国之要素，此应添设者一也。

二由科学之进化而言，林学与农学既有过程之不同，亦有分裂之必要，盖无论何种科学，莫不由世人之需要，而后始形其发达，林学当亦不能外此公例。查我国以前对于林学，虽不于农家之外另立一门，然在百年以前，欧西亦何尝不然。追后德人肆力提倡，始行立为专科，驯至今日林学之盛，雄称于世者，盖在于此。近来各国踵事增华，亦皆不遗余力。至于我国前此林业之不兴，正坐林学之不讲，此时欲图拯救，则舍促进林学之进化，其道何由？此应请添设者二也。

三由现在之事实而言，林学与农学既有同样之提倡，亦有分立之必要。我国

---

*原文题目为《中华林学会致函考试院院长戴传贤，请在考选委员会中添设林学组》，收录时改为现名。

自民元以来，中央以及各省地方，或就农校增设林科，或分林科简立专校，不仅国内造成多数高等与普通之林学人才，既游学外国，专攻此科，归而为社会服务者，亦实繁有徒。此时虽无可据之统计，不能举其确数，然征以事实，当亦不少。况现在国立中央大学、中山大学、北平大学以及私立金陵大学、各省公立农校，均设有卫断斗，每年继续毕业者，又复源源不绝，将来分配应用，正有待于考试之甄别。此应添设者三也。

四由职业之养成而言，林学与农学既有技术之不同，亦有分立之必要。窃维钧院励行考试之意，一面因为养成职业人才而举行考试，一面亦藉举行考试而养成职业人才。林学为应用之科学，亦专门之职业，是以提倡应用科学之林学，亦即所以提倡专门之职业。我国当此多数失业之际，如欲宽筹消纳人工之场合，则提倡林学之职业，实为当务之急。惟其如是，则离养成林学职业于考试之中，亦不可缓。此应请添设者四也。

总之，林业为国家重要之富源，林学为近世极要之科学，关系民生，宁待多言。总理在日，特将建造森林列于实业计划之中。去年中央制定促进地方自治工作方案，复将造林列为七项运动之一，并为钧座之所极力主张。今年国府第一次纪念周，蒋主席（注：蒋介石）并又再三申说，提倡造林与发展林业，同为立国大本。其先后昭示林学之重要既如此，而今乃计划考试各组中未经列入，同人等实有难安于缄默者。用本暗负之忧、敢供刍荛之献，可否即于考选委员会各组织中添设林学一组之处？敬祈垂鉴，不胜悚惶待命之至！谨此上达，肃颂钧安！

中华林学会理事长凌道扬谨上
中华民国十九年二月一日

我之中国文化观

凌道扬 ▌

中国文化以孔子学说为主流，而孔子之学以仁为本，故中国文化亦可以说是以仁为中心。"博爱之谓仁"。其施之于社会国家者，可以如下之分析：

（甲）人与人之关系，以伦理为本

伦理就是为仁的实践。伦者，类也。所谓君臣、父子、夫妇、兄弟、朋友的五伦，是说明人与人的关系不外这五类。你能笃于伦常，就是尽了做人的责任。你要行仁，也就从这五种关系做起。故《论语》说："孝弟也者其为仁之本欤！"孟子说："亲亲而仁民，仁民而爱物。"一个人不能孝弟，不能亲爱其亲，怎样会博爱他们呢？

还有孔子仁爱之说的终点，是要做到天下大同。但天下太大了，大同太高远了，所以孔子对普通人立说，就把天下简化到一家一身，把大同简化到伦常。使人从近着手，容易做到。故孔子曰："能近取譬，可谓仁之方也已！"。我们试想想：如果人人都能把五伦的责任尽了，这社会岂不是最理想的社会吗？

附注：君臣的关系，就是政府与人民的关系。

（乙）政治，以正己利民为本

孔子曰："政者，正也。子率以正，孰敢不正？"故中国数千年来，认为"正己以安百姓"，是君主绝对的责任。一直到今天，中国人对政治领袖的要求，都还是如此。所以个人私德不行，想领导中国人民，是一件绝对困难的事。在中国历史上，任何一个朝代的衰亡，君王不能正己，总是主要原因之一。故曰："一家仁，一国兴仁；一家让，一国兴让；一人贪戾，一国作乱。"在中国是历验不爽的！

至于利民，首先做到的是"政简刑轻"。孔子曰："导之以政，齐之以刑，民免而无耻。导之以德，齐之以礼，有耻且格。"又曰"听讼吾犹人也，必也使无讼乎!"孟子曰:"不嗜杀人者,能一之。"中国历史家所歌颂的汉文帝、唐太宗,都是能做到不用刑杀的地步。

(丙) 经济,以藏富于民为本

孔子曰:"百姓足,君孰与不足?"又曰:"货恶其弃于地也,不必藏于己!"在中国历史上,上至人君,下及百官,"与民争利"、"贪污"是一件罪大恶极、足以亡国的事。

(丁) 军事,以不轻用兵为本

孔子曰:"远人不服,则修文德以来之。"左传曰:"兵犹火也,弗戢,将自焚也。"孟子曰:"仁者无敌。"尚书载舜舞干戚以服有苗的故事。中国古代军事学的权威孙武子,亦主张"不战而屈人之兵"。由于上列因素,而有如下之发展:

一、由甲项之故,中国社会以情爱为基础。"温和"、"忠厚",为做人处事的必要条件。诗曰:"温温恭人,为德之基。"因此中国社会有它的特点:(一)表面似散漫,而有潜在的韧性。(二)表面似软弱,而有内在的坚强。(三)表面似各不相谋,而实有互助至公的精神。这就是中华民族经历变乱而愈发展的一种重要因素。

二、由乙项之故,中国几千年来的君主专制是有限度的:与欧西不同。其制度之特优者,有三:

(1)史官制度　始于皇帝,大备于周。君之言行,无论善恶,皆加记载。人君不敢干涉,这是消极方面对君主权威的约束。

(2)监察制度汉代御史大夫为三公之一。其后各个朝代,御史的地位都是相当高的。御史负有批评君主的责任。许多的帝王,都为了御史的直言,而改多迁善。

(3)考试制度　中国自隋唐以后,实行考试制度。它的方法是很完密的。所以人才出于至公,阶级早已不存在了。我们拿唐宋以后各代的书来考查,做宰相的,百分之七八十是出身贫寒之家的。对君主施政的影响很大。

三、以丙项之故,中国的传统政治观念,认为权与利是绝对要分开的。其见之于事实者:

(1)君主不得聚敛。——汉代盐铁专卖,唐代茶税,明代矿税皆引起强烈反对。

(2)官吏不得兼营商业,违者有罪。

(3)商人不得过问政治。——汉代重农抑商,养成轻视商人的传统观念。隋唐以后,人才由考试出,更杜绝了经济力量操纵政治之门。

四、由丁项之故,中国人为真正爱好和平之民族。其见之于事实者:

（1）由《诗经》下及明清文学作品，反对战争之篇，不可胜数。

（2）考察中国历史，对外侵略战争，几乎是没有的。蒙古人西征，那是未受中国文化熏陶的时期之事。

（3）对四邻小国，所要求者不外"称臣奉贡"，绝不控制其政治与经济。

（4）武功最盛的秦始皇、汉武帝，史家皆无好评。

（5）好杀的名将如白起、项羽等，大受史家抨击。

结语

根据以上的分析，可见中国文化却有独特的优点。发扬中国文化，对世界和平却有绝大的贡献。在另一方面来说：数万万的中国人，如果真的失却他们故有优良文化的陶冶，而变了质的话，那对世界和平的影响也是很大的！今天中国是陷于一种特殊的困难当中，中国文化需要世界爱好自由和平的人们共同来保存和发扬。

图书在版编目(CIP)数据

凌道扬生平与学术思想研究/中国林学会编.—北京：中国林业出版社，2018.11

ISBN 978-7-5038-9821-1

Ⅰ.①凌… Ⅱ.①中… Ⅲ.①凌道扬（1888–1993）－人物研究

Ⅳ.①K826.3

中国版本图书馆CIP数据核字(2018)第252121号

凌道扬生平与学术思想研究

出 版	中国林业出版社（100009 北京市西城区德胜门内大街刘海胡同 7 号）
	http：∥lycb.forestry.gov.cn 电话：(010) 83143575
发 行	中国林业出版社
印 刷	固安县京平诚乾印刷有限公司
版 次	2018 年 11 月第 1 版
印 次	2018 年 11 月第 1 次
开 本	787mm × 1092mm 1/16
印 张	14
字 数	267千字
定 价	119.00 元